KB058293

2020 입시대변동

2020~2022 입시를 준비하는 학부모를 위한 입시전략 가이드

초판 인쇄 2019년 11월 25일
초판 발행 2019년 12월 3일

지은이 고영건 유정민 김진용 신동호
펴낸이 김상철
발행처 스타북스
등록번호 제300-2006-00104호
주소 서울특별시 종로구 종로1가 르메이에르 1415호
전화 02) 735-1312
팩스 02) 735-5501
이메일 starbooks22@naver.com
ISBN 979-11-5795-485-8 13370

ⓒ 2019 Starbooks Inc.
Printed in Seoul, Korea

• 이 도서의 국립중앙도서관 출판예정도서목록(CIP)은 서지정보유통지원시스템 홈페이지(http://seoji.nl.go.
  kr)와 국가자료공동목록시스템(http://www.nl.go.kr/kolisnet)에서 이용할 수 있습니다. (CIP제어번
  호 : CIP2019044599)

2020~2022 입시를 준비하는 학부모를 위한 입시전략 가이드

입시 대변동

고영건 유정민 김진용 신동호 지음

스타북스

이제 입시가 아니라
교육이 앞장서 나가야 한다!

제가 입시에 미쳐서 세월을 보낸 것이 20년이 훌쩍 넘었습니다. 정말 입시에서 강산이 몇 번 바뀐 것을 다 보았고 말 그대로 '산전수전' 다 겪었습니다.

이제 입시현장에서는 노병으로 불린 지가 좀 된 거 같은데, 올 가을 다시 초심과 같은 열정이 생겼습니다. 무언가 큰 사명감이라도 생긴 것인지, 또 한 번 술렁이는 입시에 불안해하는 학부모들에게 "그래도 지금까지 겪었던 걸 통해서 내가 알고 있는 것들을 말해주자."라는 생각을 했습니다. 그리고 지금이 정말 좋은 때라는 생각도 들었습니다. "한 살이라도 더 젊었을 때 나의 경험과 통찰력을 전해주어야겠다."라는 생각이 들어서 무언가 해야 되겠다는 마음이 생겼고, 최근에는 "아직 나는 청년과 같은 패기로 입시현장에서 치열하게 전쟁을 치르고 있지 않은가!"라는 용기가 생겨서 책을 쓰기로 결심했습니다.

책을 쓰기 위해서 지금까지 느끼고 고민했던 것들을 역사 다큐멘터리를 구성하듯 시간을 거슬러 다시 편집해보았고 전체를 총망라할 수 있는 문제의식이 무엇인가를 떠올려보면서 붙잡은 것이 "입시에 가려진 진실을 이야기하자."였습니다. 그래서 이 책에서 이야기하는 것 중에 가장 중요한 것은 '입시가 아무리 혼란스러워도 시대의 흐름을 거스를 수는 없다'는 것이고 제목에서 의미하는 바처럼 지금까지의 변화와는 차원이 다를 방향으로 갈 수밖에 없는 우리의 교육과 입시의 대변동을 어떻게 준비할 것인가가 화두가 된 것입니다.

교육의 대전환의 문제를 입시에 가려서 제대로 고민하지 못하면 우리의 미래가 위태로워지기 때문에 저를 비롯한 세 분의 공동저자 선생님들은 이 문제의식에 공감하고 오랜 시간 토론을 해왔습니다. 입시를 이야기하지만 입시를 분석하는 데 그치는 것이 아니라 앞으로 입시가 나아갈 방향을 이야기하고 이를 준비하는 학부모들에게 등불이 되고자 합니다. 그리고 대변동의 시대로 들어가는 초중등학교 학부모들에게는 입시가 아니라 교육과정의 대전환에 주목해줄 것을 진심으로 당부하고자 했습니다.

현명한 엄마는 정보의 진실성을 분별할 것이라 생각합니다. 이 책이 왜 입시의 대변동을 말하면서 교육에 주목하라고 하는지 그 의미를 깊이 숙고해보면 입시는 사회적 합의이고 교육은 시대의 요구임을 알게 되고, 사회적 합의는 필연적으로 시대의 요구를 따라가게 될 수밖에 없다는 것을 깨닫게 됩니다.

또 다시 대입의 혼란이 예상되기 때문에 이 책의 Part 1은 그 혼란의 범위에 있는 현재 고등학교 1학년부터 중학교 2학년 학부모를 대상으로 또 한 번의 혼란이 어떤 모습일지를 전망하고 어떻게 준비해야 하는지를 저의 현장에서의 경험을 바탕으로 솔직하게 말씀드리려고 했습니다. Part 1을 읽으시는 현재 중고등학교 학부모들은 친밀감을 느낄 수 있도록 최대한 진실한 내용을 담았습니다. Part 1에서 제가 하는 이야기들에 공감할 수 있다면 현명한 입시전략을 찾으실 것이라 생각합니다.

책의 Part 2와 Part 3는 입시의 대변동을 예측할 수 있는 시그널들을 중심으로 우리 입시가 지금의 혼란을 넘어서 가야 할 방향을 이야기하고 있습니다. 그리고 미래교육이 보내온 시그널이 앞으로 우리나라 교육과정의 변화에 줄 영향이 무엇인지를 분석해 주었습니다. 마지막 Part 3에서는 교육의 대전환과 입시의 대변동의 방향을 볼 수 있다면 무엇을 준비해야 할 것인가를 말하고 있습니다. 고교학점제와 자유학년제가 우리 교육을 진로 중심 교육으로 끌고 갈 두 축이라면 지금 초등학교 학부모들은 어떤 생각을 해야 하는지, 그리고 대변동을 준비하는데 왜 독서가 기반이 되는지를 충분히 이해하고 공감하기를 바라는 마음으로 구성했습니다.

특히 오랜 시간 동안 저와 함께 우리 교육의 미래를 걱정하고 토론을 해온 신동호 선생님과 김진용 선생님께서 책의 Part 2와 Part 3를 맡아 주도적으로 집필해주신 것에 진심으로 감사드립니다. 그리고 이 책을 어떤 방향으로 쓸 것인지에 대해서 처음부터 함께 고민하고 이끌어주었던 유정민 선생님께도 진심으로 감사드립니다.

2019년 11월 깊어가는 가을

대표저자 고영건

차례

PART 01

교육의 대전환기,
입시는 여전히 갈팡질팡

CHAPTER 3 입시 혼란 시대의 경험에서 교훈을 얻자

입시의 대변동, 어떻게 준비할 것인가

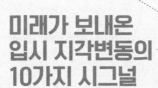

미래가 보내온
입시 지각변동의
10가지 시그널

PART 03

입시 대변동 시대,
흔들리지 않는 공부법

PART 03

CHAPTER 1 독서가 입시를 지배한다

PART 01

교육의 대전환기,
입시는 여전히
갈팡질팡

2020
입시대변동

입시, 왜 이리
혼란스러운가?

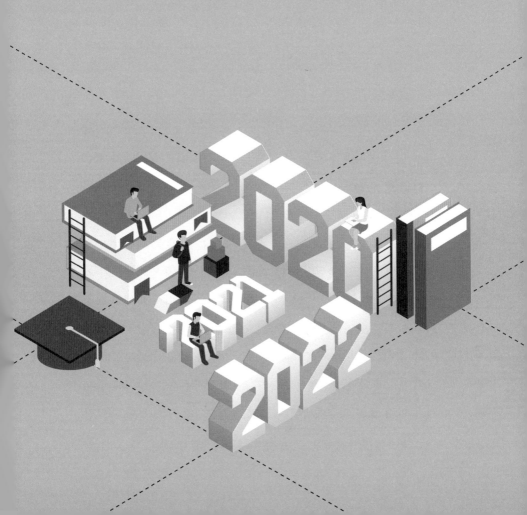

1 2020 입시 대변동

지금의 입시 혼란, 해법은 없는가?

우리나라 대학입시는 왜 이렇게도 혼란스러울까요? 이 질문에 앞서 먼저 생각해볼 것은 우리나라 입시가 실제로 복잡하고 혼란스러운 것인가 아니면 사실과 관계없이 그냥 혼란스럽게 느껴지는가 하는 것입니다.

일단 입시가 혼란스럽다고 느껴질 수 있는 가장 큰 이유는 입시제도가 너무 자주 바뀐다는 데 있습니다. 지금까지 입시제도가 자주 바뀐 것은 시대적인 흐름에 따라가지 못하는 입시 자체의 불합리성에 기인한 면도 있지만, 사실 가장 큰 이유는 정권이 바뀔 때마다 정치적인 이유에서 계속적으로 손질을 해왔기 때문입니다. 그러면서 제도의 안정성은 뒷전인 채 결국에는 어느 장단에 춤을 춰야 할지 모를 지경에까지 이르고 말았습니다. 국민들이 피로감마저 느끼는 상황이 된 것이죠. 당연히 혼란스럽다고 느낄 수 있습니다.

그런데 혼란스러운 상황을 조금 깊숙이 들여다보면 본질적인 원인을 발견할 수 있습니다. 첫째는 우리나라가 유독 교육문제에 국민들의 관심이 높다는 것입니다. 이것은 객관적인 지표가 아니더라도 많은 사람들이 실감할 수 있는 것 같습니다. 그럼 우리나라는 왜 이렇게 교육문제에 관심이 많을까요? 그건 아마도 우리가 급속한 성장을 했던 시기에 생긴 여러 가지 사회현상들과 연결해서 그 이유를 찾을 수 있습니다.

고도성장 시기에는 절대적으로 전문지식을 습득한 인재들이 필요했고 그것을 대학에서 빠른 속도로 교육시켜서 공급하였죠. 그러다 보니까 대학까지 고등교육을 받은 인재들은 사회적으로 유리한 위치를 가지게 되었고 임금격차도 계속해서 커지게 되었습니다. 소위 말하는 엘리트 중심의 사회적 위계질서가 만들어지면서 교육은 모든 사람들이 소위 말하는 출세의 수단이 되었고 신분상승의 가장 확실한 방법이 되었던 것입니다. 그래서 그 시절 우리의 부모들은 자신들이 희생하면서 자식들의 교육에 올인하게 되는 교육열 1위 국가가 된 것이죠. 이때 시대 상황을 가장 잘 표현하는 말이 "개천에서 용 난다"입니다. 사법고시와 행정고시 등이 출세의 지름길이 되고 명문학교에 들어가는 것이 신분상승의 기회가 되는 것이었습니다.

이런 상황은 시간이 흐르면서 소위 말하는 엘리트 교육을 받은 기득권들이 하나의 상징 권력이 되고 우리 사회의 부정적인 의미의 특권층을 만들었지요. 지금에 와서도 이 특권층들이 사회 전반에 걸쳐 많은 힘을 가지고 있고 이것을 이용해서 계속해서 권력과 부를 독점하고 있기 때문에 대다수 국민들은 상대적인 박탈감을 느끼게 되고 심지어는 무력감마저 가지게 되는 것입니다.

그래서 지금도 어쩔 수 없이 교육이 사회적 위치를 결정하는 큰 영향력을 가지고 있는 것입니다. 이런 맥락에서 보면 우리 사회에서 교육문제는 여전히 중요한 이슈가 될 수밖에 없습니다. 국민들의 관심이 높은데다가 지금까지 교육이 우리 사회의 특권층을 만드는 데 큰 영향을 미쳤기 때문에 국민들은 특히 교육문제에 대해서 평등과 공정성을 요구하는 것 같습니다.

최근 계속해서 불거지는 특권층의 입시부정 사건들은 국민들의 분노를 크게 만들었고, 우리 사회 공정성의 마지막 보루였던 입시마저도 이제는 무너지게 되었습니다. 이런 상황과 맥을 같이 해서 학생부종합전형 또한 불공정한 입시의 상징이 되어버렸지요. 그래서 안타깝게도 그 취지나 그간 대학들의 많은 노력들에도 불구하고 학생부종합전형은 금수저 전형이라는 오명을 입게 되었습니다. 지금의 학생부종합전형의 뿌리라고 볼 수 있는 입학사정관®제도가 우리나라 대학 입시에 처음 도입될 당시부터도 우리나라 실정에 맞지 않는 전형방법이라는 지적이 많았습니다. 그러나 당시 교육의 선진화와 이에 따른 입시의 선진화 방향에 대한 필요성이 한창 부각되던 시기였기 때문에 오랜 준비기간 없이 곧장 도입하게 된 것입니다.

입학사정관제도는 대학의 학생 선발 자율권을 보장해 주는 측면이 강해서, 대학 입장에서는 획일화된 방식으로 학생을 평가하는 방식에서 벗어나 대학의 다양한 전공 분야를 키워갈 수 있는 인재

모집을 위해 입학사정관제도를 확대해 나갔는데요. 대입에서 입학사정관제도가 확대되면서 우리나라 입시는 전공분야에 대한 학생의 학업적 열정과 잠재성을 정성적 평가를 함으로써 학생 선발의 타당성을 우선시하는 쪽으로 방향을 잡아나가기 시작했습니다.

입학사정관제도는 서구 대부분의 나라에서는 이미 정착된 보편적인 입시제도이지만 우리나라에서는 시작부터 공정성 문제가 크게 제기되었고 사회적 갈등 양상까지 벌어지면서 지난 정권에서 학생부를 중심으로 평가하는 학생부종합전형으로 크게 개선을 하였는데요. 아직까지도 정부와 대학 그리고 국민들 사이에서 신뢰가 형성되지 못하고 표류하고 있는 지경입니다.

사실 지금의 학생부종합전형은 우리 교육이 미래를 준비하고 보다 창의적인 인재를 키울 수 있는 좋은 방향이라고 많은 사람들이 생각하고 있지만 앞에서 말씀드린 우리나라의 특수한 상황 때문에 대학입시 만큼은 공정해야 된다는 것이 다수의 여론으로 지배하고 있는 것도 사실입니다. 그리고 이것이 지금도 입시개혁의 방향에서 타당성이 먼저냐 공정성이 먼저냐의 논의를 진지하게 해나가지 못하는 가장 본질적인 이유입니다. 더욱 안타까운 것은 입시의 공정성 문제에 모든 논의의 초점이 맞춰지면서 정작 미래를 대비하는 교육개혁의 방향과 앞으로의 교육과정 그리고 진로중심교육과

입학사정관

대학에 지원하는 학생의 성적과 개인 환경, 잠재력 및 소질 등을 다양한 전형 자료를 종합적으로 평가하여 인재를 선발하는 전문가이며, 연중 입학업무를 전담하는 사람을 말한다. 신입생 선발과 관련된 사정 업무 외에도 전형 결과 분석 및 연구 개발 업무, 고교와 대학 간 연계 활동 및 우수학생 지원을 위한 상담 및 지원자 정보 등도 수집한다.

인성교육을 어떻게 할 것인가와 같은 더욱 더 중요한 교육의 중심 문제가 논의에서 후순위로 밀린다는 것입니다.

　아직도 우리나라는 입시가 교육을 잠식하는 경쟁사회의 유물을 모두가 끌어안고서 교육과 입시의 딜레마 상황을 계속 연장하고 있습니다. 혼란스러운 입시, 이 문제의 해법을 찾기 위해서 우리는 입시가 아니라 교육의 문제에 집중하고 미래를 준비하는 교육과정으로 나아가야 합니다. 그리고 새로운 교육방향에 발맞추어 입시제도 역시 공정성의 문제보다 타당성의 문제를 더 진지하게 고민해나가야 한다는 것입니다.

2

2020 입시 대변동

대학입시, 공정성이 먼저냐, 타당성이 먼저냐

   대입의 공정성을 높이기 위해서 정시를 확대할 것이라는 정부 발표가 있은 직후, 수능은 과연 공정한가라는 비판의 목소리가 커지고 있습니다. 이번 정부발표의 배경에는 "학생부종합전형이 공정하지 않기 때문에 차라리 수능으로 뽑는 것이 더 공정한 것이다."는 다수의 의견을 반영하는 것이었습니다. 그런데 이 논리는 학생부종합전형과 수능을 공정이라는 하나의 잣대로 같게 비교하는 논리적 오류가 있다는 것을 알 수 있습니다. 서로 속성이 다른 두 대상을 하나의 기준으로 비교하는 오류인 것이죠. 학생부종합전형과 수능은 타당성과 공정성이라는 완전히 다른 차원의 방식인데 문제는 그 둘 중 어떤 것을 선택할 것인가 입니다. 그런데 지금의 논의는 무언가 논점이 흐려져 있어서 근본적인 문제로 접근하

기보다는 이해관계에 따라 그때그때 달라지는 뒤죽박죽의 상황이
되어버렸습니다.

입시에서 공정성은 무엇이고 타당성은 무엇인가요? 평가에 있어서 공정성은 평등과 형평의 양면을 포함하고 있는 것인데, 이는 입시라는 측면에서 보면 모든 학생이 지역, 문화적 배경, 학교 환경, 성별 등의 조건에 따라서 불리하게 평가되지 않아야 한다는 것을 의미합니다. 그래서 우리 입시제도에서는 즉각적으로 수능이 공정한 방식일 것이라고 생각할 수 있습니다. 수능은 모든 학생들이 평등한 교육을 받았다는 것을 전제하고 동일한 문제를 풀어서 결과를 평가하는 것이기 때문이죠. 입시에서 타당성은 평가 항목의 내용이 측정하고자 하는 능력의 영역을 적절하게 나타내고 있는가를 평가하는 것입니다. 이런 의미에서 우리 입시제도에서는 이러한 타당성을 가장 잘 반영하는 방식이 학생부종합전형이겠습니다.

유럽이나 미국의 입시는 모두 타당성에 더 무게를 두고 있습니다. 전 세계적으로 보아도 선진국들의 입시는 타당성을 전제로 입시를 운영하고 있습니다. 그 이유는 국가별로 다를 수 있지만 공통점을 찾자면, 교육이 사회를 통합하고 국가발전의 토대 역할을 해야 하는데 그러기 위해서는 그 시대에 필요한 인간형과 인재를 우선적으로 길러내야 한다는 것에 합의하고 있다는 것입니다. 그렇다면 교육은 시대의 변화를 준비하고 그것에 맞는 목표를 가지고 개선해 나가야 할 것이고 입시는 교육의 목표에 잘 부합하는 인재들을 선별하는 제도이어야 합니다.

지금 우리가 직면한 문제들을 생각해보면 현재 교육방법으로는

제대로 대응할 수 있을까 하는 의구심이 생길뿐더러 "우리의 교육은 잘못하고 있다"는 위기감마저 생깁니다. 교육의 변화를 시급히 생각해야만 하는 이유는 첫째, 저출산으로 인한 인구 감소문제이고, 다음은 우리가 4차산업혁명시대를 주도하는 국가가 될 수 있는가의 문제이며 마지막으로 급속도로 진행되고 있는 다문화사회의 문제들을 어떻게 해결할 것인가 입니다. 이 문제들은 교육이 근본적인 해법이 되어야 하고 이를 해결하기 위한 준비를 해야 합니다.

지금 우리나라의 학령인구는 1990년대에 비해 30년 만에 절반으로 감소했습니다. 과거와 같은 교육을 해서는 우리 사회는 발전을 멈출 수밖에 없습니다. 인구가 많았을 때는 그 중 소수가 경쟁력을 갖추고 있으면 더 효율적으로 지식과 기술을 발전시킬 수 있기 때문에 소수 엘리트 교육에 집중하는 것이 훨씬 더 사회적인 이득이었습니다. 그랬기 때문에 입시는 무조건 더 빨리 지식을 습득하는 소수를 선발하는 방식으로 운영되었습니다. 그런데 인구가 절반 이상 줄어들면 지금과 같은 교육을 해서는 어떻게 될까요? 국가 전체의 경쟁력이 무너지고 사회 전체의 생산력이 급격히 줄어들 수밖에 없습니다. 이제는 서로 다른 잠재성을 가진 아이들을 하나의 평가방식으로 결과에 따라 잘하는 아이와 못하는 아이로 구분 짓고 줄 세우는 방식이 아니라 교육이 모든 아이들에게 "너의 재능이 무엇이니?"를 물어야 되고 그것을 개발시켜서 우리나라 모든 아이들이 자기의 재능을 발휘할 수 있게 해야 된다는 것입니다. 즉 단 한 명도 낙오시켜서는 안 된다는 것입니다.

이런 말을 아직도 "이상주의자다" "몽상가들의 이야기다"라고 말하기에는 지금 우리 현실이 너무나 긴박한 상황이 되어버렸습니다. 이제는 정말 꿈같은 이야기일지라도 그것을 실현시킬 방법을 찾아야 할 때가 된 것 입니다. 우선 교육의 목표를 바꿔야 합니다. 덴마크가 그러했던 것처럼 우리도 이제야 그 상황에 맞닥뜨린 것입니다. 경쟁시켜서 승자와 패자를 가려내는 것에서 모두가 협력해서 내가 생각했던 것보다 더 멋진 결과를 만들어 내는 경험을 하게 하는 방식으로 말입니다. 이제 교육은 독한 마음으로 피고름을 짜내는 과정을 겪어야 합니다. 우리 사회의 미래가 불안해져서는 안 됩니다.

경쟁이 아니라 협력을 가르치고 지식습득이 아니라 새로운 생각을 할 줄 아는 아이로 길러내는 것, 이것은 교육의 목표를 바꿔야 되고, 학교 현장을 바꿔야 되고, 교육과정을 바꿔야 하는 것으로 그 시작을 해야 합니다. 그리고 실제 그 내용은 입시교육이 아니라 진로중심교육으로, 그리고 세계시민의 교양을 기르는 인문교양 교육을 중고등학교 교육과정의 기반으로 만들어야 합니다. 당연히 입시는 점수 경쟁이 아니라 앞서 말한 것처럼 대학에서 전공분야의 필요한 학업역량의 타당성을 평가해서 성적이 아니라 학업과정의 목표와 열정이 큰 학생을 선발해야 합니다. 교육이 바뀌면 대학은 좋은 직업을 얻기 위해서 가는 곳이 아니라 학문적 호기심이 크기 때문에 학문탐구를 위해 가는 곳으로 변해갈 수 있습니다.

결국 입시가 학생부종합전형과 같이 타당성을 우선으로 평가하는 방향으로 가게 되면 정말 공정성은 어떻게 할 것인가? 라고 문제 제기를 할 수 있습니다. 이 문제에 대한 제 생각은 '입시에서 공정성은 평가방식에서만 고민해서는 해결되지 않는다.'입니다. 입시의 공정성은 사회적 합의를 바탕으로 한 제도적 운영으로 해결해야 합니다. 다시 말해 본래 타당성을 평가하는 학생부종합전형에서 계속해서 공정성을 제고할 방법을 찾으려고 한다면, 그것은 모든 가지를 다 잘라서 결국 나무의 뿌리까지 죽게 만드는 꼴이 됩니다. 학생부종합전형은 이제 우리 입시가 타당성을 우선 고려하는 방향으로 가야 한다는 것에 대한 사회적 합의가 필요한 것입니다. 그리고 입시의 공정성을 높이는 것은 서로 다른 환경과 배경에서 공부한 학생들을 동일한 방식으로 평가하는 수능으로는 가능하지 않습니다. 왜냐하면 수능이라는 시험을 준비할 수 있는 조건이 너무나 불평등하기 때문입니다. 그렇다면 공정성의 문제를 해결하는 방식으로 가장 효과적인 것이 사회적 합의를 통해서 기회균등전형을 늘려가는 것입니다. 기회균등전형을 늘려서 교육과 입시가 더 적극적으로 형평성의 가치를 높이는 것이 입시의 공정성뿐만 아니라 사회적 공정성을 높이는 방향입니다.

CHAPTER **2**

혼란 속에서
길을 찾다

2021, 2022학년도
대입 분석과 전망

2022 대입개편안 주요내용 분석

2018년 8월, 교육부가 1년간 유예한 2022학년도 대입 개편안 이 최종 확정되었습니다. 이번 대입 개편안은 현 고1 학생들이 치르게 되는 2022학년도 대입부터 적용되며, 대입전형 구조 개편, 수능체제 개편, 학생부종합전형 공정성 제고, 대학별고사 개선 등 총 4개 분야에 걸쳐 완성되었습니다. 각 분야의 세부과제는 실제 입시에 영향을 끼칠 수 있는 사안인 만큼 이에 대한 이해가 선행 되어야 하는데요. 확정 발표된 주요 내용을 살펴보면 다음과 같습 니다.

2022학년도 대입제도 개편방안

대입전형 구조 개편
- 정시 수능위주전형 비율 확대
- 수시 수능 최저 학력기준 활용

수능 체제 개편
- 수능과목구조 및 출제범위
- 수능 평가방법
- 수능 EBS 연계율

학생부종합 공정성 제고
- 고교 학생부 기재 개선
- 대학의 선발 투명성 강화
- 대입 정보격차 해소 지원

대학별고사 개선
- 면접·구술고사 개선
- 지필고사 개선

대입전형 구조 개편

상세내용

➜ 정시 수능 위주 전형 비율 30% 이상으로 확대 권고

➜ 수시모집 수능 최저학력기준* 활용 유지

학생 및 학부모의 이목이 가장 집중되었던 대입전형 간 비율은 '정시 수능 위주 전형* 비율을 30% 이상 확대'하는 것으로 결론이 났습니다. 단 KAIST처럼 특별법에 따라 설립된 대학과 산업대·전문대·원격대 등은 대상에서 제외되며, 수시 학생부교과전형*을 30% 이상 운용한 대학은 자율에 맡긴다는 것입니다. 대학에 30% 룰을 강제하지 못한다는 점에서 사실상 전형 비율은 대학의 결정에 넘어간 것으로 해석할 수 있으나 교육부는 '고교교육 기

수능 최저학력 기준

대학수학능력시험 성적을 바탕으로 학생의 대학 입학 후 학과 수업 진행에 문제가 없이 위해 갖추어야 할, 일정 수준 이상의 학업 능력을 제시하는 것을 말한다. 일반적으로 수시 모집에서 주로 활용되며, 대학에 따라서는 정시모집에서도 일정 기준을 활용하여 선발하기도 한다. 보통 수능 4개 영역(국어, 수학, 영어, 탐구) 중 반영되는 영역들의 등급을 합산한 기준을 제시하며, 특정 등급을 지정하기도 한다. (〔예〕 국어, 수학 가/나, 영어, 사회/과학탐구 4개 영역 중 3개 영역 등급의 합 6 이내 및 한국사 3등급 이내)

정시 수능 위주 전형

대학수학능력시험(줄여서 '수능') 성적이 학생을 선발하는 주요 평가 요소로 활용되는 전형을 말하며, 일반적으로 '정시 전형'이라 불린다. 수능 100% 반영 대학이 가장 많으며, 대학에 따라 학생부 교과 및 출결/봉사 등의 비교과를 일정 비율 반영하여 선발하기도 한다. 원서 접수는 12월 말~1월 초에 진행되며, 가/나/다 3개 군으로 대학을 나누어 모집한다. 대학에 따라 2개 이상의 군에서 선발하는 경우도 있다.

학생부교과전형

수시 전형 중 하나로, 학교생활기록부 내 교과 성적(내신)이 주요 평가 요소로 활용되는 전형을 말한다. 교과 성적은 70~100% 비율로 반영되며, 그 외에 면접이나 출결/봉사 등의 비교과를 10~30% 가량 반영하여 선발한다. 대학에 따라 수능 최저학력기준 유무가 상이하므로 지원하고자 하는 대학의 전형 방법을 잘 확인해야 한다. 하나의 대학 내에서도 학생부교과전형 유형으로 분류되어 조금씩 다른 전형들이 존재할 수 있다.

고교교육 기여대학 지원 사업

2014년부터 추진된 교육부의 대학 재정지원 사업으로, 고교교육 네ㅐ실화 및 학생·학부모의 대입 부담 완화를 위해, 법령상 대학 자율인 대입전형을 개선하도록 유도하는 사업이다. 이와 같이 고교교육에 기여하는 대학을 선정하여 평가전문 인력 인건비, 대입전형 운영비, 고교–대학 연계 프로그램 운영비용 등을 2년간 지원한다. 지원 받은 대학은 사업 시행 1년 후 중간평가를 통해 지원 지속여부를 평가받으며, 중간평가 결과 하위 10개교 내외는 신규 신청 대학과 경쟁공모로 추가 선정 평가를 통해 2년차 지원여부가 결정된다.

여대학 지원 사업'*을 활용해 수능위주의 정시전형 확대를 유도할 계획이라고 발표하였습니다.

4년제 대학 전체 정시모집 선발비율은 2019학년도 23.8%, 2020학년도 22.7%이었습니다. 2020학년도 전형계획안을 기준으

표1 **2020학년도 전형계획 기준 전형별 선발비율** (단위: %)

대학	정시	학생부종합	학생부교과
경희대	25.8	57.1	–
고려대	14.6	65.6	10.1
서울대	21.7	78.3	–
서강대	29.8	55.3	–
성균관대	31.1	53.0	–
연세대	28.4	36.7	–
이화여대	20.6	35.4	15.4
중앙대	22.3	37.2	16.6
한양대	27.2	45.2	10.7
한국외대	36.2	30.6	16.3
서울시립대	31.7	42.8	17.0

로 살펴보았을 때, 전국 4년제 대학(198개 대학) 중 정시 선발비율이 30% 미만이면서 학생부교과전형이 30% 미만인 대학인 35곳(서울대, 고려대, 연세대 등)으로 서울 주요 대학들이 거의 해당됩니다. **표1** 에서 확인할 수 있듯이 정시 선발비율이 낮은 서울대, 고려대 등의 선발비율이 30% 이상으로 늘어나고 수시 이월 인원까지 더해진 다면 정시모집 전체 선발비율은 더 증가할 것으로 예상됩니다.

  하지만 교육부의 권고안대로 정시 선발비율이 30% 가까이 증가하여도 여전히 학생부종합전형을 수시 주요 전형으로 활용할 가능성이 큽니다. 다음 장에서 설명하겠지만 이번 대입제도 개편안에는 '논술전형의 단계적 폐지'가 포함되어 있으며, 특히 상위권 대학은 학생부교과전형보다는 학생부종합전형을 통해 우수한 인재를 선발하고자하기 때문입니다. 결국 2022학년도 대입을 준비하는 학생들은 수시와 정시 모두 신경을 써야 한다는 입시 부담은 변함이 없을 전망입니다.

수능 체제 개편

➡ 수능 과목구조 및 출제범위의 변화

영역	2022학년도 수능
국어	[공통] 독서, 문학
	[선택] 화법과 작문, 언어와 매체 (택1)
수학	문과/이과 구분 폐지
	[공통] 수학I, 수학II
	[선택] 확률과 통계, 미적분, 기하 (택1)
영어	영어I, 영어II
한국사	한국사
탐구	문과/이과 구분 폐지
	– 일반계: 사회(9과목), 과학(8과목) 계열 구분 없이 택2
	사회탐구 9과목: 한국지리/세계지리/세계사/동아시아사/경제/정치와 법/사회 · 문화/생활과 윤리/윤리와 사상
	과학탐구 8과목: 과학I, II/물리학I, II/화학I, II/생명과학I, II/지구과학I, II)
	– 직업계: 전문공통 + 선택 (5개 계열 중 택1)
제2외국어/한문	9과목 중 택1

➡ 수능 평가방식 현행 유지, 제2외국어/한문 절대평가로 전환

2021학년도 수능		2022학년도 수능
영어, 한국사	절대평가	영어, 한국사, 제2외국어/한문
국어, 수학, 탐구, 제1외국어/한문	상대평가	국어, 수학, 탐구

➡ 수능 EBS 연계율 기존 70%→50%로 축소, 간접연계로 전환
간접연계: EBS 교재의 지문과 주제·요지가 유사한 지문을 다른 책에서 발췌 사용

수능 과목구조 및 출제범위에 있어서 변동사항은 이번 대입 개편안의 핵심이라고 볼 수 있습니다. 학생의 선택권 강화와 부담 완화, 2015 교육과정의 문이과 구분 폐지 및 융합 취지의 반영이라는 기본 목표 아래 수능 체제가 개편되었으나 수능의 과목구조는

기존과 달리 복잡해졌습니다.

국어·수학·직업탐구는 '공통+선택형' 구조로 개편하여 학생의 선택권을 중시하고자 하였습니다. 특히 수학은 문이과 구분을 폐지하여 수학 I·II는 공통으로 치르고 확률과 통계, 미적분, 기하 3과목 중에서 1과목을 선택할 수 있도록 하였고, 사회/과학 탐구 또한 문이과 구분이 폐지되어, 사회 9과목과 과학 8과목(과학I·II)을 합쳐 전체 17과목 중에서 자유롭게 2과목까지 선택 가능하도록 했습니다. 이는 어떤 선택과목을 택하느냐에 따라 유·불 리가 나뉘어져 특정 과목 쏠림현상이 유발될 가능성이 여전히 높다고 전망할 수 있습니다.

물론 교육부는 이런 문제를 완화하기 위해 국어·수학·직업탐구에서는 차등 배점 등의 합리적 조정을 검토한다고 밝혔습니다. 예를 들면 공통·선택과목의 각각 75점, 25점을 배분하는 방식입니다. 또한 각 대학/학과에서는 과목을 지정하여 가산점을 부여하는 등의 방안을 활용할 수 있으므로 대학의 선발기준 등을 지속적으로 살펴보며 과목을 선택하는 것이 필요하겠습니다.

수능 평가방식은 현행과 동일하지만, 제2외국어/한문이 기존 상대평가에서 절대평가로 전환됩니다. 기존까지는 탐구영역에 대한 부담감을 조금이라고 덜기 위해 일부 인문계열 학생들 중에는 제2외국어/한문을 전략적으로 활용하는 경우가 많았습니다. 그러나 절대평가로의 전환으로 인해 변별력이 약화되면 제2외국어/한문을 입시과목으로 활용하는 대학이 적어지거나 없어질 가능성이 있습니다.

학생부종합전형 공정성 제고

➡ 고교 학생부 기재 개선

(1) 항목 간소화

인적·학적사항	통합, 부모 정보 삭제
수상경력	현행대로 기재하되 대입 제공 개수 제한 (학기당 1개, 총 6개까지)
자격증 및 인증 취득상황	현행대로 기재하되 대입 미제공
진로희망사항	항목 삭제
봉사활동	실적만 입력하고 특기사항은 삭제
자율동아리	학년당 1개 기재 (동아리명, 동아리소개만 기재)
소논문(R&E)	미기재
청소년단체	학교 밖 청소년단체 활동은 미기재
학교스포츠클럽	기재하되 특기사항 간소화
방과후학교	미기재

(2) 기재 분량 축소

항목	현행					개선안				
창체 특기사항	자율	동아리	봉사	진로	계	자율	동아리	봉사	진로	계
	1000	500	500	1000	4000	500	500	미기재	700	2200
행특 종합의견	1000					500				

➡ 대학의 선발 투명성 제고

(1) 자기소개서 서식 개선 : 서술형 유지 및 글자 수 축소

문항	현행		개선안	
	내용	글자수	내용	글자수
1	학업경험	1000	통합	1500
2	교내활동	1500		
3	배려·나눔	1000	질문개선	800
4	자율문항	1000~1500	유지	800

(2) 교사추천서 폐지

(3) 대학입학 평가기준 공개 및 대입전형별 신입생의 고교 유형정보 및 지역정보

공시 등

➡️ 대입 정보격차 해소 지원

(1) 전형 명칭 표준화 (예: 'ㅇㅇㅇ전형'→'학생부교과(ㅇㅇㅇ)전형')

(2) 대입 상담교사단 구성 · 운영 및 대입정보박람회, 대입포럼 수시 개최

고교 학생부는 항목이 간소화되고 분량이 축소됩니다. 과도한 경쟁 및 사교육 유발로 논란이 컸던 수상경력과 자율동아리는 현행대로 기재하는 대신, 각각 학기당 1개 학년 당 1개로 제한하였고, 소논문 활동은 학생부 모든 항목에서 아예 기재할 수 없게 되었습니다. 학생부 기재분량은 창의적 체험활동상황과 행동특성 및 종합의견의 글자 수 조정으로 4,000자에서 2,200자로 절반가량 줄어들었습니다. 자기소개서 또한 문항과 분량이 축소되고, 재학기간 중 각각 '학업 경험'과 '교내 활동'을 쓰도록 한 1번과 2번 문항은 통합되었고, '배려, 나눔 등에 관한 실천사례'를 쓰도록 한 3번 문항은 학생의 개별 특성이 보다 잘 드러나는 방향으로 질문 방식을 개선할 예정입니다. 자기소개서 글자 수 또한 분량이 5,000자에서 3,100자로 줄어들었고, 교사추천서는 폐지됩니다.

학생부와 자기소개서는 학생부종합전형의 주요 평가 자료입니다. 이러한 평가 자료가 간소화되고 분량이 축소화되면, 대학에서는 학생을 평가할 수 있는 정보가 부족해져 내신의 중요성이 커질 수 있으므로 고1부터 철저한 내신 대비가 필요합니다. 또한 학생부 기입을 염두에 두고 비교과 활동을 보다 체계적으로 관리해야 할 필요성이 더욱 높아졌다고 할 수 있습니다. 더불어 부족한 평가 자료를 보완하기 위해 대학에서는 면접을 강화할 가능성도 배제할 수 없습니다.

이와 같이 2022학년도 대입 개편에 따라 대학의 대응 양상이 달라질 수 있어 이에 대한 적절한 대비가 필요합니다. 여기에 대한 자세한 내용은 다음 장에서 언급하기로 하겠습니다.

대학별고사 개선

➡ 면접·구술고사 개선
  ⑴ 학생부 기반의 확인 면접이 원칙, 제시문 기반의 구술고사 최소화
  ⑵ 대입 블라인드 면접 도입
➡ 수시 적성고사 폐지, 논술전형 단계적 폐지 유도

제시문 기반의 구술고사는 면접에 앞서 대학이 사전에 문항을 제공하여 지원자를 심층 평가하는 면접을 의미합니다. 이러한 구술고사는 문제와 지문이 어려운 수준이라 학생들에게 부담이 되는 시험이었습니다. 이에 대해 교육부에서는 2022학년도 대입에서는 학생들의 부담 경감을 위해 전형 특성상 제시문 기반 구술고사가 필요한지 여부를 점검하여 시정명령·모집정지 등 엄중 제재를 가할 계획이라고 밝혔습니다. 또한 블라인드 면접° 도입으로 수험생은 면접평가에서 성명, 수험번호, 출신 고교 등을 공개하지 않고 면접을 보게 됩니다. 다만 앞서 언급한 바와 같이 고교 학생부 기재 개선으로 학생부종합전형의 서류 평가 항목이 줄어들었기 때문에 대학에서 면접을 어떤 식으로 활용할지는 더 지켜봐야 할 것 같습니다.

대학별고사

대학별로 수능이나 학생부와 같은 서류평가 외에 추가적인 시험을 통해 우수 인재를 선발하기 위하여 실시되는 시험을 대학별고사라고 한다. 논술, 면접, 적성고사 등의 형태로 운영되며 세부적으로 종류가 나뉠 수 있다. 논술은 지원한 모집단위 계열에 따라 다르며 크게 인문/수리/과학논술로, 면접은 평가방식에 따라 서류 기반 면접, 제시문 기반 면접, 집단 토론 면접 등으로 나뉜다.

블라인드 면접

눈을 가린 면접이라는 의미로, 말 그대로 지원자의 출신 지역이나 학교 등 평가 시 편견이 생길 수 있는 요소들을 가린 채 진행하는 면접을 의미한다. 교육부가 밝힌 블라인드 면접의 기준은 '면접 평가에 영향을 줄 수 있는 지원자의 개인정보(수험번호, 이름, 고교명 등)를 삭제'하는 것이다.

표 2 대입제도 개선 비교표

구분	'20학년도 이전	'21학년도	'22학년도 이후
수능위주전형 비율	대학 자율	수능위주전형 비율 확대 유도	수능위주전형 비율 30% 이상 재정지원과 연계 (학생부교과 30% 이상 대학은 자율)
수능 최저학력기준 활용	대학 자율 (선발방법 취지 고려)	대학 자율 (선발방법 취지 고려)	대학 자율 (선발방법 취지 고려)
수능 출제범위			
수능 절대평가	영어, 한국사	영어, 한국사	영어, 한국사, 제2외국어/한문
수능 EBS 연계율°	70% (영어 일부 간접연계)	70% (영어 일부 간접연계)	50% (간접연계 확대)
학생부 기재 개선	2019학년 고1부터 적용 ('22학년도 대입에 반영)		
자기소개서 개선	현행 서식	현행 서식	서식 간소화 및 개선
교사추천서 폐지	유지	유지	폐지
평가과정 투명화	다수 입학사정관 평가 권장, 평가기준 공개 유도	다수 입학사정관 평가 권장, 평가기준 공개 유도	다수 입학사정관 평가 의무화, 평가기준 공개 확대 유도, 부정 · 비리 제재 근거법규정 신설
선발결과 공시	대학별 고교 유형별 합격자수 공시	대학별 고교 유형별 합격자수 공시	대학별 대입전형별 고교 유형 · 지역별 합격자수 공시
면접·구술 고사	대학 자율	대학 자율 (최소화 유도)	대학 자율 (최소화 유도)
논술전형	단계적 폐지 유도	단계적 폐지 유도	단계적 폐지 유도
적성고사	대학 자율 (최소화 유도)	대학 자율 (최소화 유도)	폐지

출처: 2022학년도 대학입학제도 개편방안 및 고교교육 혁신방향

수능 EBS 연계율

EBS 교재를 바탕으로 한 실제 수능 문제와의 출제 연관성 비율을 의미한다. 2004년 사교육비 경감 대책의 일환으로, EBS 교재에서 문제 유형만 바꾸거나 동일한 지문 내용 일부를 조금 수정하여 수능 문제를 출제하는 직접연계와 EBS 지문의 소재나 주제 등만을 따오는 간접연계로 나뉜다.

2

2020 입시 대변동

정시 확대 예고한 상황에서 2022학년도 대입 개편안의 의미 평가

　최근 대통령의 갑작스런 정시확대 발언으로 온 국민의 관심이 다시 입시로 쏠리게 되었는데요. 다음날 교육부의 일사불란한 발표가 있으면서 또 한 번 입시의 큰 혼란이 예고되고 있습니다. 지금까지 학생부종합전형을 목표로 하던 현재 고1 학생들과 학부모들은 당장 수능을 준비해야 하는 건지 계속 내신과 학교활동에 전념해야 하는 건지 우왕좌왕할 수밖에 없는 상황입니다. 그리고 일선 고등학교 교사들과 지자체 교육감 그리고 대학에서는 크게 반발하는 상황이어서 입시를 준비하는 학부모들은 더욱 불안해할 수밖에 없는 상황입니다.

　지금까지 수시전형을 확대하면서 학생부종합전형의 공정성 시비가 계속되었고 작년 2022학년도 대입 개편안 발표를 앞두고 갈

등은 최고조에 달했었죠. 그러면서 교육부의 졸속 행정이 많은 학부모들의 반발을 낳게 했던 것을 기억하는데요. 그 결과 지금 고2 학생들이 치르는 2021학년도 입시는 문이과 융합이라는 교육과정의 목표와 반하는 현행 수능체제를 유지하는 모순된 상황을 만들었습니다. 2015 교육과정을 시행한 첫 번째 학년이었기 때문에 일선 학교에서 교과과정을 운영하는 데 혼란도 있었지만 학생들 입장에서는 3학년까지 진로에 맞추어 교과를 선택하고 융합교육의 목표에 따라 수능에서 선택하지 않아도 되는 사회, 과학 과목의 이수단위를 3학년까지 이전보다 더 많이 채워야 하는 부담을 가지게 되는 것입니다.

물론 학생부종합전형을 목표로 준비하는 학생들은 부담을 감수하면서도 열심히 준비하면 된다고 생각할 수 있지만 1학년 2학년 내신성적이 좋지 않은 학생들 입장에서는 이미 학생부종합전형을 지원하는 데 불리한 조건을 가지고 있기 때문에 2학년 때부터 빨리 수능을 준비해서 정시에서 더 좋은 결과를 만들어야 하는데 3학년 때까지 수능과 관계없는 과목들을 들을 수밖에 없기 때문에 2015 교육과정 첫해 희생양이 되는 것 아니냐는 불만이 커질 수밖에 없습니다. 게다가 이번 정시확대 방안도 2022학년도부터 적용하겠다고 교육부가 말하면서 지금 고2 학부모들은 상대적으로 희생양이 되었다는 생각을 많이 할 것 같습니다. 표면적으로 보면 2021대입은 2020대입과 비교했을 때 큰 변화는 없어 보입니다. 다만 최근 정시확대에 대한 정부의 의지가 반영될 수는 있기 때문에 대학들이 이미 발표한 내년 입시 계획안을 기초로 내년 초에 정시모집 비율에 대해서는 조금 조정할 수 있는 여지는 있을 수 있다고 생각은 할 수 있을 것입니다. 그렇지만 지금 고2 학부모들도 내년 대학입시를 어떻게 준비해야 하는지에 대해서는 궁금증과 걱정이 클 것이라 생각이 들기 때문에 작년 교육부에서 발표한 2022학년도 대입 개편안을 기초로 2021학년도와 2022학년도 대입을 분석해 보고 어떻게 준비할 것인지를 함께 고민하고 학부모님들이 각자 최선의 전략을 세우는 데 도움이 될 수 있는 말씀을 드리겠습니다.

2022학년도 대입 개편안의 주요 내용은 수능 체제와 과목 편제의 변화, 학생부종합전형의 공정성 제고를 위한 평가 방법과 기준의 변화, 고교학점제 시행과 관련된 내용 등 크게 세 부분으로 나누어서 분석해보고 각각의 상호 영향을 종합적으로 고려해 2021학년도와 2022학년도 대입 각각의 전체적인 전망을 해보겠습니다.

2022학년도 수능 공통과목과 선택과목으로 구분했지만 난이도가 변수

먼저 수능 체제 개편안부터 보면 사실상 2021학년도 수능은 현행 체제를 그대로 유지하고 교과과정의 변화에 따라 수능 과목과 세부적인 단원들이 줄어드는 출제범위의 변화만 있을 뿐입니다. 그렇다 하더라도 준비하는 학생들의 학습전략에는 많은 영향을 줄 수 있기 때문에 다음 장에서 2021학년도 대입에서 수능을 준비하는 효과적인 전략을 구체적으로 말씀드리려고 합니다. 그렇지만 정시 확대가 본격적으로 적용될 것으로 보이는 2022학년도 대입에서는 가장 큰 영향력을 발휘할 것으로 보이는 요소는 역시 수능이기 때문에 2022학년도 수능 개편안은 심도 있게 분석할 필요가 있습니다. 그래야지 2022학년도 대입을 준비하는 학생들에게 개편된 수능을 어떻게 준비할 것인지에 대해서 구체적으로 말해줄 수 있을 것 같습니다.

가장 큰 변화는 수능 과목의 개편입니다. 수능 과목을 공통과목과 선택과목으로 나누면서 학생들이 자신의 진로나 학습 흥미도에 따라 과목을 선택할 수 있는 선택권을 최대한 보장하려고 한 것인데요. 수능이 도입된 이후 처음으로 공통과목과 선택과목이 나눠진 것이기 때문에 아직 문항 수나 배점에 대해서는 구체적으로 정하진 않았습니다. 그리고 학생들이 자유롭게 선택과목을 택할 수 있지만 대학에서는 모집 계열별로 필수적으로 요구되는 과목들이 있어서 2022학년도 모집 계획안을 발표할 때 모집 계열이나 학과별로 필수과목을 지정하거나 특정 과목에 대해서 가산점을 주는 방안도 가능할 것으로 생각합니다. 이미 서울대학교는 자연계열 전 모집학과에서 과학II 과목을 필수과목으로 지정하였고 교과과정에서도 필수적으로 선택해야 할 과목의 이수단위 수에 따른 가산점 부여 방식도 발표하였습니다.

서울대의 추가적인 발표가 더 있을 것으로 예상해볼 수 있기 때문에 다른 대학들도 이를 반영해서 가산점 부여를 통해서 모집계열이나 학과에 필요한 과목을 유도할 수 있는 장치를 마련할 것으로 생각됩니다. 예를 들면 이공계열의 전자전기공학부에서는 물리와 생명과학을 필수 과목이나 가산점 부여 과목으로 지정할 수 있겠죠. 왜냐하면 전자전기공학부에 입학해서 주 전공과목들을 공부하려면 물리는 필수적으로 많은 학습이 되어 있어야 할 것이고 생명과학은 앞으로 다양한 분야에 전자전기 기술이 활용될 수 있기 때문입니다. 바이오 분야나 의·공학 분야에 넓게 융합시킬 수 있는 활용도가 높은 과목이기 때문에 당연히 물리와 생명과학을 수능에서도 선택한 학생들이 상대적인 가점을 받을 수 있게 유도할 수 있다고 생각할 수 있습니다. 이런 장치를 두지 않는다면 지금 개편안에서는 탐구과목에서 사회과목 9개, 과학과목 8개 중에 자유롭게 선택할 수 있어서 서울대학교를 제외한 기타 대학의 전자전기공학부를 지원하는 학생은 물리과목이 아닌 다른 과학과목 1개와 사회과목 1개를 선택한다고 해도 표준점수 환산에서 높은 점수를 받는다면 합격할 수 있죠. 따라서 다수의 학생들은 상대적으로 어려운 물리과목을 선택하지 않고 공대에 지원할 수 있는 전략을 충분히 생각할 수 있습니다. 이렇게 되면 대학에서는 상당히 불편해질 수 있습니다.

　수학과목도 마찬가지인데요. 현재 이과학생들이 치르는 수학 가형의 경우 필수 출제과목이 확률과 통계, 미적분II, 기하와 벡터인데 개편안에 따르면 개정 교육과정으로 과목 편제가 달라지긴 했지만 공통 출제 과목이었던 확률과 통계, 미적분, 기하가 모두 선택과목이 되면서 이 중 한 과목만 선택하면 되는 것이죠. 수학I, 수학II는 공통과목으로 문이과 구분 없이 모든 학생들이 시험을 보지만 대학의 전공에 따라 필수적으로 요구되는 심화과목들이 선택과목으로 편제되면서 대학의 모집 계열이나 학과에 따라 필수과목 지정이나 선택과목에 따른 가산점을 부여하는 제도적 보완이 필요합니다.

　수능 선택과목의 논란은 수학과 과학 과목에 집중될 수 있는데요. 그것은 현재 정시전형에서도 과학 선택과목의 기형적인 편중현상이 생기는 것 때문에 우려의 목소리가 커지고 있는 것입니다. 이상적인 방향은 정시에서도 학생이 지원하는 전공에 필요한 과목을 선택해야 하는 것이지만 정시는 수능 점수를 표준점수와 백분위로 환산하여 과목 반영비율에 따라 점수로 순위를 결정하는 방식(소수점 둘째 자리까지 혹은 셋째자리에서 반올림하는 방식으로 계산한다)이다 보니 수능 점수 차이가 거의 없는 상위권 학생들이 몰리는 의치대나 SKY 주요학과에서는 치열한 경쟁이 벌어질 수밖에 없지요. 그래서 조금이라도 유리한 상황을 만들기 위해서 전략적으로 과목을 선택하고 있습니다. 이런 이유에서 현재 수능 과학과목 선택 양상은 기형적인 상황이 발생하는 건데요. 학생들은 상대적으로 고득점을 받기 쉽다고 생각하는 지구과학I 과목이나 생명과학I 과목을 선택하게 될 수밖에 없는 겁니다.

　현재 수능 과학과목은 서울대를 제외한 나머지 대학들은 과학I 과목 두 개를 선택하면 되고 계열이나 학과에 따라 특정과목에 가산점을 주지 않기 때문에 지구과학I 과목 선택이 64%에 이르는 기현상이 일어나는 거죠. 이런 상황은 2022학년도 개편안에서는 더 더욱 심해질 수 있는데 이과계열을 지원하면서 사회과목을 선택해도 제도적으로 아무 문제가 안 된다는 것이죠. 특히나 2015 개정교과에서는 지구과학I 과목은 그나마 기존 교과내용에서 어려워했던 천체 단원의 내용의 상당부분이 빠져있어서 단시간에 수능 시험 준비를 하는 데 다른 과목에 비해 쉬울 수 있다는 인식이 지배적인 상황이어서 현재 수능의 문제인 탐구과목의 난이도 문제와 선택인원 쏠림현상이 더 심화될 수 있습니다.

2022수능 개편안은 이에 더해 수학과목까지도 선택과목 쏠림현상이 예상되고 있어서 선택과목 문제의 해법 찾기가 쉽지는 않을 것이라는 전망이 많습니다. 사실 요즘 더 과열되고 있는 의치대의 경우에는 수학과목에서 확률과 통계를 선택하고 입학한 학생들도 크게 문제될 것은 없다고 생각할 수 있지만 공학계열이나 자연과학계열의 대다수 학과에서는 미적분이나 기하과목을 선택하지 않고 입학할 경우에 전공과목에서 학습 부진의 문제가 커질 수 있습니다. 이런 우려를 하지 않을 수 없는 것이 지금 대다수의 학생들은 수학과목에서 미적분과 기하과목에 비해 상대적으로 확률과 통계과목이 쉽다고 생각하기 때문에 수학 선택과목 또한 확률과 통계과목으로 쏠리는 현상이 예상되고 있는 것이죠. 이 문제에 대해서 교육부나 교육평가원에서는 과목별 수능 출제 난이도를 적절히 조절해서 쏠림현상을 완화하겠다고 하지만 지금까지 수능에서 한 번도 난이도에 대한 문제가 해결된 적이 없다는 게 문제죠. 따라서 이 문제는 대학들이 입학전형의 평가방법에서 전공 계열과 학과의 특성을 고려해 과목을 지정하거나 가산점을 주는 것으로 보다 바람직한 방향으로 가도록 해야 한다고 봅니다. 이에 대해 서울대학교는 이과 전 계열에서 기하와 미적분을 선택하는 학생들이 더 유리하도록 할 수 있다는 입장을 밝힌바 있습니다.

지금까지 수학 과학 과목의 선택과목 문제를 2022학년도 수능 개편안을 근거로 분석해 보았는데요. 국어과목도 이전 수능과 달라진 부분이 어떤 것인지 살펴보겠습니다. 기존 수능시험에서는

2009교과과정의 국어과목들 모두를 공통 출제 범위에 포함시켰습니다. 이를테면 화법과 작문, 문법, 독서, 문학 등 모든 교과에서 15문항씩 출제하였습니다. 그런데 개편안에서는 독서, 문학을 공통과목으로 하고 화법과 작문, 언어와 매체(문법 교과)를 선택과목으로 하여 1과목을 선택하도록 하였습니다. 지금보다 시험 준비에 대한 부담을 줄여준 측면이 있지만 이것도 역시 치열한 점수 경쟁을 해야 하는 정시 상황에서는 화법과 작문과목에 쏠림현상이 예측되고 있습니다. 왜냐하면 최근 수능시험에서 화법과 작문 문항은 비교적 쉽게 출제되었고 학생들이 EBS교재에서 연계되었을 때 적응력이 높은 편이어서 부담을 덜 느끼기 때문입니다.

또 하나는 작년 수능에서 문법 문항이 너무 어렵게 출제되어서 많은 수험생들이 문법은 어렵다고 생각하기 때문입니다. 따라서 언어와 매체 과목보다 화법과 작문을 절대적으로 다수의 수험생들이 선택할 가능성이 있다고 전망할 수 있습니다. 이렇게 되면 국어 과목마저도 선택 인원의 불균형이 문제가 될 거 같습니다. 국어, 수학, 탐구 과목은 상대평가이기 때문에 난이도와 선택 인원은 수능의 공정성 문제에 큰 영향을 줄 수 있어서 심각한 문제가 될 수 있습니다.

2022학년도 수능 개편안에서 수능의 난이도와 관련해서 또 하나 봐줘야 할 중요한 변화가 EBS출제 연계율과 연계방식의 변화입니다. 기존의 70% 연계율을 50%로 낮추고 연계방식도 직접연계보다 간접연계를 더 높이는 것인데요. 이것은 나름 긍정적인 변화라고 보입니다. 지금까지 수험생들의 학습 부담을 줄여준다는 명분으로 EBS교재에서 70%를 연계하는 방식으로 출제해오면서 많은 부작용들이 생기게 되었는데요. 수능의 난이도 측면에서만 보자면 EBS연계율과 연계방식의 변화는 어려워질 것으로 예측할 수 있습니다. 연계비율이 낮아지면서 자율 출제 문항이 늘어나는데 이것은 수험생들 입장에서 상당히 부담스러울 수 있습니다.

지금까지는 사교육을 통해서 특정문제 유형을 반복적으로 학습해서 익숙해지는 소위 말해서 족집게 유형학습의 효과를 볼 수 있었는데요. 수능 출제방식이 달라진다면 교과 개념을 상당히 깊게 이해해야 되고 응용력도 높아야 하기 때문에 출제된 문제에 대한 체감 난이도는 높아질 수 있습니다. 수학과목도 빈출도가 높은 주제에서 몇 문제만 사고력을 요구하는 낯선 유형으로 출제하면 대부분의 수험생들은 곤혹스러워질 수 있죠. 그리고 국어나 영어에서도 EBS교재 지문을 그냥 암기하는 식의 공부에서 실질적인 독해력을 높이기 위한 다양한 고난도 지문을 더 많이 연습해야 하기 때문에 학습 부담이 커질 것으로 생각됩니다. 2022학년도 수능에서 EBS 연계율과 연계방식의 변화는 대체적으로 지금보다 난이도가 높아질 수 있다는 전망을 할 수 있습니다.

2022학년도 수능체제 개편안을 종합적으로 분석해보면 현행 체제보다 더 어려워질 수 있고 수험생들이 준비하는 데에도 더 많은 시간이 필요할 수 있다는 것이죠. 그리고 수능을 100%반영하는 정시전형을 30%이상 확대하는 정책방향과 연결해서 생각해보아도 출제 기조가 현재 수능보다 더 큰 변별력을 만드는 것으로 변화할 가능성이 높다고 전망할 수 있습니다.

2022학년도 대입 개편안, 학생부종합전형 대수술 예고

다음은 학생부종합전형과 관련하여 발표한 개선안의 핵심적인 변화가 무엇을 의미하는지 살펴보겠습니다. 가장 큰 부분은 공정성을 높이고자하는 의지로 보입니다. 비교과 활동의 학생부 기재 요건을 강화하는 것에서 알 수 있는데요. 계속해서 문제가 되어왔던 교내수상이나 논문활동 등에 대해서 기재 축소와 기재 금지와 같은 강력한 규제를 한 것입니다. 특히 이 부분은 특정 학교나 계층의 전유물로 인식되어오면서 학생부종합전형의 부정적인 측면으로 지적할 수 있었던 부분을 크게 개선하겠다는 의지로 평가할 수 있겠지요. 그런데 이번 개선안을 단지 불공정성의 논란이 컸던 부분만 손본 것이라고 생각하면 그 본질적인 의미를 잘못 이해하는 우를 범할 수 있을 거 같아요. 물론 공정성을 높이기 위해서는 당연히 논란이 되는 부분을 개선해야겠지만 이번 개선안의 더 본질적인 의미는 학생부 평가에서 진로와 관련된 다양한 비교과 활동의 평가비중보다 학생의 학업역량에 대한 내용을 실질적으로 더 우선시하겠다는 것으로 이해되어야 할 거 같습니다.

학생부종합전형 개선안 내용을 종합적으로 평가할 때 학생의 성적관리와 교과활동에 대한 평가에 신뢰도를 높이는 것이 핵심적인 내용이라고 볼 수 있습니다. 구체적으로 말씀드리면 학생부 항목 중에 교과활동 및 세부능력 특기사항을 중심으로 학생의 학업성취도와 학업적 잠재성을 더 많이 평가하겠다는 의도로 생각해야 한다는 것이죠. 다시 말해 고등학교 교과과정과 직접적으로 연관이 없는 여러 가지 비교과 활동의 결과물들을 학생부종합평가에서 배제하겠다는 의미로 보는 것이 정확할 것 같습니다.

학생부종합전형 개선안에서 또 하나 봐야 될 것은 서류평가의 간소화입니다. 이것은 지금까지 꾸준히 노력했던 부분입니다. 그런데 학생부종합전형의 취지가 학생의 꿈을 위해 스스로가 어떤 노력을 해왔는가를 심층적으로 평가하는 것이어서 이를 위해서는 학생부에 기재된 내용을 더 심도 있게 뒷받침해 줄 수 있는 자기소개서나 교사추천서가 평가의 중요한 요소가 될 수밖에 없습니다. 그런데 이번 개선안에서는 이 부분을 대폭 줄이거나 폐지하는 쪽으로 발표를 했죠. 이에 대해 학생부종합전형의 기본 취지를 훼손하는 것이라는 비판의 목소리도 많이 있는데요. 당연히 일리 있는 지적입니다.

자기소개서(자소서)는 지금도 대학교육협의회(대교협)에서 지정한 공통양식을 모든 대학들이 받아들이고 있고 거기에는 자소서에 쓸 수 없는 내용에 대한 유의사항 또한 매우 엄격하게 적용하고 있습니다. 그리고 몇 년 전부터 자소서 내용의 유사도 검사를 강화하고 있어서 대필의 우려나 과장된 내용에 대해서도 실질적으로 관리하고 있다고 생각합니다. 그리고 학생의 노력과정에서 스스로 배우고 느꼈던 것을 토대로 진실한 이야기를 해야지 좋은 평가를 받을 수 있다는 것도 대학 측에서 구체적인 가이드북을 제공하면서 홍보하는 데 많은 노력을 하고 있습니다. 그래서 자소서는 앞으로도 학생부종합전형에서 폐지하지는 않을 것 같은데요. 그래도 2022학년도 개선안에서는 자소서도 글자 수를 축소하였습니다. 기존에 공통항목의 1번과 2번 문항을 통합하고 3번 인성을 묻는 문항은 200자를 줄이고 질문 내용도 바뀔 것으로 예상됩니다. 4번 대학 자율문항 역시 글자 수를 줄였습니다. 학생부에 기재하는 내용들을 많이 줄였기 때문에 당연히 자소서의 분량도 줄일 수 있는 것이죠. 그렇지만 자소서는 2022학년도 이후에도 학생부종합전형의 면접에서는 역시 중요한 근거가 된다고 생각됩니다. 그래서 자소서의 영향력은 지금보다 축소되지는 않을 것으로 전망할 수 있습니다.

반면 교사추천서는 지금까지도 대학에서 신뢰성에 문제를 지적해왔었고 학생의 잠재성을 평가하는 교사의 의견이 학생 개개인을 많은 시간 동안 객관적으로 관찰한 것을 근거로 소신 있게 작성했다고 보기에는 현실적인 한계가 크다고 판단할 수 있어서 불필요한 측면이 있다고 생각하는 사람들이 많았습니다. 이번 개선안에서 교사추천서를 폐지한 것은 이런 현실을 정확하게 제도에 반영한 결과라고 여겨집니다.

입시의 대변동의 중심, 고교학점제

이제 마지막으로 고교학점제 시행에 대한 내용을 평가해볼 텐데요. 고교학점제는 현 정부 교육분야의 대표적인 혁신 공약이었지요. 이번 대입 개선안에서 구체적인 시행 시기를 확정한 것인데요. 이것은 사실상 2019년부터 고교학점제 연구 선도학교 지정을 대폭 늘리고 2021년도까지 고교학점제 도입 기반을 만들고 2022년도부터 부분적으로 도입하겠다는 단계적 계획과 2025학년도 고1 신입생부터 전면적으로 시행하겠다는 구체적인 시행계획을 발표한 것입니다. 그렇다면 고교학점제는 2028학년도 대입부터 입시에 전면적으로 반영하겠다는 의미로 해석됩니다.

고교학점제는 2015 교육과정과도 궤를 같이한 것이라고 볼 수 있습니다. 향후 학생부종합전형이 대입의 안정적이고 보편적인 전형으로 정착하는 데에도 매우 중요한 제도라고 생각됩니다. 고교학점제가 왜 학생부종합전형과 깊은 연관이 있는지를 설명하면서 지금 입시의 대전환을 해야 한다는 입장에서는 고교학점제를 정상적으로, 그리고 장기적인 목표를 가지고 일관되게 추진해나가는 것이 왜 중요한지를 순서적으로 설명하겠습니다.

고교학점제는 학생들이 자신의 진로목표에 따라 스스로 학업과정을 선택해나가는 것을 기본 취지로 하고 있지요. 이것은 2015 교육과정이 추구하는 융합적이고 창의적인 인재로 키우겠다는 목표 아래 학생들이 스스로 교과목을 선택해나가도록 하는 개방형 교육과정으로 만들어 가겠다는 의지와 부합한다고 볼 수 있습니다. 학생의 선택권을 존중하고 진로중심의 교육으로 나아가겠다는 교육의 새로운 발전 방향을 생각할 때 반드시 성공적으로 시행해서 우리나라의 공교육을 바꾸는 혁신적인 제도가 될 수 있습니다. 2025년부터 전면적으로 시행되면 고등학교 내신을 성취평가제로 운영한다는 계획인데요. 이것은 단지 내신성적을 상대평가 방식에서 절대평가로 바꾸는 것에 그치는 것이 아니라 학교 수업과 학생들의 학업역량을 평가하는 방식 자체를 크게 바꿀 수 있는 계기가 될 수 있습니다. 본래 2015 교육과정의 가장 큰 목표가 융합형 교육과정에 맞춰져 있지만 그 속에서 더 중요하고 구체적인 목표는 수업방식의 변화와 평가의 변화에 있다고 볼 수 있습니다.

일방적인 주입식 수업과 선다형 객관식 지필고사를 통해 점수로만 평가했던 학교의 교육 현장을 바꾸겠다는 것이지요. 학생들 스스로 주제를 설정해서 수업의 주체로서 참여하고 배운 것을 서로 토론을 하는 과정을 통해 스스로 답을 찾아가는 창의적인 학습 과정을 목표로 한 것이고요. 학생들의 학업역량과 잠재성을 결과가 아닌 과정에서 평가할 수 있도록 하기 위해서 다양한 방식의 평가를 도입하겠다는 의지가 강했습니다. 이를 실현하기 위해서 개정교육과정이 도입된 2018년부터 고등학교 교과과정에서도 서술형 평가나 수행평가의 비중을 높였고 수업시간의 조별 수행과제나 발표활동에 대한 평가를 늘려가려는 노력을 하고 있습니다. 그럼에도 불구하고 새 교육과정의 본질적인 목표가 현장에서 혁신적인 변화를 만들지 못하는 가장 큰 이유가 바로 상대평가 방식 때문입니다.

점수로 순위를 매기는 방식이 바뀌지 않기 때문에 학교 수업이나 학생들의 내신 경쟁이 근본적으로 바뀔 수 없는 것이지요. 이런 의미에서 보면 고교학점제 전면 시행 시기가 다소 늦은 것이 아닌가 하는 생각이 들기도 합니다. 2015 교육과정이 시작될 무렵 고교내신 절대평가와 고교학점제로 가는 방향이 적극적으로 논의가 되었었는데 학생부종합전형의 공정성 문제로 인한 사회적 갈등이 커지면서 우리 교육의 대변혁의 결정적인 골든타임을 놓치게 된 것입니다.

2022대입 개선안에 따른 2025년 고교학점제 전면시행은 우리 교육이 선진화로 가는 대변동의 시작이 될 뿐만 아니라 입시 역시 새로운 국면을 만들 거라고 생각합니다. 지금 말이 많은 학생부종합전형이 공정성을 높이는 방향으로 한 단계 더 발전하고 본래 취지에 부합하는 평가를 보다 더 잘할 수 있어서 보편적인 대입전형으로 자리 잡을 수 있다고 생각합니다. 왜냐하면 학생의 학습과정에서 본인의 목표가 구체적으로 드러날 수 있고 발전과정 또한 좀더 객관적으로 평가할 수 있기 때문이죠. 모든 학생들이 공통으로이수한 과목이 대부분인 현재 교육과정에서는 교과과정을 통해서학생의 목표의식이나 학업에 대한 열정, 더 발전할 수 있는 잠재성에 대한 평가를 정성평가를 통해 심층적이고 객관적으로 평가해내기가 쉽지 않지만, 고교학점제가 전면적으로 시행된다면 학생이목표로 하는 진로분야에 구체적으로 연관성이 높은 선택과목들과그와 관련된 대학의 전공과목을 예비적으로 공부할 수 있는 심화과목이나 전문교과들을 선택해 나갈 수 있기 때문에 학생이 선택한 교과목들의 성취도나 교과와 관련된 학습활동 과정에 대한 평가 내용을 통해 학생의 진로목표나 학업역량을 좀 더 객관적으로평가할 수 있게 됩니다.

고교학점제 시행에 대해서 당장 학교 현장에 적용하기에는 기초적인 준비가 상당히 부족하다는 이유로 회의적으로 보는 시각도많은데요. 그 점을 지적하는 것도 당연히 타당한 의견이라고 생각합니다. 고교학점제가 정말 우리나라 교육을 선진국 수준으로 끌어올리려면 그에 필요한 인프라가 충분해야 하는데요. 교육부의발표 내용도 이런 부분을 감안해서 단계적 도입으로 시행계획안을만들었다고 보입니다. 고교학점제를 시행하기 위한 인프라 구축에교육부뿐만 아니라 여러 지자체 교육청에서도 많은 노력을 하고있고 적극적인 의지를 가지고 있는데요. 특히 경기도교육청에서는 올해 전국에서 가장 많은 고교학점제 선도 연구학교를 지정하였고 2022년에 경기도 지역 모든 고등학교에서 전면적으로 실시하겠다는 입장을 밝히면서 전국 시행보다 상당히 앞서가는 행보를 하고 있습니다.

교육부와 지자체에서는 고교학점제를 시행하기 위한 기초 인프라로 다섯 가지를 이야기하고 있습니다. 다섯 가지 기초 인프라는 대학과 연계한 전공분야 탐색 프로그램의 확대와 지역 연구기관과 연계해서 고등학생들이 참여할 수 있는 진로 프로그램 개발 그리고 지역 고등학교들의 연합 수업 확대와 학교 방과 후 수업 확대이고 마지막으로 k-mooc(대학의 온라인 강의)를 활용한 대학 전공 강의 참여 확대 등입니다.

고교학점제는 학생들의 다양한 진로를 위해서 다양한 분야의 선택교과가 개설되어야 합니다. 이 부분에서 현재 우리나라 고등학교 교과과목이 너무 한정적인 것이 가장 큰 현실적 한계이지요. 현재 일반고의 경우 개설 가능한 교과목이 64~68개를 넘지 않고 있습니다. 2015 교육과정에서는 현재 고등학교 교육과정에서 공통교과 이수단위를 줄이고 선택과목을 늘리겠다는 것이 목표인데 일반선택과목과 진로선택과목, 그리고 전문교과까지 교육과정에 포함시켜서 학생들의 선택이 가능한 교과를 세계적인 수준인 110개 이상 개설할 수 있도록 앞에서 말한 다섯 가지 인프라를 빠른 속도로 구축해나가겠다는 생각인데요. 결국 고교학점제 시행을 통해 입시에서 학생부종합전형을 안정적으로 확대해 나가기 위해서 가장 우선적으로 개선되어야 할 조건은 일반고의 교육과정이 선진국 수준에 도달하는 것입니다. 이것이 교육당국의 지원을 통해 성과를 낼 수 있는지가 관건입니다.

고교학점제, 성공을 위해서는 일반고를 살려라!

일반고의 교육과정의 혁신을 만들기 위해서 앞에서 말한 다섯 가지의 인프라를 적극 활용할 것인데요. 학생들이 학교에 개설된 진로선택과목을 수강하고 더 심화 과목을 듣고 싶을 때 대학이나 지역의 연계기관의 고교연계 프로그램에서 자신의 진로분야와 관련 있는 심화과목을 수강할 수 있게 한다는 거죠. 그리고 지금도 많이 활성화되어 있는 주변 학교들이 연합해서 수업을 개설하는 클러스터 수업도 더 다양한 과목을 개설할 수 있도록 지원하고 수업방식도 학생들의 자기주도적 탐구활동 위주로 진행하고 주제탐구활동 전 과정의 평가를 더 객관적으로 할 수 있도록 지자체 교육청과 교육부가 긴밀하게 협력해서 지원하겠다는 계획입니다.

마지막으로 온라인 교육을 통해서 보다 질 높은 교육과정을 만들겠다는 것이 상당히 주목할 만한 것입니다. 전 세계적으로 교육혁신을 이끌고 있는 미네르바스쿨을 롤모델로 해서 우리나라 고등학교 현장에 대학에서 제공하는 온라인 강의인 k-mooc를 교육과정에 도입해서 지금보다 훨씬 더 활발한 참여와 질적으로 우수한 교육이 되도록 한다는 계획입니다.

고교학점제 단계적 도입 계획안의 핵심은 지금의 고등학교 교육과정을 더 높은 수준으로 만들어서 학생들이 점수 경쟁만 하는 공교육 현실을 개혁하고 학생들이 진로목표에 대한 능동적인 학습을 할 수 있게 하고 그 과정에서 실질적으로 대학에 가서 전공분야의 지식탐구를 수행할 수 있는 학업역량을 기르도록 한다는 것입니다. 아주 쉽게 말하면 일반고를 소위 말하는 국내 최고수준의 자사고인 민사고나 외대부고 정도의 수준으로 만들겠다는 것인데 지금의 현실에만 눈높이를 고정시키고 보면 불가능한 목표라고 생각되기도 합니다. 그렇지만 이런 큰 그림은 상당히 유의미한 교육정책의 전환이라고 평가되어야 하고 우리 교육이 가야 할 필연적인 방향이라고 말할 수 있습니다.

고교학점제는 학생이 자신의 진로를 위해서 필요한 과목을 선택할 수 있고 졸업에 필요한 단위수를 충족했을 때 조기졸업도 가능하기 때문에 이 제도가 정착이 된다면 장기적인 측면에서 우리나라 교육과정의 획기적인 변화가 예상됩니다. 무엇보다도 학기운영 제도가 바뀔 수 있겠지요 현재 대다수의 국가들은 우리와 다르게 9월(Fall Semester)에 정규입학을 하는 3학기제로 운영하고 있잖아요. 우리도 세계적인 기준에 맞도록 학기제를 바꾸는 것도 적극적으로 검토해야 된다고 생각합니다.

고교학점제가 전면 시행되고 이것이 입시에 반영되는 2028학년도를 계기로 해서 우리나라 입시가 더 이상 정시냐 수시냐, 공정성이냐 타당성이냐를 놓고 정치적 계산이나 자기집단의 이익 때문에 소모적인 싸움을 하지 않았으면 좋겠고, 교육이 미래지향적으로 나갈 수 있도록 일관되게 정책을 만들어 나가기를 바랍니다.

지금까지 2022대입 개편안을 분석하고 그 의미를 평가해보면서 이번 개편안이 앞으로의 입시변화와 교육개혁이라는 측면에서 어떤 의미가 있는지를 살펴보자면, 가장 큰 것이 지금까지 입시제도에 대한 논란의 중심에 있는 공정성문제를 제고하겠다는 의지가 강하게 반영되었다고 말할 수 있습니다. 최근까지 수시전형이 계속 확대되어 오면서 다양한 방법으로 학생을 선발한다는 목적에는 부합되었지만 그 과정에서 특목고, 자사고에 대한 특혜 논란이 계속해서 제기되었고 학생부종합전형으로 입학사정관전형을 바꾸면서 공정성을 높이겠다는 노력을 했지만 평가 기준이나 방법 자체가 모호하다 혹은 주관적이다 라는 여론을 잠재우지 못해서 학생부종합전형은 '깜깜이 전형'이라는 오해를 키웠고 최근 입시와 관련된 비리들이 입시정책을 만드는 교육당국과 대학에게 큰 부담을 줄 수밖에 없었기 때문에 당장의 공정성 문제를 해소하기 위해서 정시확대라는 카드를 쓸 수밖에 없었죠. 그렇지만 개편안의 본질적인 의미는 고교학점제를 큰 방향으로 잡고 지금의 우리 교육이 입시경쟁으로 인해서 여러 가지 교육적 파행이 벌어지고 있는데 이것을 바로잡아 가겠다는 것입니다.

2022대입 개편안은 입시경쟁으로만 치닫는 무너진 우리 공교육을 바로잡기 위해 가야 할 교육정책의 근간을 고교학점제 도입과 교육과정 혁신에 두었고 그것을 바탕으로 공정성을 확보할 수 있는 학생부종합전형을 만들어가겠다는 의지를 보여주었다는 것이 종합적인 평가일 것 같고요. 이번 개편안의 세부적인 부분을 계속해서 보완해나가야 하는 과제를 안고 있는데 이를 위해서는 무엇보다고 여론에 휘둘리는 임기응변식의 정책이 아닌 교육의 근본적인 개혁을 꾸준히 실천하는 것이 필요합니다. 따라서 교육 개혁을 위해 교육 주체들의 합리적인 의사소통이 가능한 합의체가 만들어져야 할 것 같습니다.

3

2020
입시 대변동

2021학년도 대입 분석과 준비전략

**입시전략의 기본은 우리 아이의 현재 상태를 먼저 객관
적으로 분석하는 것이다**

고2 학생들은 2020학년도 수능이 끝났기 때문에 이제 수험생
이 되었네요. 시간이 참 빠르죠. 그렇지만 많은 학생들과 학부모들
은 아직까지는 실감이 되지 않으실 텐데요. 지금 2학기 기말고사
도 남아있고 생기부 기재도 12월 말에 이루어지기 때문에 아마도
겨울방학이 시작되어야지 학생들은 이제 고3이 되나 부다 하고 수
험생으로서 현실감을 조금 느낄 수 있을 거 같습니다. 2021학년도
대입에 대한 현실감은 학생들보다는 오히려 학부모들이 좀 더 빠
르게 와 닿을 수 있습니다.

수능이 끝나면서 많은 학원들에서 내년 입시 준비를 위한 설명회들을 거의 매일하고 있고 학부모들은 이맘때면 설명회 알림 문자 쓰나미를 경험하시고 계시니까요. 대형학원 설명회에 수백 명의 학부모들이 모이면 학원에서는 전략적으로 불안과 공포심을 극대화하기 위한 자극적인 내용을 남발하게 됩니다. 그래서 설명회를 몇 번 가서 들으면 우리 아이가 지금 이대로 있으면 결국 입시에 실패하게 되는구나하고 불안감에 휘둘리게 됩니다. 이것은 집단심리가 되어서 맹목적으로 대치동 유명학원 수능 단과 강의를 예약하려고 새벽부터 잠을 설치며 수백 명이 학원 앞에 줄을 서는 장사진이 펼쳐집니다. 그리고 인터넷 광고를 보고 컨설팅업체를 찾아다니게 되는데 참 아이러니한 것은 설명회나 컨설팅업체를 많이 찾아다니면 다닐수록 더 혼란스럽고 불안해진다는 것입니다.

왜 그럴까요? 그것은 우선 많은 학부모들이 말 그대로 정보의 홍수 속에 빠져버리게 된 것인데요. 미리미리 입시에 대한 정보를 정리하고 그 속에서 가장 신뢰할 수 있는 정보는 무엇인지를 선별해 두었어야 하는데 이전에 준비과정 없이 닥쳐서 순식간에 엄청나게 많은 정보를 듣게 되니까 정보에 대한 판단능력이 없어질 수밖에 없지요. 또 하나는 설명회나 컨설팅업체를 찾아가도 정작 우리 아이가 지금 입시를 치르기 위한 어떤 준비가 되어 있고 어떤 부분이 부족한지를 객관적으로 판단해야 하는 가장 중요한 선결조건을 해결하지 못하고 일반적인 정보만 듣고 오거나 몇몇 성공사례 아니면 입시결과를 분석한 정도의 정보만 들을 수밖에 없기 때문에 우리 아이는 어떤 전략이 가장 유리한 것인지조차 판단할 수 없게 되는 것입니다.

 그래서 대부분의 학생들과 학부모들은 인터넷이나 주변 친구 따라 대치동 유명학원의 소위 말하는 스타강사 수업에 등록하거나 조금 특별한 경우에 검증도 안 된 과외선생을 소개받고 고액의 수업을 하는 경우가 대부분일 수밖에 없지요. 저는 나름 소명의식을 가지고 매년 수많은 학부모들에게 그러면 안 된다고 교육을 하고 있는데도 현실이 변하지 않으니 참 안타까운 마음이 큽니다.

 현재 고2 학생들은 특히 고2 때 배운 과목은 수능과목이 많기 때문에 1학기, 2학기 중간 기말고사 시험지를 다시 한 번 검토해 보는 게 좋습니다. 그러면서 내가 어떤 단원의 내용을 더 잘 이해하고 있는지 아니면 이해도가 부족한지를 오답을 체크해보면서 분석해야 합니다. 그리고 11월 전국연합 모의고사에서 어떤 단원과 어떤 유형의 문제에서 오답이 있었는지 반드시 분석해야 합니다.

 객관적인 분석을 바탕으로 수능의 가능치를 좀 더 정확하게 예측할 수 있어야지 수시냐 정시냐에서 우선 전략을 수립할 수 있겠습니다. 그리고 겨울방학부터 3학년1학기까지 어떤 전략으로 준비할 것인지도 세밀하게 계획을 세울 수 있습니다. 특히 수시 학생부종합전형을 우선 전략으로 할 때 막연히 내가 가고 싶은 대학을 목표로 하는 것이 아니라 현실적으로 내가 수능으로 어느 정도 대학까지 지원할 수 있는지를 최대한 정확하게 분석해서 학생부종합전형 역시 합격 가능성이 충분한 대학을 우선 전략으로 해야 합니다.

학생부종합전형으로 희망 풍선을 띄우지 마라!

학생부종합전형 지원전략을 세우기 위해서는 2학년 2학기 기말 고사 성적이 나온 직후 내신성적을 중심으로 먼저 지원 가능성을 판단하는 것이 비교적 가능성을 높일 수 있습니다. 일반고 학생일 경우 내신성적이 우선적으로 고려되어야 합니다. 특히 학생부종 합전형 지원 컨설팅은 사교육 업체들이 정확한 정보를 많이 가지고 있지도 않고 경험도 한정적이기 때문에 대부분 주관적인 판단에 의존하거나 몇몇 합격사례를 부풀려서 근거로 제시하는 경우가 많기 때문에 가는 곳마다 완전히 다른 평가를 하는 경우가 있어서 학부모들은 매우 혼란스러울 수밖에 없죠. 학생부종합전형에 대한 정확한 정보는 공교육 기관이나 학교에서 훨씬 많이 가지고 있는데 막상 학부모들은 학교보다는 사교육 업체에 의존하고 있다는 게 안타까운 현실입니다.

학교에서 진학부장 선생님하고 학생부종합전형 지원 상담을 하고도 그것을 신뢰하지 않는다는 데서 지금 학생부종합전형의 문제가 시작되는 거예요. 컨설팅 업체에서는 무조건 학생의 현실적 조건 보다 상향 지원하라고 상담을 해주는 경우가 많은데 이것은 그야말로 '장님 코끼리 만지기'이고 학생과 학부모들에겐 '희망고문'이라고 할 수 있습니다.

대부분의 학생과 학부모들은 비교과 활동이 많으면 학생부종합 전형에서 유리하지 않을까라는 생각을 하는데 이것은 오해일 수 있습니다. 사실 학생부종합평가에서는 단지 비교과 활동이 많은 것은 크게 고려되지 않습니다. 비교과 활동이 얼마만큼 학업역량을 평가하는 데 구체적인 근거로서 의미가 있는가를 평가하려는 것인데 이것은 단지 다방면의 활동을 많이 했다기보다는 그 활동을 왜 했는지 그리고 학생의 학업과정과 어떤 연관성이 있는지가 구체적으로 입증될 수 있어야 하기 때문에 학생들이 내신성적이 불리해도 비교과 활동이 많으면 상위권 대학에 지원해도 합격할 수 있다는 생각은 하지 않는 게 좋겠습니다.

따라서 지원 대학을 선정할 때 최근 입시결과 데이터를 꼼꼼히 살펴볼 필요가 있습니다. 그리고 비교과 활동에 대한 판단 역시 자신의 진로와 연관된 활동보다 교과영역을 뒷받침해 줄 수 있는 활동이 충분한가를 우선 평가해야 합니다. 그래서 학생부종합전형은 성적으로 순위를 매기지 않는다고 마구 상향 지원을 해서는 안 되는 거죠. 이점을 명심하길 바랍니다.

2021학년도 주요 대학 전형 분석과 준비전략

2021학년도는 2020학년도 대입전형과 비교해서 큰 변화는 없다고 할 수 있습니다. 그렇지만 주요 대학들의 전형 계획안을 세밀하게 들여다보면 약간의 변화들이 있는데 그것이 의미하는 것이 무엇인지를 충분히 이해하는 것이 2021학년도 입시를 준비하는 데 필요하겠습니다. 서울 소재 주요 대학들의 내년 입시 계획안들을 분석하고 변화가 있는 부분이 어떤 의미인지를 살펴보겠습니다.

먼저 서울대학교의 2021학년도 계획안을 분석해보면 2020학년도와 거의 동일하다고 볼 수 있습니다. 수시에서 일반전형의 모집 인원이 약간 줄었고 정시모집 인원이 소폭으로 늘어난 것이 조금 변화된 것이고, 수시 모집 지역균형전형의 수능 최저기준 조건에서 탐구영역 기준이 조금 완화된 것이 지역 균형전형을 지원하는 학생들의 부담을 덜어준 것으로 해석할 수 있겠습니다. 기존의 탐구 2개 과목 모두 2등급 이내의 조건에서 2개 과목 합 4등급 이내로 조금 완화되었지요. 탐구과목이 해마다 난이도 조절에 실패하면서 1문제 틀리면 2등급, 2문제 틀리면 3등급이 될 정도로 부담이 컸던 점을 생각하면 그래도 수험생 입장에서는 3학년 1학기까지 내신 관리에 전념할 수 있는 여유가 생긴 거라고 봐야겠습니다.

그리고 서울대는 정시모집에서 이과 계열은 전 모집단위에서 과학II 과목을 필수로 지정하고 있기 때문에 수험생 입장에서는 학습 부담이 클 수 있지만, 최근 의대 쏠림현상이 더 커지면서 과학II 선택 인원이 해마다 감소하는 상황과 수능 난이도 조절 등을 전략적으로 이용한다면 의외로 서울대 자연계열이나 공대를 합격하는 것이 예전보다 많이 쉬워졌다라고 볼 수 있습니다. 이과 학생들의 경우 정시에서 미리 과학II 과목을 전략적으로 학습한다면, 서울대 이공 계열에서 연대나 고대에 합격하는 경우보다 더 낮은 점수를 받고도 합격할 수 있는 전략의 효과를 얻을 수 있습니다. 정시에서 수능 변환방식이나 영어 감점이 다른 대학보다 훨씬 적기 때문에 전략적인 생각을 할 수 있습니다.

고려대학교의 2021학년도 수시 계획안을 분석했을 때 2020학년도와 달라진 부분은 학생부종합전형 트랙에서 학교장 추천전형을 통합한 것과 학생부종합전형인 일반전형을 학업우수형과 계열 적합형으로 구분지은 것입니다. 학교장 추천전형의 변화가 의미하는 것은 2020학년도까지 학교장 추천1전형과 2전형으로 나누었던 것을 통합하면서 내신성적의 영향력을 크게 한 것입니다. 본래 학교장 추천전형은 특목고 학생들을 배제했던 전형이었고 학생부 교과전형으로 시작되었던 것인데 2019학년도에 학교장 추천전형을 1과 2로 구분지어서 특목고 학생들도 추천을 받을 수 있게 했는데 이것을 다시 2021학년도에 이 전형을 하나로 통합하고 일반고뿐만 아니라 특목고 학생들도 지원할 수 있게 바꿨습니다. 그리고 일괄합산 방식으로 전형의 평가를 하고 학생부 교과성적을 60%, 비교과영역과 자기소개서를 20%, 면접을 20%로 반영해서 선발하는 방식이어서 이것은 2020학년도에 비해서 교과성적 비중이 매우 커졌다고 평가할 수 있습니다.

일괄합산 방식에서 교과성적 반영이 60%에 달한다는 것은 교과성적이 당락에 결정적인 요인이라고 볼 수 있습니다. 2019학년도의 입시결과를 보더라도 합격자들의 교과성적 편차가 작았기 때문에 학교장 추천1에서는 교과성적이 다른 요소에 비해서 더 많이 작용했다는 것을 알 수 있고요. 따라서 일반고 학생들 중에서도 내신성적이 매우 상위권인 학생들이 주로 생각할 수 있었던 전형이었습니다. 반대로 일반고 상위권 중에 비교과 활동에 강점이 있는 학생이나 특목고나 자사고 학생들은 학교장 추천2전형을 주로 지원했었습니다. 그리고 학교장 추천2전형에서는 서류와 면접이 상대적으로 더 비중이 큰 전형요소였습니다. 그렇다면 2021학년도 학교장 추천전형은 이전보다 교과성적의 영향력이 매우 커지는 쪽으로 다시 변화한 것이라고 생각할 수 있습니다.

2021학년도 고려대 수시, 전형방법의 변화를 주목하라

학생부종합전형인 일반전형을 2020학년도와 다르게 두 개의 트랙으로 분리한 것이 눈에 띄는 변화인데요. 학업우수형과 계열 적합형으로 구분한 것 역시 일반전형에서도 교과성적을 좀 더 반영하면서 학업우수성을 크게 평가하는 전형과 계열의 전공적합성으로 볼 수 있는 핵심 학업역량과 특정 진로에 상당히 부합하는 비교과 활동을 좀 더 크게 반영하는 전형으로 나눈 것이라고 이해하면 되겠습니다. 최대 인원을 뽑는 일반전형을 두 개의 전형으로 분리하면서 두 전형의 전형방법에서 면접 비중의 차이를 두었는데요. 이것은 학업형은 교과성적이 상당히 우수한 일반고 상위권 학생들에게 유리할 것이고, 계열 적합형은 계열별 핵심역량으로 평가할 수 있는 특정 교과목에서 우수한 일반고 학생들이나 특목고 학생들에게 유리할 것으로 생각할 수 있겠습니다. 물론 특정 교과목의 성적뿐만 아니라 그 과목과 연결 지을 수 있는 학업활동이나 비교과 활동이 충분한 조건을 갖추었다면 2021학년도 고려대 일반전형에서는 계열 적합형 트랙으로 지원하는 것이 유리하다고 볼 수 있습니다.

고려대는 실기 특기자 전형을 축소한 것도 변화 포인트입니다. 인문계열 특기자전형은 본래 국제전형으로서 어학특기를 바탕으로 한 소위 말하는 스펙을 평가하는 전형이었는데 내년 수시에서 고려대가 인문계 특기자전형 인원을 대폭 줄인 것은 최근 많은 대학들이 수시에서 영어 특기자전형을 축소하거나 폐지하는 분위기를 반영한 것으로 생각할 수 있습니다. 그리고 일반전형에서 계열 적합형 전형을 따로 분리한 것도 외국어 역량을 기본적으로 평가해왔던 국제전형을 축소하는 방향으로 바꾼 것에 영향을 주었다고도 볼 수 있습니다. 그리고 제 개인적인 생각으로는 2014년부터 외고 입시가 영어내신성적만 반영하는 방식으로 바뀌면서 예전의 외고 학생들이 상당한 외국어 실력을 가진 것에 비해 지금 외고 학생들은 상대적으로 외국어 특기 역량이 떨어진다고 대학 측에서도 판단하고 있지 않을까? 하는 추측을 해볼 수 있습니다.

2021학년도 수시 상위권 대학 중에서 여전히 고려대는 거의 모든 전형(일부 실기 전형 제외)에 수능 최저기준을 높게 적용하고 있습니다. 학교장 추천전형은 인문계가 3개영역 합 5등급 이내이고, 자연계는 3개영역 합 6등급 이내입니다. 학생부종합전형인 일반전형 계열 적합형은 수능 최저기준을 적용하지 않지만, 학업 우수형은 인문계가 4개 영역 합 7등급 이내, 자연계가 4개 영역 합 8등급 이내입니다. 의과대학은 4개 영역 합 5등급 이내이고요. 이것은 상당히 높은 수능 조건을 요구하는 것인데요. 내신성적이 최상위권에 있는 일반고 학생들은 고려대를 지원하는데 수능 조건을 충족하는 것이 관건이 될 수 있습니다. 이전 입시 결과를 보더라도 약 40%학생들이 수능 최저기준을 충족하지 못한 것으로 파악됩니다.

정시모집에서는 2021학년도와 거의 동일하다고 볼 수 있습니다. 고려대는 정시 나군에서 모집하고 있는데 나군에는 연세대와 같이 학생을 모집하기 때문에 두 학교의 전형방법의 차이가 수능 상위권 학생들의 두 학교에 대한 지원을 결정한다고 할 수 있겠는데요. 우선 고려대는 과목 반영비율은 연세대와 큰 차이가 없지만 수학의 가산점 방식과 영어 감점 방식에서 차이가 뚜렷하기 때문에 이것이 지원전략을 세우는 데 큰 영향을 미치고 있습니다. 고려대는 자연계 수학 가형에 대해서도 가산점을 부여해서 환산하지 않고 표준점수를 그대로 반영하고 있습니다. 그리고 영어 감점은 2등급일 때 1점 감점이고 3등급일 때 3점 감점이기 때문에 2등급일 때 5점 감점이 되는 연세대와 비교될 수 있지요. 그래서 작년 같은 경우에 의대를 제외한 모든 자연계열 합격자의 영어 1등급 비율이 연세대는 무려 86%이상 되었는데 비해 고려대는 26%정도였으니까요. 결국 상위권 학생들 중에 수능에서 영어를 2등급을 받고 수학을 1등급을 받았다면 연세대보다 고려대가 훨씬 유리한 전형이라고 판단할 수 있습니다.

2021학년도 연세대 수시, 학생부종합전형을 중심으로 간다

다음은 연세대의 2021대입 전형 계획안을 살펴보겠습니다. 2021학년도 수시모집에서 연세대는 몇 가지 변화를 예고했는데요. 논술전형 모집인원을 대폭 축소했습니다. 2020학년도 수시 논술전형에서 처음으로 수능 최저기준을 폐지했는데 2021학년도 계획안에서도 수능 최저기준은 적용하지 않지만 모집인원을 전년도 대비 36.7% 줄였기 때문에 내년 수시에서 연세대 논술을 준비하는 데 상당히 부담이 커졌습니다. 인원이 많이 줄어들면서 경쟁률은 더 많이 올라갈 수 있으니까요. 그리고 어문학 인재, 과학인재

전형과 같은 특기자 전형을 폐지하였습니다. 국제인재 전형의 모집인원 역시 대폭 축소하였습니다. 이것은 연세대가 2021학년도 수시전형을 학생부종합전형을 중심으로 운영하겠다는 의지를 보인 것이라고 분석됩니다.

학생부종합전형 역시도 변화가 있는데요. 학생부종합전형 트랙에서 면접형 전형의 인원을 대폭 확대하였고 지원자격도 재학생 3% 이내의 인원에 한해서 학교장 추천으로 바꾸었습니다. 이 의미는 내신성적이 좋은 학생들에게 지원자격을 주겠다는 것입니다. 그렇지만 전형방법에 있어서도 교과성적을 40% 반영하는 데 비해 면접을 60%로 반영하는 형태로 만들었기 때문에 교과성적은 지원자격으로 강화했지만 실질적인 비중은 면접의 영향력이 매우 큰 전형이라고 봐야 할 것 같습니다. 수능 최저기준도 폐지했기 때문에 내신성적보다 면접에서 우수한 역량을 가진 특목고나 자사고 학생들이 좀 더 유리할 것이라고 예측할 수 있습니다.

2021학년도에 인원이 대폭 늘어난 면접형 전형은 일반고 학생들 중에 내신성적인 1등급 초중반 대에 있는 경우에 서울대, 고려대와 중복으로 지원할 수 있을 것이고, 특목고나 자사고에서는 2등급 중후반의 학생들이 지원할 것이라고 전망할 수 있습니다. 왜냐하면 교과성적 반영에서 등급 환산 방식이 주요 과목에서 1등급과 2등급이 5점 차이를 두기 때문에 실질적으로 주요 교과에서 2등급 이하의 등급을 받은 학생이 지원했을 때 불리해지기 때문이지요. 그리고 학생부종합전형에서 활동 우수형과 국제형 트랙 모두 모집인원을 대폭 늘렸습니다. 이런 모집인원의 변화를 볼 때 2021학년도 연세대 수시전형은 대부분의 인원을 학생부종합전형으로 뽑는다고 이해하시면 될 거 같습니다.

정시모집 계획안은 2020학년도와 거의 같다고 보시면 되겠습니다. 역시 연세대는 고려대와 비교하면 수능 점수 변환방식에서 크게 차이가 있는데 자연계열에서 수학 가형에 가산점이 크다는 것과 영어 감점이 고려대에 비해서 매우 크다는 것입니다. 정시모집에서 고려대와 같은 나군에 있기 때문에 전형의 차이는 정시모집에서 수능 상위권 학생들의 지원에 큰 영향을 줄 수밖에 없고 상대적으로 의대를 제외한 나머지 자연계열에서는 연세대가 고려대보다 지원하는데 문턱이 높다고 생각해야 합니다.

성균관대학교는 2020학년도와 비교해볼 때 수시모집의 전형 계획은 변화된 것은 없어 보입니다. 정시모집에서 좀 더 적극적인 전략을 취하고 있다고 생각할 수 있는데요. 모집군의 이동을 한 것이죠. 성균관대에서 경쟁력이 있는 모집 단위인 반도체 시스템과 소프트웨어, 글로벌바이오메디컬공학, 건설환경공학부를 기존의 가군 모집에서 나군 모집으로 바꾼 것인데요. 이것은 나군에서 성대가 강점을 가지고 있는 특화된 과에 대해서 연세대, 고려대와 충분히 경쟁할 수 있다는 자신감을 표현한 것이라고 해석할 수 있습니다. 성균관대의 경쟁력 있는 이 4개 학과는 여러 가지 장학제도나 지원조건이 좋기 때문에 학생들의 선호도가 높다는 점을 감안한다면 2021학년도 정시모집 나군의 연대나 고대의 이공계열 중위권 학과에서 의외의 많은 변수들이 생길 가능성도 있어 보입니다.

2021학년도 서강대, 성균관대가 상위권 지원전략의 중요한 변수이다

나머지 주요 대학들은 2020학년도 대입 전형과 비교했을 때 주목할 만한 변화를 볼 수는 없는데요. 서강대는 수시 학생부종합전형을 1차, 2차로 구분해서 계획안을 내놓았지만 전형방법에서 큰 차이는 없어 보입니다. 단지 자기소개서 제출 시기가 2차는 수능 이후인데 이것은 이전의 수시 일반전형에서도 수능 이후에 제출하는 것으로 운영했기 때문에 달라진 것은 없다고 봐야겠습니다. 2021학년도부터 학생부종합전형 전체에 수능 최저기준을 적용하지 않는다는 것과 수시 학생부종합전형 2차는 일부 모집단위가 계열로 뽑는다는 것이 학생부종합전형 1차와 차이가 있는 것입니다.

이것은 의미를 좀 짚어봐야 할 필요가 있습니다. 중요한 의미는 수시 학생부종합전형 2차 전형은 수능에서 성적이 좋지 않은 내신성적 상위권 학생들이 많이 몰릴 가능성이 크다는 것입니다. 따라서 서강대 학생부종합전형 2차는 내신성적의 합격선이 상당히 높을 수 있다고 전망할 수 있습니다.

내신이 1등급 초반에 있는 학생들이 서울대와 연세대, 고려대를 일단 상향 지원할 거라는 예측이 가능한데 이중에서 서울대 지역균형 전형과 고려대 일반전형은 수능 최저기준이 비교적 높다는 부담이 크기 때문에 서강대 수시 학생부종합전형 2차 전형을 보험 전략으로 선택할 가능성이 크다고 할 수 있겠죠. 그렇기 때문에 2021학년도 서강대 수시 학생부종합전형은 내신성적의 합격 가능선이 올해보다 좀 더 올라갈 거라고 생각해야 한다는 것입니다.

그렇다면 이런 변수가 내년 수시에서 어떤 부분에 영향을 줄 수 있냐면 내신성적이 1등급 중반 즉 1.5~1.7정도에 있는 학생들이 서강대를 지원했을 때 비교과 내용이 좋은 편이라고 한다 해도 올해보다 지원하는 데 부담이 클 수 있다는 것입니다. 그리고 이것은 마치 도미노 현상처럼 중위권 대학의 수시지원에도 영향을 미칠 수 있습니다. 특히 건국대는 학생부종합전형의 학교 추천전형에서 교과성적 비중을 더 높였기 때문에 작년 합격선보다 교과성적이 더 올라갈 것으로 예상할 수 있습니다. 경희대, 중앙대의 2021학년도 수시전형에서 전반적으로 교과성적의 평가 비중이 다소 커질 수 있다고 생각할 수 있습니다. 따라서 2021학년도 수시지원 전략을 생각할 때 비교과 활동이 충분하다고 해서 상위권대학으로만 지원하는 것은 올해보다 훨씬 더 위험 요소가 커질 수 있습니다.

2021학년도 대입 전략, 냉정하게 자신을 평가하라!

앞서 분석한 주요 대학들의 2021학년도 대입 계획안을 바탕으로 지금 고2 학생들은 대입전략을 세워야 하는데 역시 학생부종합전형을 목표로 꾸준히 교과성적이나 교과와 연계된 다양한 교내활동을 해왔던 학생들은 그래도 가장 유리한 위치에 있다고 볼 수 있겠습니다. 이런 학생들은 3학년 1학기까지는 계속해서 내신성적을 잘 관리하는 것이 제일 중요하지만 수능 준비도 효율적으로 해야 합니다. 우선 수능을 준비하기 전에 현재 자신의 취약 과목이나 약한 단원이 어디인지를 정확하게 파악하는 것이 중요합니다.

그렇지만 이게 말처럼 쉽지 않아서 대부분의 수험생들이 고3이 되기 전에 당장 어떤 수능과목의 어떤 단원을 보충해야 되는지를 모르고 지나가게 됩니다. 막상 고3 첫 모의고사부터 생각지도 못한 점수를 받고 멘붕에 빠지게 됩니다. 이런 현상이 매년 반복되는 데는 근본적인 원인이 있는데요. 가장 큰 이유가 학교 내신시험하고 수능 유형이 너무 달라서 2학년 때까지 학교 내신 공부를 열심히 했다고 하더라도 3학년에 올라와서 보게 되는 수능 모의고사에서는 1~2등급의 고득점을 받기가 어렵다는 것입니다. 그리고 그 다음 이유는 고2 때 전국모의고사를 2번에서 많아야 3번 보기 때문에 전국의 수험생들과 경쟁을 해야 하는 수능에 대한 현실감이 매우 떨어져서 학교시험 범위의 공부만 반복하고 교과 전범위의 심화문제에 대한 공부는 거의 하지 않는다는 것입니다. 마지막으로 수능에 70%나 연계되는 EBS교재가 2월 초에 시판되기 때문에 수능 공부의 가장 기본적인 학습과정인 EBS교재를 익히는 것을 고2 겨울방학 때 제대로 할 수 없다는 것입니다.

　　내신성적이 매우 좋은 학생들이 3학년 1학기까지 내신에 집중하기 위해서 가장 중요한 전략이 겨울방학 때 국·영·수 과목의 전년도 EBS수능특강 교재를 기본적으로 꼼꼼히 공부하면서 교과 전범위의 개념을 충실히 이해하는 것입니다. 특히 2021학년도 수능은 개정교육과정으로 치러지기 때문에 EBS 교재가 좀 더 늦게 나올 가능성도 있는데, 일단 내년 수능을 위한 EBS 교재가 나오기 전에 2020학년도 수능특강 교재를 활용해서 공부를 해두어야 합니다. 왜냐하면 국·영·수 과목은 2021학년도 수능이 크게 달라지지 않았기 때문에 충분히 효과가 있다고 생각합니다.

내신성적이 2등급~3등급의 중위권 학생들은 먼저 2학년 2학기까지 기재가 마무리된 상태에서 생활기록부 내용을 객관적으로 평가해야 합니다. 왜냐하면 2등급 초중반에서 3등급 중반에 있는 학생들 중에서 비교과 활동의 내용이나 핵심 과목의 교과성적 등이 상당히 차이가 있기 때문에 이 그룹에 속한 학생들은 우선 학생부종합전형의 지원 가능성을 정확하게 판단하는 것이 매우 중요합니다.

어떤 학생은 내신성적이 2등급 중반 정도라 하더라도 비교과 활동의 의미를 평가할 때 학업역량을 상당히 우수하게 평가할 수 있는 충분한 의미가 있을 수 있습니다. 이런 경우라면 수시에서 상위권 대학의 학생부종합전형을 우선 전략으로 세우고 3학년 1학기에 학업역량을 구체적으로 높게 평가받을 수 있는 핵심교과의 성적관리나 비교과 활동을 계획해서 실행할 수 있도록 준비를 해야 하겠습니다. 이런 학생들은 인문계나 자연계 진로 모두 학생부종합전형을 상향부터 적정 수준의 학교까지 6개 전형 모두 지원하는 것도 좋은 전략이 될 것입니다.

그렇지만 2등급 중반에 있는 학생들 중에 특정 교과에 대한 역량이 탁월하게 높지 않고 구체적으로 연결될 수 있는 비교과 활동의 내용도 좋지 않다면 학생부종합전형으로는 서울 하위권 대학을 목표로 두고 자신의 수능 가능성이 어느 정도인지 냉정하게 판단하여 정시도 비중을 두고 준비하는 쪽으로 전략을 변경해야 합니다. 내신성적이 2등급 초 중반에 있는 학생들이 학생부종합전형에 너무 많은 기대치를 가지고 상향 지원전략을 세운다면 당연히 처음부터 수능 준비의 기회를 잃어버릴 뿐 아니라 7월부터 9월까지 수능의 고난도 문제 연습을 집중적으로 해야 할 시기를 학생부종합전형 서류 준비로 소모해 버리기 때문에 입시에 실패할 가능성이 매우 높아질 수 있으니까요. 대형 재수학원에 가서 보면 이런 케이스들이 가장 많이 있습니다.

마지막으로 처음부터 학생부종합전형으로는 목표하는 대학에 가능성이 없다고 판단한 경우인데 이런 케이스도 어떻게 처음부터 일관되게 끌고 갈 수 있는 전략을 구체적으로 세우고 시작하는 가에 따라 결과가 극단적으로 달라질 수 있는데요. 전략적으로 먼저 고려해야 할 것은 수시에서 논술전형을 지원하기 위해서 논술을 겨울방학부터 준비할 것이냐 아니면 오직 수능만 목표로 하느냐 입니다. 그런데 2021학년도 수시에서는 상위권 대학들의 논술전형 모집인원이 줄어들었다는 것이 부담이 될 것입니다. 특히 연세대의 경우 대폭 감소했습니다.

논술전형에서 수능 최저기준도 폐지한 대학들이 늘어나면서 경쟁률이 더 올라갈 것으로 예상됩니다. 그래서 수능에 비교적 강점이 있는 자연계 학생들은 논술 준비를 7월 이후로 미루거나 아예 수능 결과를 보고 직전에 1~2개 학교에 한해서 준비하는 전략이 좋을 수 있겠습니다. 그러나 이때 가장 큰 문제는 멘탈 관리입니다. 왜냐하면 몇 번의 고비가 있는데요. 그 고비고비 때마다 불안감이 너무 커지기 때문이죠. 특히 6월 평가원 모의고사에 재수생과 N수생들이 들어오기 때문에 1등급을 받기가 매우 힘들 수 있는데 만약 2~3등급의 성적을 받게 된다면 불안감이 극도로 커져서 논술을 시작하는 경우가 많은데 이미 모의고사 점수에 멘탈이 무너진 상황에서 논술을 처음 시작하면 수능보다 훨씬 어렵게 느껴지기 때문에 자신감이 바닥이 될 수 있습니다.

현실적으로는 6월 평가원 이후에 바로 기말고사가 있고 여름방학 때 탐구과목을 단단히 다져야 하기 때문에 7월에 논술을 시작하는 것도 쉽지는 않은 상황이죠. 그래서 이때 논술보다는 탐구과목을 확실히 다지자고 생각을 하고 논술 준비를 미룬다 해도 막상주변에서 수시 원서 상담을 하고 있으면 수시 준비를 아예 안했다는 생각이 들어서 역시 불안이 커지는데 이때 또 한번 고비를 맞이하는 것이고요. 9월 평가원 모의고사에 대한 부담은 6월보다 더커집니다. 대부분 재학생들은 9월 평가원 모의고사를 잘 보는 경우가 많지 않아서 이 마지막 고비에 가면 불안을 이겨내기가 정말힘들어집니다.

그렇다면 논술 전략은 수능의 가능치가 1등급에 있는 최상위권학생들보다는 2~3등급 정도의 중상위권 학생들이 겨울방학부터준비하는 것이 효과적이라고 볼 수 있습니다. 특히 국어나 영어가2~3등급 정도로 불안한데 수학은 1~2등급의 가능성이 높은 학생이라면 논술 준비를 일찍 시작하는 것이 좋은 전략입니다. 그리고 수학성적이 우수하고 과학II 과목의 선행학습이 충실하게 되어있는 경우 역시 논술전형을 활용해서 상위권 대학과 논술전형이있는 의대까지 노려볼 수 있습니다.

결론적으로 말씀드리면 2021학년도 대입전략에서 중요한 포인트는 학생부종합전형에 너무 높은 기대치를 두지 말고 수능을 전략적으로 준비하라는 것입니다. 특히 내신성적이 2등급 중반에 있고 목표 대학이 상위권이라면 2021대입에서는 수능을 우선 전략으로 하고 구체적으로 수능 준비를 가장 효율적으로 할 수 있는 방법을 만드는 것이 합리적인 전략이라고 생각합니다. 2021학년도 수시 학생부종합전형은 더군다나 지금의 공정성 논란에서 벗어나기 어렵기 때문에 여러 가지 구체적인 규제가 있을 수 있고, 실제적인 규제는 없다하더라도 입시결과나 평가과정에 대한 교육 당국의 감사나 사정이 강해진다면 대학의 입장에서도 소신대로 자율적인 평가를 하기가 쉽지 않을 수 있겠습니다.

그래서 특히 서울의 강남 3구 소재 학교들이나 분당 지역 일반고의 상위권 학생들에게는 SKY 대학의 수시 전형의 벽이 전보다 더 높게 느껴질 수 있습니다. 그리고 특목고나 자사고의 내신성적 3~4등급 중위권 학생들 역시 학생부종합전형의 이점이 전보다 상당히 줄어들 수 있다고 생각해야 합니다. 이런 저런 예측들을 해볼 때 2021학년도 대입에서 상위권 대학과 의·치대를 목표로 하는 내신성적이 최상위권 학생들도 입시전략에서 수능의 비중을 높여야 한다고 말씀드릴 수 있습니다.

4

2020 입시 대변동

2022학년도 대입 분석과 준비전략

2022학년도 대입을 전망하는 데 있어 중요한 것들만 요약해보면 수능을 중심으로 한 정시 전형이 당초 계획안의 30%이상으로 권고하는 것보다 훨씬 크게 확대하는 쪽으로 강력하게 유도하는 개편안이 나올 수 있다는 것과 수시 학생부종합전형의 공정성을 더 높일 수 있는 방향의 가이드라인이 제시될 수 있다는 것입니다. 대입전형의 간소화는 계속해서 추진해 나가면서 입시의 혼란을 해소해 나가겠다는 의지가 큰 것으로 보입니다. 개편안의 핵심적 가치는 입시의 공정성을 높이는 것이어서 수시와 정시 비율의 형평성을 제고하는 방향으로 개선하려는 것인데 이런 정부의 정책방향을 입시의 공정성 문제에 대한 대안으로 제시하기에는 당장 부담스러운 것이 교육현장의 다수가 대학의 자율성과 공교육 정상화라는 큰 틀이 훼손될 수 있다는 지적을 하고 있고 또 하나는 수능성적으로만 평가하는 정시의 확대가 입시의 공정성을 담보할 수 없다는 비판의 목소리가 크다는 것입니다.

현재로서는 2022학년도 대입을 전망할 때 가장 중요하게 다루어야 할 부분은 역시 정시 확대에 따른 변화일 수밖에 없기 때문에 먼저 정시가 45%이상 확대하는 방향으로 되었을 때 이것이 입시 지형에 어떤 영향을 줄 수 있는지와 서울에 있는 대학들이 어떤 전략적 선택을 할 수 있는지를 분석해 봐야겠습니다. 그리고 수능체제가 개편되면서 현재 수능체제와 어떤 변화가 예상되는지를 꼼꼼히 살펴보아야 합니다.

정시가 크게 확대되는 데는 그동안 학생부종합전형 중심으로 수시전형이 통합되면서 특히 상위권 대학들을 중심으로 학생부종합전형을 지나치게 확대한 데서 기인한다고 할 수 있습니다. 이 문제는 상당히 복잡하게 얽혀있는 우리 사회의 특수한 문제인데요. 대학 서열화와 학벌주의가 특히 심한 우리 사회에서는 상위권 대학들의 입시 운영이 민감할 수밖에 없습니다. 지난 몇 년 동안 심하게 말하면 '학종몰빵'으로 표현해도 될 만큼 절대적으로 확대되었던 것이 사실입니다.

우리 사회는 뭐든지 너무 빠르다는 게 항상 문제죠. 그렇다보니 불공정하다고 의심될만한 몇몇 사례만 있어도 온 나라가 들썩일 수밖에 없는 것이죠. 그래서 이번 정시 확대로의 결정이 당장의 학생부종합전형을 위축시킬 수는 있지만 이것을 계기로 학생부종합전형을 개선할 수 있는 성찰의 기회로 삼았으면 좋겠습니다. 학생부종합전형이라는 제도는 학생의 결과보다는 과정을 그리고 환경의 차이를 감안한 잠재성에 대한 정성적 평가를 하는 것이 본질이 기 때문에 이러한 입시제도가 제도로서의 타당성과 입시로서의 공 정성을 회복하기 위한 근본적인 문제로 다가가서 다양한 시각으로 숙고해보고 긴 호흡으로 기초부터 차근차근 준비할 수 있는 시간 이 되었으면 합니다.

2022학년도 대입, 정시 확대는 입시 판을 뒤흔들 수 있다

2022학년도 이후 입시에서 정시 비중이 크게 확대되면 입시 전 체 지형에 몇 가지 변화들이 생길 거 같은데요. 첫째 중학교 때부 터 수능을 목표로 하는 학생들이 늘어나면서 수능과목까지 이미 선행학습을 하는 경향이 뚜렷해질 수 있겠죠. 이것은 마치 십여 년 전으로 돌아가는 듯한 모습인데요. "정시가 확대된다고 해서 예전 처럼 무조건 수능에만 매달리겠느냐"라고 말하시는 분도 계신데 저도 예전과 같지는 않을 거라고는 생각하지만 수능이라는 시험이 결국은 절대적인 학습시간을 요구하기 때문에 일찍 선행학습을 시 작하는 것이 유리해지는 것은 사실인 측면이 있습니다.

그래서 상위권 대학이나 특히 의약계열을 목표로 하는 학부모들 은 중학교 때부터 선행학습에 몰두할 가능성이 커질 수밖에 없습 니다. 많은 사람들이 걱정하고 있지만 우리 입시가 정시 비중을 크 게 늘리는 방향으로 가는 순간 어쩔 수 없이 감수해야 하는 교육 병리현상이라고 생각합니다. 이것은 고등학교로 와서는 교실 붕괴 로 이어질 것이라고 예측할 수 있겠죠. 다음으로는 현재 학교에서 학생들이 다양한 창의적 체험활동들을 하고 있는데 이것도 급속도로 위축될 수 있다고 보여 집니다. 왜냐하면 절반 이상의 학생들이 정시를 목표로 하는 상황이 되면 학교에서 창의적 체험활동이나 다양한 수업활동에 참여하지 않는 학생들이 늘어날 수 있기 때문에 동아리 활동이나 수업시간의 조별 활동들이 실재로 부실해질 수밖에 없습니다.

학생들의 학교활동의 위축은 연쇄적으로 학생부종합평가에 영향을 줄 수 있습니다. 정시 확대로 인해 당연히 수시에서 학생부종합전형의 모집인원이 줄어드는 것도 입시에 많은 영향을 줄 수 있지만 학교활동이 위축된다면 학생부종합평가에서 내신성적의 영향력이 지금보다 훨씬 커질 것으로 예상할 수 있겠지요. 그렇게 된다면 상대적으로 내신성적을 관리하기 어렵다고 느끼는 외고나 자사고에 대한 선호도가 떨어질 수 있다는 생각도 듭니다.

얼마 전 정부에서 2025년에 외고, 국제고, 자사고의 일반고로의 일괄적 전환 계획에 대한 발표 이후 지금 초등학교 학부모들은 벌써부터 많이 술렁이고 있는데 대입에서 학생부종합전형이 내신위주 평가라는 인식이 커지면 일반고 전환 이전부터 외고나 국제고, 자사고의 지원율 하락이 커질 수 있다고 보입니다. 이런 예측이 현실화된다면 가장 큰 문제가 학생부종합전형 자체의 타당성이 또 문제가 될 수 있겠죠. 다양한 환경에 있는 학생들의 다양한 활동들 속에서 다양한 측면의 능력을 종합적으로 평가한다는 것이 학생부종합전형이 타당성 높은 입시제도로서 가질 수 있는 입지인데 그것 자체가 위태로워지면 수시에서 학생부종합전형 위주의 전형 단일화 방향에도 영향을 미칠 거라 생각합니다.

이번 달 발표를 앞두고 있는 새로운 2022학년도 대입 개편안이 수시와 정시를 50:50이거나 아니면 정시를 40%이상으로 확대하는 것으로 결정이 난다면 대학들의 입장은 복잡해질 수 있겠죠. 특히 상위권 대학들은 수시의 경쟁력과 정시의 경쟁력을 분리해서 생각할 수밖에 없고, 그 속에서 정부의 규제를 피해가면서 가장 유리한 선택을 전략적으로 해야 합니다.

정시확대는 대학들의 경쟁을 더 치열하게 만들 것이다

상위권 대학들은 수시에서 지금의 학생 선발에 대한 자율권을 최대한 유지하기 위해서 학생부종합전형을 최소한의 범위에서 축소할 것이라고 예측할 수 있습니다. 그렇지만 또 하나의 변수는 학생부종합전형에 대한 개선안이 어느 정도까지 구체적인 가이드라인을 제시하느냐가 되겠죠. 만약에 학생부종합평가에 대한 규제가 구체적인 부분까지 들어온다면 대학들은 그동안의 학습효과가 있기 때문에 학생부종합전형의 전형방법들을 변형하거나 새로운 전형 요소를 만들어서 과거처럼 다양화 전략을 선택할 가능성이 높습니다.

예를 들면 연세대 같은 경우 학생부종합전형의 면접형 트랙을 2021학년도 계획안에서 보여준 것처럼 학교장 추천전형으로 유지하고 단계별 전형에서 일괄합산 방식으로 전형방법을 바꾸어서 교과성적의 비중보다 상대적으로 면접의 비중을 크게 하는 방향으로 갈 수 있다고 예상할 수 있습니다. 왜냐하면 연세대 입장에서는 학교장 추천 자격을 받은 학생들은 일반고나 특목·자사고에서 내신 성적이 상당히 우수한 학생들이고 서울대와 동시에 지원할 가능성이 크기 때문에 면접이라는 변별 요소의 비중을 크게 해서 내신보다는 학업역량을 더 세밀하게 평가하는 것으로 경쟁력을 만들 가능성이 큽니다. 그리고 학교활동 우수형 트랙에서는 교과성적의 비중보다 전공계열 적합성을 더 크게 평가하는 전형방법을 선택할 것으로 추측할 수 있겠습니다. 그 이유도 역시 서울대, 고려대와의 경쟁에서 우수한 학생을 선발하는 데 좀 더 유리한 요소를 만들기 위해서는 서울대, 고려대보다 전공 관련 특정 학업역량의 평가를 더 구체적으로 할 수 있는 평가 요소들을 만들 가능성이 많아 보입니다.

고려대는 2021학년도 계획안에서 이미 학생부종합전형인 일반전형을 학업형과 계열 적합형으로 구분하고 있는데 이것도 나름 서울대와 연세대에 비해 수시에서 우수한 학생을 선발하는 데 경쟁력을 높이겠다는 전략으로 볼 수 있는 부분이죠. 고려대는 수시전형에서 서울대, 연세대와 달리 수능 최저기준을 높게 적용하고 있는데 이 부분도 2022학년도 이후 정시 확대라는 조건 속에서 어떻게 조정될지 궁금한 부분입니다.

지금 상황에서 예측해 본다면 고려대는 학교장 추천전형과 학생부종합전형인 일반전형의 전형방법을 크게 바꾸지는 않을 것으로 생각됩니다. 학교장 추천전형은 일괄합산 방식을 계속 유지하면서 교과성적 비중을 높이는 현재와 같은 방향으로 갈 것이라 예상할 수 있습니다. 그리고 현재와 같이 수능 최저기준도 높게 적용해서 정시에 부담을 느끼는 일반고 최상위권 학생들을 선점할 수 있는 전략을 계속 가져갈 것입니다. 일반전형은 학업 우수형과 계열 적합형으로 트랙을 나누고 있는데 앞으로는 학업 우수형보다 계열 적합형 트랙에 훨씬 더 많은 인원을 뽑을 가능성이 많습니다. 이 트랙에서는 수능 최저기준을 적용하지 않으면서 서울대 일반전형이나 연세대의 학생부종합전형과 함께 일반고뿐만 아니라 특목·자사고의 상위권 학생들을 선발하기 위한 경쟁을 할 것으로 예상할 수 있습니다.

40% 이상으로 정시를 확대하는 상황에서는 상위권 대학들의 정시전략도 지금보다 더 치열한 경쟁을 할 수밖에 없습니다. 가장 먼저 고민할 부분이 모집군 배치인데요. 정시모집은 가, 나, 다 3개 군에서 학생들을 모집하고 있죠. 이 말은 학생들이 정시에서는 가, 나, 다군 3번의 지원 기회가 있는데요. 대학들은 같은 모집단위를 2개 모집군에 배치할 수 없습니다. 쉽게 말씀드리면 현재 연세대는 전체 학과를 모두 나군에 배치했는데요. 다시 말해 모든 모집단위 학과들을 나군에서만 뽑는다는 것이죠. 그런데 이것을 의대에 한해서는 가군에서도 10명을 뽑고 나군에서도 10명을 나누어 뽑는 방법은 안 된다는 것입니다. 따라서 모집 군을 나눠서 학생을 선발하려면 모집단위를 나눠서 배치해야 되는 거죠. 정시가 확대되면 다시 대학의 서열화가 심해질 것이라고 우려하는 것도 이런 정시모집의 특성 때문입니다.

정시모집에서는 특히 상위권 대학들의 경쟁은 더 치열해질 수밖에 없습니다. 학생을 선발하는데 하나의 모집군을 선택해야 하기 때문에 같은 모집군에 속한 대학들은 서열이 구분될 수밖에 없지요. 그래서 수능과목의 반영비율이나 과목별 가중치 환산방법을 통해 대학마다 최대한 유리한 선발방법들을 만들고 있지만 수험생들이 한 모집군에 한 개 학교만 지원가능하기 때문에 자연스럽게 서열이 생길 수밖에 없습니다.

성균관대는 2021학년도 정시모집 계획안에서 가군에 있던 반도체시스템학과, 글로벌바이오메디컬공학과, 소프트웨어, 건설환경공학부를 나군으로 배치했습니다. 그리고 나군에 있던 글로벌리더학과, 자연계열을 가군으로 이동시켰는데요. 이것은 의미 있는 변화입니다. 성균관대는 이공계열의 소위 잘나가는 모집단위를 나군에 배치하는 승부수를 던지는 것인데요. 나군에서 연세대, 고려대와 경쟁을 하겠다는 전략입니다. 그리고 가군에서는 수능 조건이 다른 서울대를 제외한 나머지 대학들보다 상대적 우위를 가지겠다는 의도라고 해석할 수 있습니다.

이처럼 정시가 확대되는 방향으로 가면 대학들도 더 치열한 경쟁을 할 것이고 결과적으로 서울권 대학과 지방대학 간의 격차가 더 커지는 부정적인 측면이 심화될 것입니다. 이런 부정적인 대학 서열화는 결국 우리 교육이 오직 입시 경쟁으로만 내몰리면서 교육과정의 파행이라는 악순환의 늪에서 계속 허우적거리게 만들 수밖에 없다는 우울한 예측을 하게 됩니다.

지금까지 2022대입 개편안을 정시확대를 전제로 수시와 정시의 변화를 분석하고 전망을 해보았다면 몇 가지 예측할 수 있는 변화를 근거로 해서 2022학년도 대입을 준비하는 수험생들의 입장에서 어떤 전략이 필요한지를 살펴보겠습니다. 2022학년도 대입을 치르게 되는 현재 고1 학생들은 정시확대라는 큰 변수를 맞았는데요. 이것은 2학년에 올라가기 전에 수시냐 정시냐에 대한 분명한 목표설정이 필요합니다. 그런데 지금 시점에서 정시가 40~45%로 확대된다는 것은 현재 고1 학생들에게는 겨울방학 때 학습 계획을 짜는 데 있어 크게 혼란스러울 수 있습니다.

현재 고1 학생들은 입학해서 1년간 학생부종합전형을 목표로 내신성적뿐만 아니라 학교 특화프로그램과 방과 후 수업, 동아리 활동 등을 열심히 해왔는데 2학년 때도 내신성적을 더 올리고 진로에 맞는 교과활동, 비교과 활동을 계속 열심히 해야 하는지 아니면 학생부종합전형을 포기하고 수능과목만 집중적으로 공부해야 되는지를 명쾌하게 판단하기가 상당히 애매하기 때문에 당연히 혼란스러울 수밖에 없습니다.

정부의 정책방향은 학생부종합전형의 비율도 줄이는 것이지만 공정성 재고라는 과제가 현실적으로 더 우선인 것 같습니다. 그렇다면 지금의 학생부종합전형의 평가기준이 상당히 종합적이고 교과성적보다는 학업과정의 의미가 타당성이 있는가에 맞춰져 있는 전형방법에 손을 대야 한다는 것은 자명한 것으로 생각되어지는데요. 종합적인 정성평가 방법에 어떤 규제를 한다는 것이 근본적으로 학생부종합전형의 본래 취지와 어긋나기 때문에 상당한 논란의 여지를 가지고 있어서 이번 개편안 발표에서 이 부분을 명료하고 타당한 방안으로 만들 수 있을지에 대해서 회의적인 시각이 많습니다. 그렇지만 어떤 방식이든 지금의 학생부종합평가에서 공정성의 문제가 제기될 수 있는 부분은 강력하게 삭제하거나 규제를 하는 것으로 가이드라인이 제시될 수밖에 없기 때문에 현재 고1 학생들은 이번에 발표되는 정부 개편안을 근거로 2022학년도 학생부종합전형의 지원 가능성을 판단하고 지원전략을 세워야 하겠습니다.

학생부종합전형의 개선방안은 입시전략의 큰 변화를 예고 한다

2022학년도 학생부종합전형의 변화를 예측해 본다면 작년에 발표한 원안대로 학생들의 비교과 활동 중에 창의적 체험활동 부분은 상당부분 평가에서 제외시킬 것으로 보입니다. 교내 수상 역시 평가 비중이 줄어들 걸로 예측할 수 있기 때문에 지금보다 교과과정과 교과활동의 내용에 더 집중적인 평가가 이루어질 것입니다. 그렇다면 현재 고1 학생들은 1학년 내신성적이 상위권이어야지 개편되는 학생부종합전형에 더 유리할 수 있다는 것이지요. 내신성적이 1~2등급에 있는 학생들은 학생부종합전형을 목표로 할 수 있는데, 2학년 때 자신의 진로와 연관된 선택과목의 교과과정에서 남보다 더 뛰어난 학업성취도와 창의적인 활동을 만들기 위한 계획을 세우는 데 우선 목표를 두어야 하겠습니다.

2학년 교과과정은 진로목표에 따라 계열별 선택과목의 필수 이수단위에 맞춰 일반선택과목과 진로선택과목을 선택할 수 있는데요. 우선 본인의 진로목표가 구체적으로 정해진 학생들은 그와 관련된 교과목을 핵심 전략과목으로 생각해야 되겠죠. 예를 들어 경영학과를 목표로 하는 학생은 가장 중요한 교과목이 2학년 때 선택하는 확률과 통계과목일 수 있는데, 대부분의 학교들은 2학년 수학교과 운영을 수학I, 수학II 과목과 확률과 통계 과목을 필수로 지정하고 있습니다. 그래서 경영대를 목표로 하는 학생의 경우 확률과 통계 과목에서 창의적인 학습능력을 보여줄 수 있는 활동계획을 세워야 되겠지요. 통계 단원에서 배운 내용들을 가지고 다양한 탐구 주제를 설정할 수 있기 때문에 2학년 확률과 통계 과목을 배우기 전에 미리 교과에 대한 호기심과 예습을 해둘 필요가 있습니다. 그리고 3학년 때 경제 수학 과목을 진로선택 과목으로 선택해야겠지요. 물론 경제과목도 다양한 탐구 주제를 설정해서 수행할 수 있어야겠습니다.

2019년에 고교학점제 선도 연구학교들이 확대되었는데요. 고교학점제 선도 연구학교에 배정된 학생들은 진로선택과목에서 창의적인 탐구활동이 돋보여야 합니다. 그래서 2학년에 올라가기 전에 이미 자신의 진로와 대학에서 공부할 전공학과를 구체적으로 정해놓는 것이 유리합니다. 만약에 어떤 학생이 막연하게 공대에 지원하겠다는 생각을 하는 경우와 화학공학계열 신소재학과를 진학하겠다는 구체적인 생각을 하는 경우는 고교학점제 선도학교의 프로그램의 이점을 활용하는 데 큰 차이가 있겠지요. 막연하게 생각하고 있는 학생일 경우 그냥 2학년 때 물리, 화학, 생명과학을 일반선택과목으로 선택했지만 화학과목에 대한 구체적인 활동 계획을 세우지 못할 가능성이 높습니다. 그리고 2학년 때 화학I 과목을 공부하면서 더 심화된 내용인 화학II 과목에 대한 호기심이나 선행공부를 하려는 의지를 보여주기 어렵겠지요. 그러다보니 3학년에 와서 화학II 과목을 배울 때 교과활동 내용에서 차이가 커지는 것입니다.

　미리 구체적으로 자신이 목표로 하는 학과까지 정한 학생들은 3학년 때 진로선택과목인 화학II 과목을 배울 때 교과 이상의 심화지식이나 창의적인 아이디어가 돋보이는 수행과제를 소화할 수 있습니다. 예를 들면 대학에서 제공하는 온라인 강의 k-mooc를 통해서 대학과정의 일반화학을 공부한다든지 대학연계 프로그램을 이용해서 실험 탐구를 할 수 있는 기회를 만들거나 고교학점제 선도연구학교의 실험탐구학습 프로그램에 더 주도적으로 참여할 수 있어서 학생부종합전형에 유리한 평가 근거를 만들 수 있습니다.

　이처럼 학생부종합전형에 목표를 둘 수 있는 내신 상위권 학생들은 무엇보다도 진로와 지원하고자하는 학과를 구체적으로 정하고 2학년부터 선택과목의 학습과정을 설계해 나가야 하겠습니다. 일반선택과목은 진로선택과목을 준비하기 위한 학습과정이기 때문에 연계해서 생각해야 합니다. 이런 부분에서 평가의 큰 차이가 생기는 것인데요. 그런데 대부분 학생들은 일반선택 과목을 선택할 때 성적을 잘 받을 수 있는 과목이나 인원이 많이 몰리는 과목을 선택하고 있습니다. 아니면 학교에서 일방적으로 정해놓고 운영하는 과목만 선택하는 경우도 많습니다. 이런 경우들을 보면서 교과과정이 바뀌고 학생부종합전형의 정보가 많이 확산되고 있지만 아직도 많은 학생들과 학부모들은 학생부종합전형에 대한 목표만 있지 전략은 없는 것입니다.

　학생부종합전형을 준비하는 전략의 가장 핵심적인 것은 자신이 지원한 전공에 대해서 어떤 준비를 하였는가를 평가할 때 충분한 타당성을 보여주는 것입니다. 그렇기 때문에 대학의 전공계열에 따라 고등학교 교과과정에서 핵심적으로 필요한 학업역량을 특히 많이 요구할 수밖에 없습니다. 그런 학업역량을 평가할 수 있는 가장 중요한 부분이 2학년, 3학년 교과과정에서 선택교과의 학습내용입니다. 이런 부분을 알고 전략적으로 준비하려면 1학년 겨울방학부터 2학년 때 선택한 선택교과 중 핵심교과에 대해서 충실하게 학습을 하고 교과내용에 대한 지적 호기심을 키워야 합니다. 이런 과정에서 자연스럽게 독서 계획도 세우고 읽어야 할 책에 대한 탐색도 할 수 있는 것입니다.

문제는 1학년 내신성적이 3등급 정도에 머문 학생들입니다. 왜냐하면 이 등급에 있는 대부분의 학생들 역시 학생부종합전형을 목표로 1년간 열심히 교과와 비교과 활동을 했기 때문에 학생부종합전형을 쉽게 포기하기가 어렵다는 것이죠. 그렇지만 2022학년도 대입의 변화가 정시 확대와 함께 학생부종합전형의 평가범위의 축소 등 여러 가지 측면을 고려한다면 과감하게 학생부종합전형의 목표를 버리고 정시를 목표로 하는 전략이 필요하다고 생각됩니다. 특히 내신성적이 3등급 정도에 있는 학생 중에서 상위권 대학 이공계열을 목표로 하고 있다면 정시의 가능성이 더 높다고 봐야 합니다. 그리고 문과 진로를 택한 학생들도 학생부종합전형의 가능성은 이전보다 많이 낮아졌다라고 현실적인 판단을 해야 합니다.

정시를 위한 수능 전략 빠를수록 좋다, 빨리 결정하라!

정시 확대 발표이후 이미 학생부종합전형보다는 정시를 목표로 하고 있는 학생들은 2학년 때 학습 계획이 매우 중요한데요. 가장 핵심적인 부분이 먼저 수능의 선택과목을 정하고 2학년 때 선택한 교과목 중에 수능교과에 집중적으로 학습시간과 노력을 들여야 합니다. 예를 들면 수학과목에서 자신의 지원계열에 따라 필수선택 또는 가산점 과목들이 정해질 것으로 전망할 수 있기 때문에 만약 공학계열을 지원하겠다는 계획을 가진 학생이라면 2학년 때 배우는 수학I, II 과목을 내신위주 공부가 아니라 수능 문제 중심으로 공부해나가야 하겠지요. 그리고 내신과목인 확률과 통계 과목 보다는 미적분 과목을 선행학습 하는 데 중점을 두고 많은 시간을 투자해야 할 것입니다.

수능과 내신 시험은 완전히 다른 형태의 시험이기 때문에 목표에 따라서 완전히 다른 방식으로 공부를 해야 하는 것 때문에 2학년에 올라가기 전에 구체적인 목표를 세우고 그것에 맞는 학습전략을 짜야 되는 것이죠. 수능은 교과과정 전체에서 교과의 단원들을 연결할 수 있는 주제를 중심으로 단원 혹은 교과 혼합형으로 문제를 출제하기 때문에 단원별 범위 속에서 내용을 세밀하게 묻는 내신시험하고는 완전히 다른 형태입니다. 그래서 내신 공부를 완벽하게 한 상위권 학생들도 수능에서는 1등급을 받는 데 상당히 어려워 할 수밖에 없는 것입니다.

정시를 목표로 1학년 겨울방학부터 수능을 준비하려면 이과 진

로인 학생들은 우선 수학, 과학 과목을 선택과목까지 빠르게 선행
학습을 해야 합니다. 수능 준비에서 가장 중요한 것은 교과 개념을
익히고 충분히 이해한 상태에서 수능 유형의 기본 문제부터 중간
난이도, 고난도 문제까지 적용할 수 있는 개념 응용력과 문제해결
능력을 키우기 위한 단계적 학습의 절대적인 시간입니다. 이런 특
성 때문에 고3 학생들보다 재수생들이 상대적으로 고득점을 받는
비율이 높은 것입니다.

수능은 내신보다 훨씬 더 전략적인 학습을 필요로 합니다. 2022
학년도 수능을 준비하는 현재 고1 학생들은 2학년 때 수능의 공통
과목을 내신과목으로도 선택하고 있기 때문에 내신 따로 수능 따
로 식의 비효율적인 학습을 할 수밖에 없기 때문에 전략이 필요한
것이지요. 전략 없이 그냥 열심히 하면 되겠지 라고 생각하는 학생
들이 대부분이기 때문에 수능에서 자기가 바라는 것보다 늘 안 좋
은 결과를 얻을 수밖에 없습니다. 그래서 2학년 교과과목 중에서
수능에서 선택할 과목에 대해서는 학습방법을 수능 유형에 집중하
는 전략으로 바꿔야 합니다. 탐구과목의 경우는 수능에서 선택할
과목을 미리 정해서 2학년 때 배울 교과내용을 학교진도보다 훨씬
빠르게 정리하고 수능의 출제유형을 집중적으로 익히는 것이 필요
합니다. 그리고 3학년 때는 빈출 주제와 고난도 문제들에 대한 적
응력을 높이기 위한 단계별 학습을 하는 것이 중요합니다.

2021학년도부터 적용되는 개정교과는 2009 교과과정과 비교했
을 때 이과계열을 지원하는 수험생들에게 과학탐구과목을 준비하
는 것에서 많이 달라질 것으로 예상됩니다. 2015 교육과정의 과학
과목들이 2009 교과과정에 있던 내용을 일부 제외시킨 것이 수능

에서 변수로 작용할 수 있습니다. 특히 물리과목은 그동안 수능에서 시간이 많이 걸리는 복잡한 방정식을 풀어야 하는 계산문제로 출제되었던 유체역학 파트가 빠졌기 때문에 많은 수험생들이 과거보다는 부담감이 줄어들었다고 볼 수 있습니다. 그렇지만 물리교과의 가장 핵심 단원인 역학 단원의 원리적 이해를 해야 하는 내용으로 구성되어 있어서 수능에서도 원리에 대한 이해도를 평가하는 쪽으로 출제할 가능성이 높아서 문제풀이의 스킬을 키우는 방식의 학습이 아니라 기초원리부터 충분한 이해력과 응용하는 사고력을 키우는 공부를 해야 되기 때문에 오히려 학습시간이 더 많이 요구될 수 있습니다.

화학과 생명과학의 경우에도 2015 교육과정의 특징은 이전 교과내용과 비교해보면 특정 단원이나 특정 주제에 비중은 줄어든 반면 단원별 교과내용에 대한 원리적인 이해가 더 많이 필요하다고 봐야겠지요. 수능에서도 화학의 양적관계에 대한 복잡한 계산문제나 생명과학의 유전단원에서 가계도 분석 파트의 계산문제의 비중은 줄지만, 기본개념의 이해도와 원리에 대한 사고력을 묻는 문제들이 다수 출제될 것으로 생각됩니다. 이런 부분은 수험생에게 상당히 낯설게 느껴질 수 있습니다. 2022학년도 수능의 하나의 포인트가 새로운 교과내용에 따른 새로운 유형이 상당부분 출제될 수 있는 것이죠. 특히 과학과목은 가장 큰 변화가 예상되기 때문에 2학년 때 이미 수능에서 선택할 과목을 정하고 교과의 기본개념부터 원리적으로 이해하는 사고력을 키우기 위한 학습을 꾸준히 해야 합니다.

지금까지 2022학년도 대입을 전망하면서 준비전략을 말씀드렸

느데요. 결론은 새로운 수능체제와 정시 확대라는 큰 변화에 적응하려면 1학년 2학기가 마무리되는 시점에 대입전략을 구체적으로 생각하고 2학년 때는 자신에게 유리한 전략안에서 일관된 학습 계획을 실행해나가야 한다는 것입니다. 이 부분이 2022학년도 대입을 이전과 다르게 이해해야 하는 가장 중요한 부분인데요. 수시와 정시의 비율이 엇비슷해진 상황에서 성공의 열쇠는 누가 먼저 어느 한쪽의 목표를 정하고 전략적인 학습을 하는가입니다.

CHAPTER 3

입시 혼란 시대의
경험에서
교훈을 얻자

입시 대변동 시대를 준비하는 데
꼭 필요한 교훈들

고교학점제의 도입과 단계별 시행은 공교육 정상화에 기여할 수 있다는 점에서 입시가 학생부종합전형을 중심으로 안정화되는 2022학년도 이후를 입시의 새로운 전환점으로 생각했고, 이를 기점으로 혼란이 많이 해소될 것이라는 기대가 있었습니다. 하지만 공정성 논란으로 인한 갑작스런 정시 확대 발표는 다시 우리 입시를 혼란 속으로 빠뜨리고 있습니다. 입시 개편안이 또 다시 사회 갈등의 중심에 서게 되었는데요. 언제까지 입시가 교육의 정상화와 선진화의 과업을 이루는 데 발목을 잡을 것인가 하는 개탄스런 마음이 들어서 착잡한 심정이지만 그래도 머지않은 미래에 보다 나은 교육 방향으로 바로잡아갈 것이라는 희망도 교차합니다. 그리고 지금까지 계속되어 온 입시의 혼란 속에서 많은 성공과 실패의 경험을 되짚어 보면 앞으로 다가올 입시 대변동의 시대를 준비할 수 있는 지혜가 생길 것이라는 생각도 듭니다.

그래서 이 장에서는 2025학년도 고교학점제 시행을 시작으로 새롭게 나아갈 입시의 대전환을 준비해야 할 현재 중학교, 초등학교 아이를 둔 학부모들께 제가 20년 넘게 혼란의 중심에 서서 많은 경험으로부터 얻은 생생한 교훈을 전해 드릴까 합니다.

1

2020 입시 대변동

특목·자사만 가면 만사형통?

　최근 교육부에서 2025년 외고, 국제고, 자사고를 일괄적으로 일반고로 전환할 계획이라고 발표하면서 해당 학년인 현재 초등학교 4학년 학부모들뿐만 아니라 중학교 1, 2학년 학부모들도 상당히 혼란스러워하고 있습니다. 요즘 만나는 중등 초등 엄마들은 모든 질문이 "특목, 자사고를 가야되는 거냐? 정말 외고, 자사고가 없어지는 거냐?"로 집중됩니다.

　이만큼 특목고, 자사고에 대한 관심이 아직까지도 매우 크다는 것을 알 수 있습니다. 그도 그럴 것이 지금껏 외고나 국제고, 자사고의 입시실적이 압도적으로 좋았기 때문에 당연히 우리 아이는 외고, 국제고, 자사고를 보내고 싶다고 생각을 하고 초등학교 엄마들은 무조건 이 학교들을 목표로 한다고 말합니다.

정말 2025년에 일반고로 일괄 전환될 것인가에 대해서는 좀 더 지켜봐야겠는데요. 그리 간단한 문제는 아니라고 생각합니다. 그래서 이 장에서는 일반고로 전환할 것이냐 아니냐는 문제는 차치하고 앞으로 특목고와 자사고가 대입에서 유리한가의 문제와 특목고와 자사고를 목표로 한다면 과거의 경험으로부터 어떤 교훈을 얻을 것인가에 집중해서 이야기해야겠습니다.

2000년대 초 특목, 자사고 입시 열풍이 대단했지요. 아마 지금 초·중등 학부모들은 잘 모르실 것 같은데요. 그때 어느 정도였냐면 중1 아이들이 새벽 2시까지 특목고 입시준비 학원에서 경시 문제들을 죽기 아니면 까무러치기로 풀었습니다. 정말 해외토픽 감이었습니다. 심지어는 초등학교 5학년 아이가 토플 모의고사를 하루에 10시간 이상 쉬지 않고 풀어대는 건 예사였습니다.

그때 특목고와 전국 자사고를 준비했던 아이들은 대부분이 중학교 주요 과목 내신성적 또한 매우 우수한 학생들이었고, 엄청난 선행학습이 되어 있어야지 접근할 수 있는 경시 심화문제까지 마스터해야 합격할 수 있는 자격요건인 입학을 위한 지필고사를 대비할 수가 있는 상황이었습니다.

그렇다보니 일반고를 가는 학생들과는 비교할 수 없을 만큼 높은 학력 수준을 만들고 입학하였습니다. 그래서 당시는 고1 때부터 일반고와 특목고, 자사고 학생들의 학력 격차가 매우 컸고 이런 현실을 대학에서도 알 수 있었기 때문에 특목고와 자사고학생들을 뽑기 위한 다양한 수시전형들을 만들었지요. 그 결과 특목, 자사고 학생들이 SKY 대학에 대거 합격할 수 있었습니다.

대학들은 수시에서 교과 내신위주의 전형에서 여러 가지 특기역량을 평가하는 특기자전형 중심으로 전형을 만들었고, 논술전형 역시 교과 수준보다 훨씬 더 어려운 수준의 문제를 출제하여 상대적으로 특목, 자사고 학생들이 유리하도록 만든 것도 부인할 수 없는 사실이지요. 이렇다보니 수시에서 특목, 자사고 불패라는 말이 나왔고 특목고와 자사고 입시 과열은 더욱 거세질 수밖에 없었죠. 당연히 학부모들의 마음속엔 무조건 특목고와 자사고를 보내야지 좋은 대학을 갈 수 있다는 인식이 크게 자리 잡을 수밖에 없었고 특목고와 자사고에 입학만 하면 대입에서 만사형통인 것처럼 느껴졌을 것입니다.

그렇지만 특목고와 자사고 열풍이 무지막지하던 당시에도 많은 케이스들을 통해서 보면 실패한 사례들도 꽤 많습니다. 많은 사람들이 단순히 언론에 보도된 진학 결과만 보고 무조건 특목고와 자사고가 유리할 것이라고 생각할 수 있는데, 깊숙이 들여다보면 특목고와 자사고를 가기 위해서 어마어마한 노력을 한 것에 비해서 너무나 초라한 결과를 얻은 실패한 케이스도 많다는 것을 알아야 합니다. 성공한 사례보다 실패한 사례를 통해 우리는 앞으로 특목고와 자사고를 생각하는 데 있어 많은 교훈을 얻어야 할 것 같습니다.

그리고 앞에서 말한 내용과 연관지어보면 지금의 대입 분위기와 앞으로 대입의 변화를 근거로 생각해볼 때 정말 특목, 자사고는 대입에 있어서 만사형통인가를 냉정하게 생각해봐야 합니다. 제가 당시에도 특히 외고 학생들을 가장 많이 컨설팅을 했었고, 수시 전문학원을 운영하면서 입시지도 역시 상당히 많이 했다라고 말할 수 있습니다. 그러면서 느낀 것은 외고나 자사고는 맹목적으로 무조건 가면 좋다는 생각을 해서는 큰일 난다는 것입니다.

특목고, 자사고 대입의 변화가 유불리 결정한다!

경험을 통해서 얻은 중요한 교훈은 대입의 변화를 예측하고 전략을 가지고 외고, 자사고를 선택 했는가 입니다. 결국 과거에도 대입의 유리한 전략을 위해서 특목고와 자사고를 선택했었고 앞으로도 그래야 한다는 것입니다.

과거 대원외고, 한영외고 학생들은 수시전형에서 어학특기전형에 절대적으로 유리했는데 그때 만났던 대부분의 학생들이 토플 점수가 116점 정도였습니다. 이미 상당한 영어 실기능력을 갖추고 대원외고에 입학한 경우가 성공한 사례의 대부분인데요. 그때 만난 몇몇 학생들은 1학년 때부터 SKY의 수시 전형의 맞춤식 전략을 세웠죠. 예를 들면 토플이나 AP의 높은 점수를 획득한 학생들은 2학년이 되면 전공학과에 필요한 스펙을 설계하고 경제관련 경시나 수학경시, 역사경시에서 수상을 만들고 소논문까지 2~3편 작성하는 소위 말하는 비교과 포트폴리오를 짜서 특기자 전형을 집중적으로 지원하였습니다.

외대부고나 민사고학생들 역시 학교 교과 프로그램으로 AP과목이나 특화된 과목을 들었고 이와 연관된 경시나 외부대회 수상을 만들었지요. 그리고 영어논문 등을 활동보고서에 기재하여서 글로벌 전형이나 특기자전형에 강점을 가지게 되었지요. 각종 국제대회나 영어토론대회의 경력까지 즐비했기 때문에 연세대 글로벌인재전형이나 고려대 글로벌전형에는 압도적으로 유리했었습니다.

그렇지만 당시 대원외고나 외대부고 민사고와 같이 입시실적이 압도적으로 좋았던 특목, 자사고에서도 실패사례도 많이 있습니다. 실패사례의 대부분은 대입전형의 정확한 분석이나 예측 없이 막연히 좋은 대학을 갈 수 있을 거라는 기대만 있었던 것입니다. 그렇기 때문에 중학교 때부터 대입에 맞춰서 단계적으로 계획적인 준비를 못한 것이죠. 그렇다보니 1학년 때 내신성적이 안 나오면 2학년이 되어서 늦게 각종 대회나 스펙을 준비하느라 시간을 다 허비하고 좋은 성과도 못 만들었기 때문에 3학년 때 논술을 준비하느라 수능준비를 소홀히 해서 결국은 입시에 실패하고 재수, 삼수로 가게 되는 케이스를 많이 보았습니다.

최근에는 외고나 자사고 입시도 중학교 내신성적이 절대적이기 때문에 더욱 더 대입에 대한 전략 없이 외고, 국제고, 자사고를 지원하는 경우가 많습니다. 과거 특기자 전형들이 대폭 줄어들고 학종으로 수시가 통합되면서 전략적으로 준비를 한 경우와 그냥 맹목적으로 특목, 자사고를 선택한 경우의 입시 빈익빈부익부 현상이 더욱 커지는 것을 느낄 수 있습니다. 왜냐하면 여전히 특목고나 자사고는 일반고에 비해서 내신성적을 상위권으로 유지하기가 매우 어렵기 때문에 1학년 때부터 치열한 내신 경쟁에 이길 수 있는 꼼꼼하고 치밀한 공부습관과 방법이 만들어지지 않은 많은 학생들이 중하위권의 내신성적을 받게 되면 현재 학생부종합전형에서도 일반고에 가서 내신 상위권을 유지하는 경우보다 절대 유리하지 않기 때문입니다.

실제 최근에 경험한 많은 사례들이 특목고와 자사고를 목표로 하면서 단단한 선행학습을 하지 않고 입학해서 일반고보다 치열한 내신 경쟁을 하는 환경에 적응하지 못하고 학습의욕도 떨어져서 심각한 고민에 빠져있는 경우입니다. 생각지도 못한 상황이 현실이 되면서 당연히 우왕좌왕하게 되고 결국 수시 학생부종합전형도 못가고 수능도 좋지 않은 결과를 만들게 됩니다.

앞으로 대입의 변화를 생각해보면 결론은 더 이상 특목고와 자사고는 대입의 만사형통이 아닙니다. 왜냐하면 학생부종합전형이 공정성을 이유로 평가에 있어서 많은 규제를 받는다면 학생부종합전형의 학업역량 평가에서 내신성적의 비중이 매우 커지기 때문에 특목고와 자사고가 불리해질 가능성이 높습니다. 그리고 일반고보다 교과과정의 평가가 더 까다롭고 교과의 수행과제도 많기 때문에 고2, 3 때 선택교과의 부담이 매우 커서 수능 준비에서도 유리하지 않을 수 있습니다. 그래서 앞으로 특목고나 자사고를 준비하는 학부모들은 대입에서 어떤 전략을 선택할 것인가를 먼저 신중히 생각하고 핵심교과에 대한 선행학습을 잘 준비하여야 한다는 것입니다.

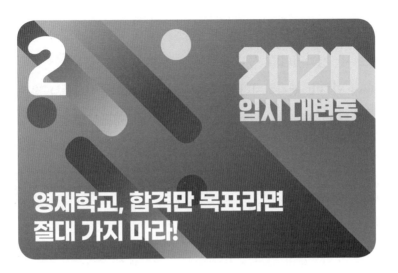

'영재학교를 준비했던 80%의 학부모는 후회 한다'는 말이 있습니다. 이 말은 영재학교를 준비했다가 떨어진 학부모들이 하는 말이라고만 생각해서는 안 됩니다. 영재학교에 합격한 많은 학부모들에게도 해당되는 말입니다. 좀 믿기 어려우실 것 같습니다만 사실입니다. "영재학교에 합격한 아이들은 정말 똑똑한 아이들인데 그 아이들을 위해서 특별한 교육을 하는 학교에 갔는데 왜 후회를 한단 말이지?" 이렇게 말씀하실 학부모들이 많으실 것 같은데요. 현실은 그렇지가 않습니다. 특히 입시라는 측면에서 보면 더더욱 새겨들어야 할 이야기입니다.

초등학교 학부모들은 절반 이상이 "우리아이는 영재인가 봐" "혹은 혹시 영재 아닐까" 이런 생각을 하게 되지요. 충분히 가능한 생각이고 꿈도 꿀 수 있지만 현실은 많이 다르다는 것을 모르고 하는 생각입니다. 물론 영재의 잠재성을 가지고 있는 아이들이 많이 있다고 생각하지만 현실에서 영재학교를 준비하는 과정은 아이의 영재성을 키우는 것이 아니라 입시에 맞춰진 효율적인 학습과 성과를 내기위한 학습방법을 강요받습니다. 영재성과 관계없는 판단을 하고 평가를 하는 것이죠. 그리고 이런 영재학교 입시경쟁에 뛰어들게 되는 순간부터 합리적인 판단을 하기가 어려워지게 됩니다.

많은 학생들이 입시 준비만 하고 영재학교에 들어가기 때문에 탐구학습 위주의 영재학교 교육환경에 잘 적응하기가 쉽지 않습니다. 스스로 목표의식이 큰 아이들은 탐구활동에서 많은 호기심을 키우고 성과도 낼 수 있지만 그냥 엄마 손에 이끌려 영재학교 입시준비에 매달렸던 아이들은 수학과 과학의 심화수업이나 이론 탐구학습을 하는 훈련과정에서 도태되고 좌절감이 크게 생길 수 있습니다. 이런 경우에 많은 아이들이 아무런 목표도 없이 그냥 시간을 흘려보내게 되고 내신성적이 떨어지면서 입시에도 실패할 수 있다는 불안감이 커지게 됩니다.

영재학교에서 적응에 실패한 학생들이 대부분 2학년 1학기를 마치는 시기에 입시에 대한 불안감 때문에 학교를 그만 둘 생각을 많이 하게 됩니다. 실재 영재고 학생들을 컨설팅해보면 몇 가지 문제에 대해서 고민을 하게 되는데 가장 큰 것이 지금 성적으로 서울대에 합격할 수 있는지와 서울대가 불가능하다면 학교를 전학하거나 자퇴를 해서 수능준비를 하는 게 유리하지 않을까이고, 다음은 서울대에서 가고 싶은 과에 현실적으로 지원할 수 없을 때 서울대의 낮은 과를 지원할 것인가 연대나 고대, 성대에서 가고 싶은 과를 선택할 것인가 입니다.

이런 문제에 부딪히는 대부분의 학부모들이 영재학교에 온 것을 후회하게 됩니다. 왜냐하면 영재학교를 가면 서울대를 쉽게 갈 수 있다고 생각하고 엄청난 투자를 해서 입학했지만 오히려 대입에서는 불리해지기 때문입니다. 그리고 현실적으로 의대 진학이 어렵기 때문에 대부분의 영재고 학생들은 이공계열에서 인기학과에 몰릴 수밖에 없어서 상대적으로 더 치열한 경쟁을 하게 됩니다. 이런 상황에서 입학하는 순간부터 영재학교 교육과정에 적응할 수 있는 충분한 준비가 되지 않은 학생들은 경쟁에서 낙오되기가 쉽습니다.

지금도 영재학교를 목표로 준비하는 학생들이 꽤 많은데 진지하게 고민해야 할 것이 학생 스스로 명확한 진로목표를 가지고 있는가와 창의적이고 융합적인 학습역량을 충분히 가지고 있는가에 대한 것입니다. 경험을 통해서 얻은 교훈은 영재학교에 입학하면 서울대학교에 합격하는데 유리하다는 막연한 생각만으로 영재학교 입시 준비에 올인 한다면 오히려 자기주도적인 학업의지나 수능을 위해서 요구되는 국어, 영어, 수학의 기초 학습능력이 무너질 수 있다는 것입니다. 맹목적인 영재학교에 대한 목표는 오히려 아이에게 독이 된다는 것을 알아야 합니다.

3

수능은 어떤 시험이길래
강남이 유리할까

'강남엄마, 대치동엄마'라는 말이 유행했었던 것을 기억하실 겁니다. 이 말은 강남이 다른 지역에 비해 명문대학을 많이 가는 것 때문에 생긴 말인데요. 그러면 왜 강남이 다른 지역보다 SKY 대학을 많이 갈까요? 사실 강남에 있는 일반고들은 특별한 학교 프로그램이 있다거나 입시지도의 노하우가 크다고 말할 수 없습니다. 오히려 강북이나 지방 일반고에 비해서 적극적으로 입시지도를 하지 않는다고 보입니다. 그렇다면 강남에 있는 진학 실적이 좋은 학교들은 대부분 수 성적이 좋아서 정시에서 성과가 좋은 것이라고 생각할 수 있고 그것은 학교가 아니라 학원에서 만든 것이라고 짐작할 수 있습니다. 그러면 수능은 왜 학교에서는 제대로 준비할 수 없는지가 궁금해집니다.

그 이유는 내신시험과 수능시험이 완전히 다른 차원에 있는 시험이라는 것 때문입니다. 학교수업은 중간고사와 기말고사로 범위가 정해져 있어서 단원의 내용을 세밀하게 가르칠 수밖에 없습니다. 그리고 시험의 형태도 시험범위로 정해진 단원 속에서 핵심내용을 알고 있는지가 출제의 기본적인 목표이고, 변별을 위해서 세밀한 내용까지 외워야 풀 수 있는 문제를 만들어냅니다. 그렇기 때문에 수업시간에 배운 교과단원의 세밀한 내용까지 필기하고 외우는 공부를 할 수밖에 없습니다.

수능이 내신시험과는 완전히 다른 차원이라고 볼 수 있는 것은 수능은 교과 단원별 핵심내용을 알고 있는가를 평가하려는 문제가 아니라 교과 전 범위 혹은 교과를 융합해서 중요하다고 생각되는 주제들에서 학생들의 사고력을 평가하고자 하는 시험이기 때문입니다. 즉 수능 문제는 교과의 각단원에서 배운 중요한 개념을 특정 주제 속에 적용해서 주어진 조건들을 다양하게 활용해야지 해결할 수 있는 복합적인 문제입니다.

수능은 교과 전 과정에서 중요하게 다루는 주제들에서 단순한 지식에서 고차원적인 사고력을 요구하는 형태의 문제를 유형으로 분류해서 출제하기 때문에 출제유형을 익히기 위해서 단계적으로 학습하는 것이 필요합니다. 그래서 대치동 학원가에서는 이런 수능시험의 유형을 중학교 때부터 단계별로 집중훈련을 시켰던 것입니다. '대치동 엄마'들은 중학교 때부터 수능을 위한 선행학습에 몰입했고 고등학교 1학년 때 이미 수능 과목들을 다 마스터하고, 2학년부터 고난도 문제풀이에 집중할 수 있었던 것입니다. 당연히 학교내신은 내팽개쳤고 학교에 가서는 잠만 자다가 끝나면 바로 학원으로 가서 심야시간까지 수능유형을 익히는 체계적인 수업을 하면서 수능성적을 올렸던 것입니다.

수능이 유형화되면서 이를 효율적으로 준비할 수 있는 특화된 방법이 개발될 수 있었기 때문에 사교육이 발달한 특정 지역에서 더 좋은 성과를 낼 수 있었습니다. 최근까지도 대치동에서 의대를 가려고 학습 컨설팅을 받으러 오는 많은 학부모들을 보면 다른 지역 학부모들보다 훨씬 정보도 많지만, 이미 수능시험은 능력 있는 강사와 고난도 유형을 효과적으로 공부할 수 있는 콘텐츠가 있어야지 좋은 성적을 만든다는 것을 잘 알고 있습니다. 그래서 엄청난 비용을 들이면서도 수능의 효과적인 학습을 하기가 더 편한 대치동에 살고 있다고 보시면 됩니다.

수능에 대한 경험을 통해서 얻을 수 있는 중요한 교훈은 수능은 학교공부만 충실히 해서는 고득점을 만들 수 없다는 것입니다. 그리고 내신과 수능 모두를 준비하는 것보다 내신을 버리고 수능에 올인 하는 것이 성공할 가능성이 더 클 수밖에 없다는 것입니다. 수능에서 1등급을 받기 위해서는 선행학습이 필요하고 수능을 효율적으로 준비할 수 있는 사교육에 의존할 수밖에 없다는 것입니다.

2022학년도 이후 대입은 정시 확대라는 큰 변수를 생각해야 합니다. 그래서 수능은 이제 시작부터 선택해야 하는 하나의 전략입니다. 현재 고1이나 중3 학생들은 대입을 준비하는 첫 단계가 수시를 위한 내신을 목표로 할 것인가 정시를 위한 수능을 준비할 것인가를 미리 결정해야 하는 것입니다. 수시가 75%이상 절대적인 비중을 차지했던 입시에서는 모두가 내신 경쟁을 했고 거기서 밀

려난 학생들이 뒤늦게 수능을 선택했기 때문에 좋은 성과를 만들지 못했습니다. 수시 중심의 입시에서 얻은 경험을 통해서 앞으로 입시를 대비하는 지침을 얻을 수 있는데 그것은 수능과 내신은 함께 갈 수 없다는 것입니다. 그렇다면 2022학년도 이후 대입에서는 처음부터 학생부종합전형 준비전략으로 내신에 몰입하는 것과 수시를 포기하고 수능에 올인하는 것 중 하나를 분명하게 선택하고 일관되게 실행해야만 성공할 수 있다는 것입니다.

학생부종합전형은 무엇을 평가하는 것일까?

아직도 학생부종합전형을 준비하려면 무조건 많은 활동과 상을 받아야 된다고 믿고 있는 학부모들이 꽤 많이 있습니다. 그래서 엄마들 모임에 가면 여기저기서 누구 집 아이는 이번에 무슨 대회에서 큰상도 받고 논문도 쓰고 무슨 창의력 대회에도 나갔다는 이야기가 여전히 큰 화젯거리입니다. 특히 학생부종합전형으로 아이를 보낸 엄마들이 학생부종합전형은 무얼 준비해야 되고 어떤 걸 했더니 서울대에 합격했다 등의 각종 루머를 생산하고 있는데 대부분은 근거 없는 이야기입니다.

학생부종합전형의 평가가 가장 정밀하게 이루어지는 학교가 서울대학교입니다. 서울대에서는 매년 학생부종합전형 평가에 대한 지침서를 발간하고 있고 전국 고등학교를 돌며 학생부종합전형 설명회를 상시적으로 하고 있습니다. 그리고 전형방법도 5단계 평가를 함으로써 공정성과 타당성 측면을 최대한 충족하려는 다단계 다자간 협의체를 통한 종합평가를 하고 있습니다. 서울대의 학생부종합전형 가이드북에서도 평가의 가장 우선순위는 학업역량에 있다고 분명하게 밝히고 있고 학업역량의 평가에 대해서 구체적인 기준을 이야기하고 있습니다.

학업역량의 평가라는 표현이 추상적이어서 정확하게 무엇을 어떤 기준으로 평가하는 것인지 정확하게 이해하기가 어려울 수 있다고 생각합니다. 그러나 이것을 모호한 의미로 생각해서는 안 됩니다. 학업역량을 평가하는 데 있어 결과를 성적으로 정량화해서 순위를 매기는 방식이 아니라 다양한 근거를 종합적으로 평가하는 정성적인 평가라는 것이 모든 사람이 명확하게 이해할 만한 객관성을 가지기는 매우 힘들 수 있습니다. 하지만 적어도 학업역량의 평가는 교과에 대한 목표와 호기심, 학습에 임하는 태도 등을 평가한 내용이 구체적인 의미로 평가할 수 있고 학업성취도를 뒷받침할 수 있는 충분한 타당성이 있는가를 보겠다는 것입니다.

예를 들면 단지 전 과목의 내신성적이 아주 우수하다고 해서 그 학생이 지원한 모집단위 학과에서 요구하는 학업역량이 매우 좋다고 평가하지 않을 수 있다는 것입니다. 만약 서울대 경제학과를 지원한 두 학생을 평가할 때 A라는 학생은 전 교과 내신성적이 1등급이고 모든 과목 교과수업에만 충실하게 참여하였지만 특별한 의미를 평가할 구체적인 근거가 없었습니다. 이에 반해 B라는 학생은 국·영·수 과목은 대부분 1등급이지만 수학교과에서 많은 흥미를 보였고 특히 미적분과 확률과 통계 과목에서는 성적도 좋았지만 수업에서 발표한 보고서 내용이 창의적이라고 평가할 수 있고, 수학교과를 배우면서 호기심이 컸던 단원의 원리를 본인의 관심도가 높은 경제현상을 탐구하는 데 활용해본 다양한 경험이 있다면 당연히 B 학생의 학업역량을 경제학과에서 더 높게 평가할 수 있습니다.

실제 저를 찾는 학부모들 중에 많은 분들이 서울대에 지원해서 합격할 수 있는지를 판단해 달라고 오시는 경우가 많습니다. 심지어는 제주도에서도 입소문으로 해마다 오시는 분들이 많은데요. 제 경험으로는 서울대에서 평가하는 기준은 매우 명확하다고 느껴집니다. 상식적으로 타당성을 얼마나 평가할 수 있는가 입니다. 그리고 이 학생이 이 활동을 한 이유가 생기부에서 분명하게 이해할 수 있는가 입니다. 물리학과를 지원하고자 하는 학생은 당연히 다른 모든 과목보다 물리를 더 좋아하겠지요. 그렇다면 그 학생은 1학년 과학수업부터 물리II 과목까지 공부했던 과정에서 남다른 평가를 할 만한 내용이 반드시 세부능력 및 특기사항이나 창의적 체험활동 등에 구체적으로 드러나 있어야 합니다. 그리고 물리에 흥미가 매우 크다는 것을 평가할 수 있는 내용들이 구체적인 연관성을 보여줄 때 분명히 학업역량이 우수하다고 평가할 수 있습니다. 만약 이런 학생이라면 물리나 수학과목의 성적은 좋은 데 비해 다른 과목은 3~4등급 정도의 평균적인 수준이라고 하더라도 서울대에 합격할 수 있는 강점을 가지고 있다고 판단할 수 있습니다.

학생부종합전형! 학습과정에서 열정이 더 큰 학생이 이긴다!

지금까지 제가 다양한 지역과 학교의 학생들을 정확하게 평가하고 필요한 부분을 컨설팅 해서 서울대에 상당히 많이 합격시켰는데 그 중에 꽤 많은 학생들이 서울대는 생각지도 못한 경우였습니다. 그 중에 기억에 남는 학생들의 사례를 소개하겠습니다. 지방의 영재고에 다니던 학생이 있었는데 그 학생은 내신성적이 학교에서 중간 정도였습니다. 그 학생이 다니던 학교는 서울대에 10명 조금 넘는 합격생을 배출하는 정도였습니다. 내신성적이 좋지 않았기 때문에 서울대를 지원할 엄두를 내지 못하는 상황에서 2학년 겨울방학 때 저를 만났습니다. 그런데 저는 서울대에 합격할 수 있다고 판단했고 3학년 때 해야 할 교과활동과 탐구활동들에 대해서 조언을 해주었습니다.

제가 그 학생의 학습과정에서 눈여겨 본 것은 1학년 때부터 관심이 구체적으로 드러났던 생명과학 분야의 탐구과제였습니다. 2년 동안 꾸준히 했던 연구였는데, 2학년 때 물리 심화교과와 컴퓨터 알고리즘 실습에 적극적으로 참여하면서 얻은 지식을 활용해 당시 진행하던 연구에서 난관에 부딪힌 문제를 스스로 해결하고 한 차원 높은 결과물을 만들었던 내용이었습니다. 생명과학의 주제로 진행한 연구에서 전혀 다른 분야의 탐구에서 얻은 아이디어를 활용해서 창의적으로 문제해결을 했던 내용이 상당히 진실성도 있었고 창의적인 학업역량으로 평가할 수 있었습니다. 결국 그 학생은 서울대에서도 자신이 목표로 한 학과에 지원해서 합격하였습

115

니다.

또 다른 사례로는 수도권 일반고 학생입니다. 이 학생은 정말 내성적인 이과 학생이었습니다. 그리고 고1부터 제가 운영하던 학원에 다녔던 학생인데 너무 내성적이어서 저와 상담조차 하지 않았던 학생이었습니다. 그런데도 수학을 잘하는 학생으로는 기억하고 있었던 정도였습니다. 3학년에 올라와서 부모님께서 저와 입시상담을 하면서 그 학생의 생활기록부를 처음 보게 되었습니다. 그학생은 이과에 상위권 학생들이 많이 있는 남자고등학교에 다니고 있었는데 이과가 8반이 있었는데 내신 전교 석차가 30등 정도였습니다. 제가 학생의 생활기록부를 평가하면서 서울대 기계공학부를 지원하라고 했을 때 학생과 학부모 모두 깜짝 놀라는 상황이었습니다. 왜냐하면 같은 학교에 다니는 전교 1~3등 학생들에게는 서울대에 합격하기에는 학업역량이 부족하다고 평가해준 것을 알고 있었기 때문입니다.

그 학생의 경우 실제 아주 우수한 학업역량을 가지고 있었지만 전 과목 내신성적이 2등급 후반이라는 것만 생각하고 서울대는 안될 것이라고 미리 판단하고 있었습니다. 이처럼 일반고의 많은 학생들이 SKY 대학의 학생부종합전형은 내신성적이 매우 좋아야지 가능하다는 생각을 하고 있는데 이것은 입시 컨설팅을 하는 분들이 학생부종합전형의 평가기준을 정확하게 모르기 때문에 정확한 정보를 주지 않아서 학부모와 학생들이 혼란스러워 한다고 생각합니다. 이 학생은 1학년 때부터 수학과목을 탁월하게 잘했고 물리에 학습 흥미도가 매우 컸기 때문에 동아리에서 물리실험을 주도적으로 했습니다. 그리고 1학년 때 전 학년이 참여하는 수학, 물리

경시대회에서 금상을 받았는데, 이것이 큰 계기가 되어서 2학년과 3학년 1학기까지 대학 연계프로그램을 이용해서 물리실험 탐구활동을 적극적으로 했습니다. 외부활동이었지만 대학에서 지역 고교생들을 대상으로 내실 있게 운영한 실험 프로그램이었고 실험과정에 대한 평가도 공신력이 높다고 판단할 수 있는 내용이었습니다.

이 학생처럼 자신의 목표가 분명하고 그 분야에 대한 열정적인 탐구학습 과정이 있다면 서울대뿐만 아니라 모든 상위권 대학에서 좋은 평가를 할 것입니다. 자신이 원하는 기계공학과를 진학하는데 필요한 핵심적인 학업역량을 1학년 때부터 집중적으로 키운 것이 학생부종합전형의 취지에 전적으로 부합하는 내용이었다고 생각합니다. 서울대에 합격하고 나서 이 학생은 학생부종합전형에서 자신이 좋은 평가를 받은 이유를 정확하게 알게 되었고, 국어, 영어, 사회과목을 못했지만 자신의 진실한 노력과정을 평가해준 서울대학교에 감사한 마음으로 지금도 열심히 공부하고 있습니다.

학생부종합전형의 수많은 경험을 통해서 깨달은 것은 학업역량 평가에 대한 오해가 아직도 많다는 것입니다. 그렇지만 우리가 분명히 알아야 할 교훈은 자신이 목표로 하는 분야에 대해서 열정적으로 준비했느냐를 대학에서는 정확하게 평가한다는 것입니다. 우선 자신이 목표로 하는 분야가 분명하게 있다면 대학에 가서 공부하고자하는 의지가 클 것이고 그렇다면 고등학교 과정에서 그와 직접적으로 연관된 과목이나 바탕이 되는 과목에 특별한 호기심이 있어야 합니다. 따라서 모든 과목에서 좋은 성적을 받지 못했다하더라도 자신이 목표로 한 과목에서 남다른 학업 의지와 호기심이 있어야 하고 그것이 남다를 학습과정의 내용을 만들 수 있도록 노

117

력해야 한다는 것입니다.

　결론적으로 말씀드리면 학생부종합전형에서 떨어진 대부분의 학생들이 내신성적이 부족해서 떨어진 것이라고 생각하는데 그것은 오해입니다. 정확하게 말하면 자신이 목표로 하는 전공분야에 필요한 과목에서 충분한 학업역량이 부족했기 때문입니다. 즉 학습과정의 내용이 탁월하다고 평가할 수 없어서입니다. 많은 학부모들께 정확한 정보를 드리자면 학생부종합전형은 진실성 평가입니다. 점수 계산이 아닙니다. 우선 내가 대학에 가서 공부하고 싶은 분야가 무엇인지 분명히 생각해봐야 합니다. 그리고 그 전공분야를 공부하기 위해서는 어떤 과목들의 높은 학업역량이 필요한가를 생각하고, 그 과목들에서 할 수 있는 모든 열정을 다한다면 성공할 수 있습니다.

세상에는 나쁜 엄마는 없습니다. 그러나 입시에는 분명히 좋은 엄마와 나쁜 엄마가 있습니다. 자녀를 교육할 때 엄마가 될 것인가, 학부모가 될 것인가 라는 말이 있습니다. 한때는 "학부모가 아니라 엄마가 되라"는 말이 유행했지만, 저의 경험으로는 입시에서 성공하려면 '좋은 엄마'가 되어야 한다는 것입니다. 그렇다면 입시라는 측면에서 좋은 엄마와 나쁜 엄마는 어떻게 구별될까요? 간단하게 구분 지으면 좋은 엄마는 아이를 먼저 관찰한다는 특징이 있고, 나쁜 엄마는 아이에게 간섭만 한다는 특성이 있습니다. 모든 엄마들은 입시에 성공하기 위해서 많은 정보를 찾아다닙니다. 그리고 정보를 얻으면 실행할 방법을 또 찾습니다. 엄마가 아이의 학습방향이나 전략을 짜는 것은 동일하지만 이것을 아이에게 적용할 때 어떤 태도를 보이는가에서 차이가 큽니다. 입시 현장에서 많은 경험을 하면서 저 스스로 구분할 수 있었던 것은 좋은 엄마의 특성과 나쁜 엄마의 특성이 입시의 결과뿐 아니라 과정에서도 차이가 크다는 것을 알았기 때문입니다.

 좋은 엄마는 아이의 성적을 먼저 생각하는 것이 아니라 아이와 관계를 먼저 생각합니다. 그러기 때문에 지금 아이가 어떤 것에 관심이 있는지, 왜 공부를 소홀히 하는지를 먼저 관찰하고 그 이유를 생각합니다. 좋은 엄마가 되기 위해서는 인내심이 필요합니다. 즉 조바심을 내지 않고 언제까지 아이의 마음을 되돌릴 수 있을지 그리고 장기적인 계획을 위해서 지금 우리 아이를 어떻게 설득할지를 궁리하고 아이와 대화를 지속적으로 이어갑니다. 이에 비해 대부분의 나쁜 엄마들은 아이가 공부를 좀 소홀히 하고 노는 것 같으면 당장 조바심을 내고 기다려주지 못합니다. 그래서 바로 이 학원 저 학원을 돌아다니면서 엄마 혼자 무리한 계획을 짜고 집에 와서 아이에게 일방적으로 통보합니다. "너는 내일부터 어느 어느 학원에서 무슨 무슨 요일은 이 과목을 하고 다른 과목은 또 무슨 요일에 어떤 선생님하고 수업을 할 거니까 지금 하고 있는 것들은 당장 그만 둬" 이렇게 강요하듯 일방적으로 밀어붙이는 순간, 아이는 엄마를 악마로 보기 시작합니다. 아이는 지금 자기가 무슨 고민이 있는지 지금 좋아하는 것들이 왜 좋은지에 대해서 엄마에게 한 마디도 말할 수 없게 됩니다. 이것은 마치 홍길동의 마음처럼 억울하고 분할 수 있겠지요. 아이가 이런 마음을 먹는 순간부터 엄마와 아이는 전쟁 상태로 가게 됩니다.

 나쁜 엄마가 되는 길은 정말 쉽습니다. 아이를 먼저 관찰하지 않고 아이의 행동을 보고 아이의 마음이 어떤 것인지를 한 번도 깊이 고민하지 않고 오로지 아이의 성적만 생각하고 엄마의 머릿속에서 "어떻게 하면 성적을 올리지"라는 하나의 목표만을 떠올리고 빡빡하게 학원 시간표를 짜서 아이를 끌고 다니면 되는 거니까요. 이렇게 하면 아이와 바로 전쟁에 돌입하게 됩니다. 그때부터 아이는 엄마가 시킨 것에 대해서는 일단 흥미를 가지지 않습니다. 그냥 하라니까 하는 것이죠. 그리고 엄마는 아이의 마음은 보이지도 않고, 아이의 이야기는 듣지도 않습니다. 오직 성적 올리려는 목표만 생각합니다. 그런데 이런 엄마의 목표는 절대 아이의 목표가 될 수 없기 때문에 거의 대부분 실패합니다. 결과만 실패하는 것이 아니라 과정도 지옥이 됩니다.

지금까지 자식 모두를 입시에서 성공한 많은 엄마들의 공통점은 일단 급하지 않고 장기적인 과정 속에서 지금의 문제를 생각하고 해결할 수 있는 방법을 찾는 데 최선을 다하는 모습이었습니다. 그리고 정말 중요한 것은 아이와 소통을 잘한다는 것입니다. 아이와 소통을 잘하는 것은 입시에서 성공할 수 있는 가장 중요한 지혜입니다. 아이와 소통을 잘하려면 가장 중요한 것이 아이를 충분히 관찰하는 것인데, 구체적으로 말하면 지금 우리 아이가 공부를 안 하는 모습이 엄마의 눈에 많이 보이면 "왜 우리 아이가 요즘 공부를 안 하는 걸까?" 그리고 그 이유를 찾기 위해서 시간을 두고 관찰해보는 것입니다. 이때 중요한 것은 기다리며 관찰하는 것인데 기다리지 못하고 "너 왜 요즘 공부를 안 하는 거니? 이유가 뭐야 말해봐"라고 하면 소통이 안 된다는 것입니다. 그럼 언제까지 관찰해야 하는 건가요? 이렇게 물으시는 엄마들이 많으신데 그 답은

121

아이가 공부를 안 하는 이유를 찾을 때까지입니다. 이유를 찾았으면 아이가 어떤 마음으로 이런 것들을 하고 있는지를 더 생각하고 아이와 대화를 하는 겁니다. "너는 요즘 이런 것들을 좋아하는 것 같은데 그게 왜 그렇게 좋은 거니? 라고 엄마도 너를 요즘 계속 지켜보니까 니가 요즘 그걸 너무 좋아한다는 것을 알게 되었어. 근데 그 이유가 참 궁금하다" 이렇게 말하면 아이가 생각하기에 엄마가 정말 내 이야기를 듣고 싶어 하시는 구나라고 생각하게 되고 대화가 가능해집니다. 이렇게 엄마가 아이의 마음을 이해하고 대화하기 시작하면 아이는 "우리엄마는 좋은 엄마다"라는 마음이 생기고 엄마를 신뢰하게 됩니다.

6

2020
입시 대변동

내신은 학습습관이 좌우한다!

학습습관, 바꿀 수 없다! 헛수고하지 말고 내 아이에 맞는 전략을 짜라!

수시가 계속 확대되면서 내신경쟁이 치열해지고 있습니다. 그런데 "중학교 때는 늘 A등급을 받았던 아이가 고등학교가 가서는 왜 3등급을 받는지 이유를 모르겠다."라고 이야기하는 학부모들이 너무 많습니다. 그런데 아이러니하게도 이런 말을 하는 대부분의 학부모들은 그 이유를 잘 알고 있습니다. "고등학교에 가서 내신성적이 안 나오는 이유가 무엇이라 생각하십니까?"라고 물어보면 거의 모두가 "우리아이가 학습습관이 안 들어서 그런 거 같아요."라고 대답하시니까요. 초등학교 때부터 지금까지 매일 공부하는 학습습관이 안 들었기 때문에 고등학교에 와서 내신성적이 안 나오는 거니까 지금부터라도 매일 공부하는 학습습관을 만들어야 지라고 생각하고 학습습관을 만들어주는 학원을 열심히 찾아다니 시는데 그게 가능할까요?

어떤 습관이던지 오랜 시간동안 누적되어온 행동의 패턴이기 때문에 단시간에 바꾸거나 없던 습관을 생기게 하는 것은 불가능하다고 생각합니다. 더군다나 그것이 공부에 대한 습관이라면 더욱더 어렵다는 것이지요. 그래서 "공부 비법이 있지 않을까"라고 생각할 수 있지만 사실은 공부의 특별한 비법은 없고 매일매일 공부하는 습관이 공부를 잘하게 하는 비법입니다. 매일 공부하는 습관을 만들면 자연스럽게 공부의 목표가 생기고 자기 스스로 성취감을 느끼게 되어 공부를 잘하게 되는 것입니다. 실제 전교 1등을 하는 학생들을 인터뷰해보면 초등학교 때부터 스터디 플래너 쓰는 것이 습관이 되어있습니다. 스터디 플래너 관리를 통해 매일 자기가 해야 할 공부를 미리 인지하고 목표치를 정해놓고 학습을 실행해왔고 자신의 학습방법이나 계획의 허점을 발견하고 주기적으로 개선해왔기 때문에 시험을 대비한 예습과 복습의 완벽한 시스템을 구축해왔다는 것을 알 수 있습니다.

서울대를 보낸 학부모들을 많이 만나보면 특별한 공통점을 발견하게 되는데요. 아이가 초등학교에 들어가기 전부터 엄마들이 해준 것이 있습니다. 처음에는 동화책 읽어주기입니다. 그리고 초등학교에 들어가서는 매일하는 학습지를 엄마가 같이 해주는 것입니다. 그러다보면 아이는 매일 학습지 공부하는 것이 싫지 않고 즐거워집니다. 엄마와 함께 학습지를 하는 시간이 기다려지게 되는 것이죠. 그러면서 하루는 이거했다 또 어떤 날은 그냥 놀기만 했다가 다음날은 다른 걸 했다가하는 식으로 즉흥적이지 않았고, 아주 어릴 때부터 규칙적인 학습을 계획을 세워서 단계별로 발전하도록 콘텐츠도 선별하고 학습량도 조절하면서 장기간 꾸준히 엄마가 함께했고 가까이서 관리해주었다는 것입니다. 그냥 학원만 데려다주거나 "방에 가서 공부해!" "책 읽었어?" "학원숙제 했어?"라고 감독만 하는 수준으로는 아이의 학습습관은 만들어지지 않습니다. 그냥 아이는 엄마의 간섭과 통제를 피해서 자기만의 즐거움을 찾는 노하우만 발전하는 것입니다.

내신성적 1등급을 받는 것은 오랫동안 축적해온 학습습관을 바탕으로 스스로 구축한 학습 시스템이 있어야 가능합니다. 이런 학습습관이 만들어지지 않은 아이는 고등학교에 와서 7주에 한번 돌아오는 중간고사와 기말고사를 효율적으로 준비할 수 없습니다. 고3 때까지 12번 시험을 보지만 전부다 아쉬운 결과를 받게 됩니다. 7주 동안 시험 범위에 있는 내용을 충실하게 이해하고, 확인하고, 출제 가능한 모든 문제를 풀어내기에는 시간 관리에서 이미 상당히 무리가 있습니다. 시험 치기 3주 전에야 허겁지겁 문제만 풀다가 시험을 보기 때문에 늘 3~4등급을 받게 되는 것입니다. "공부 잘하는 아이들은 시험을 준비할 때 교과서를 10번 읽는다!" 일명 10회독이라는 공부법인데 이 말은 내신시험을 대비하는 데는 진리입니다. 그런데 이것은 매일매일 스스로 학습 관리를 할 줄 아는 습관이 되어 있어야 가능합니다. 실제 제가 만나본 전교 1등들은 대부분 10회독을 실천하고 있었습니다.

그럼 어릴 때부터 스스로 학습관리를 할 줄 아는 습관이 만들어지지 않은 아이는 어떻게 해야 할까요? 정답은 내신이 아닌 수능으로 전략을 세워야 합니다. 아이의 학습습관을 새로 만들면 되지 않나요? 틀린 답입니다. 학습습관이 안 되어 있는 아이들은 우선 잘하는 과목과 못하는 과목을 파악해야 합니다. 습관이 안 들은 아이들 중에서도 수능에서는 높은 성과를 낼 수 있는 경우가 많습니다. 내신은 단시간에 모든 과목을 다 대비하고 꼼꼼하게 반복하는 것이 필요하지만 수능은 일찍 시작한다면 시간이 충분히 있기 때문에 잘하는 과목은 앞서서 선행학습을 하고 또 심화문제 위주로 계속해서 학습 강도를 높여가고, 못하는 과목은 기초 개념을 익히는 데 천천히 속도를 조절하면서 1년 정도 계획을 잡고 단계별 학습을 하면 됩니다. 즉 아이의 학습 상태에 따라 전략적으로 대응할 수 있는 것입니다.

수능은 아주 규칙적인 학습습관과 고도의 학습관리 시스템이 안 되어 있어도 일찍 판단해서 효과적인 학습전략을 설계하고, 개념을 이해하는 과정과 개념을 적용하는 학습에 충분한 시간을 쓸 수 있으면, 어떤 아이라도 내신보다 더 좋은 성과를 낼 수 있는 시험입니다. 따라서 결론은 중학교 때 아이가 A등급을 받았다고 해서 우리 아이는 고등학교 가서도 내신에서 1등급을 받겠지 하고 생각해서는 안 된다는 것이고, 중학교 때까지 스스로 학습관리를 할 수 있는 습관을 기르지 못했다면 고등학교에 입학하기 전에 아이에게 맞는 학습전략이 무엇인지 빨리 판단해야 한다는 것입니다. 수능의 학습전략은 시간이 중요하기 때문에 전략적 판단이 빠르면 빠를수록 좋습니다.

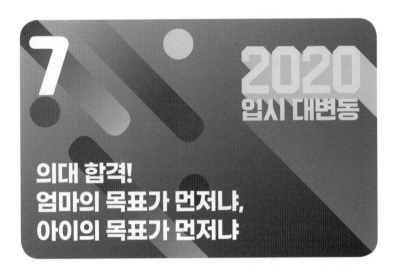

7

2020
입시 대변동

의대 합격!
엄마의 목표가 먼저냐,
아이의 목표가 먼저냐

해마다 정시모집이 끝나면 서울대, 연세대 공대 합격자들이 지방 의대로 빠져서 소위 말하는 '의대쏠림현상'을 실감하게 됩니다. 실제 강남의 많은 학부모들은 의대만 갈 수 있으면 재수, 삼수는 불사하겠다는 각오가 되어 있습니다. 그래서 수능의 모든 영역에서 1등급을 받고도 다시 재수학원에서 죽어라 수능 공부를 하는 학생들이 해마다 수천 명씩 생기는 것입니다. 이 현상을 두고 국가적 차원에서 우려스럽다고 비판하는 사람들도 많지만, 저는 입시라는 측면에서 의대를 목표로 하는 학부모들께 어떤 교훈이 필요한지만 말씀드리는 것으로 하겠습니다.

현실적으로 정시에서 의대를 지원하기 위해서는 전 영역에서 1등급을 받아야 합니다. 전국에서 4% 이내에 들어야 한다는 것이죠. 게다가 서울에 있는 주요 의대를 지원하기 위해서는 영어와 한국사를 제외하고 모든 과목에서 과목당 1문제 이상 틀리면 안 될 수 있습니다.

수능이 쉬워지면 상위 5개 의대는 거의 전 과목 만점에 가까운 점수를 받아야 합니다. 정말 수험생과 학부모들에게는 꿈같은 목표가 되는 것이지요. 그래서 서울대나 연세대 의대를 합격하면 온 동네를 넘어서 한 도시 전체가 다 알 정도로 소문이 납니다. 학교 교문에 플래카드가 걸리는 것이죠. 그럼 이렇게 어려운 의대를 합격하기 위해서는 엄마의 목표가 먼저일까요? 아이의 목표가 먼저일까요? 제 경험으로 보면 엄마의 목표가 먼저입니다.

정시로 의대에 합격한 학생의 대부분은 "너는 언제부터 의대가 목표였니?"라고 물었을 때 "글쎄요 잘 모르겠는데요."라고 답합니다. 더 심한 경우는 "저는 서울대나 연세대 컴퓨터공학과 아니면 수학과에 가려고 했는데 부모님들이 결사 반대하셔서 그냥 의대 갔어요."라고 말하기도 합니다. 수시로 합격한 경우에는 좀 덜한데요. 그래도 부모님의 권유가 절대적입니다. 참 씁쓸한 이야기는 "우리나라에서는 간절하게 의사가 되고 싶어서 의대를 꿈꾼 아이들은 의대를 못 간다."입니다. 마치 블랙코미디 영화 같은 이야기입니다. 이런 현상의 가장 근본적인 이유는 우리나라 입시에서 의대는 너무나 경쟁이 치열해서 치밀한 전략과 최적의 전술이 없으면 안 된다는 것입니다.

결국은 의대를 합격하기 위한 최고의 전략과 전술을 아이들은 못 만든다는 것입니다. 엄마가 어떻게 하느냐가 좌우한다는 것이죠. 한때 인기를 끌었던 드라마 SKY캐슬의 이야기는 수없이 의대

입시를 치렀던 저에게도 어느 정도 와 닿을 정도였으니까요. 의대를 합격하기 위해서는 이미 고등학교에 입학하기 전부터 수시로 갈 것이냐 정시로 갈 것이냐의 목표가 분명해야 하고, 수시로 가겠다는 목표이면 학교 선택부터 전략적이어야 합니다. 일단 내신성적을 전교 1등으로 만들 수 있는 학교에 배정될 수 있는 고교 선택 순위를 정해야 합니다. 그리고 나서는 한 과목도 빼놓지 않고 1등급을 받을 수 있는 전 과목 학습전략을 짜야 하고 비교과 활동 역시 과학과 인문분야에 걸쳐 치밀한 계획을 세우고 봉사활동까지 1학년 때부터 꾸준히 할 수 있는 기관을 정해두어야 합니다. 그래서 서울대 지역균형 전형부터 연세대, 고려대, 가톨릭대 추천 전형, 지방 국립대 의대 학생부종합전형까지 미리 전형에 맞게 전략을 짜서 맞춤식 준비를 해야 합니다. 정시는 더 말할 것도 없이 중학교 1학년 때부터 선행과 심화학습의 전 과목 맞춤 설계를 해야 됩니다.

"우리아이는 지가 알아서 잘하니까 내버려둬도 의대 갈 수 있지 않을까요?"라고 말하는 학부모들을 가끔 볼 수 있는데 그때마다 저는 "저분이 친엄마가 맞나"라고 속으로 생각하곤 합니다. 물론 아이가 알아서 잘해서 의대에 간 경우도 있습니다. 그런 경우는 부모님께서 전생에 나라를 구하신 이순신 장군 급의 공덕을 쌓으신 경우이거나, '하나님의 뜻'으로 생각해야 합니다.

의대를 희망하는 학부모들이 새겨야 할 교훈은 '의대는 그냥 되지 않는다.'입니다. 엄마가 분명한 목표를 먼저 가져야 되고 남보다 빨리 최선의 전략을 세워서 전 과목을 치밀하게 설계해야 한다는 것입니다. 의대에 합격하면 절반 이상이 엄마의 노력입니다. 명

심하십시오! 의대를 보내는 엄마는 강해야 합니다. 어떤 사람은 "그냥 비싼 과외 시키면 되는 거 아닌가?"라고 말하는데 천만에요. 의대는 돈만 있다고 되는 것도 아닙니다. 정답은 엄마의 확고한 의지! 엄마의 목표가 먼저고, 최선의 전략으로 믿음을 가지고 아이를 밀고나가는 엄마의 뚝심이 만들 수 있습니다.

CHAPTER 4

입시의 대변동,
어떻게 준비할 것인가

2022학년도 이후
대학입시를 준비하는
학생과 학부모를 위한 제언

1

2020 입시 대변동

2022 이후
입시 대변동의 시대
입시 전략은 없는가?

지금 이 시점에서 '2022학년도 이후 입시의 대변동은 어떤 모습일까요?'라고 물으면 입시를 조금 알고 있는 사람이라도 "내가 그걸 알면 신이지"라고 답할 수 있을 거 같은데요. 그런데 만약 저에게 묻는다면, 제가 신은 아니지만, 지금 보이는 징후들을 잘 이해하면 알 수 있다고 답할 겁니다.

이 책의 Part 2에서는 그 징후들을 미래의 교육이 보내 온 10가지 시그널로 분석해서 잘 설명하고 있습니다. 그 10가지 시그널 중에 입시 대변동의 방향을 가장 잘 알 수 있게 하는 것은 고교학점제와 교육과정의 변화입니다.

고교학점제가 전면 시행이 되는 2025학년도부터는 고교내신 평가가 절대평가로 바뀔 수밖에 없지요. 선택과목 이수 단위의 중요성이 훨씬 커지게 됩니다. 이것은 당연히 지금 공정성 제고 때문에 우왕좌왕 하고 있는 학생부종합전형의 평가에도 큰 영향을 줄 수 있습니다. 그리고 지금보다 더 많은 선택과목들이 학교 현장, 지역의 연계된 기관, 그리고 고교학점제 지원 프로그램을 통해서 개설되고 학생들이 선택할 수 있는 폭이 커집니다. 자연스럽게 평가의 공정성과 진실성의 문제가 늘 제기되고 있는 애매한 비교과 활동이 아니라 학생의 이수한 교과의 학습과정과 내용 중심으로 학생부종합전형의 평가기준이 명확해질 수 있습니다. 그 학생이 어떤 과목들을 집중적으로 선택했느냐는 본인의 진로 목표와 학습목표를 객관적으로 판단할 수 있게 해줍니다.

고교학점제가 전면 시행되면 아마도 학교 수업방식도 많이 달라질 것으로 생각됩니다. 성적경쟁이 완화되고 지필시험의 점수의 절대적 영향력은 많이 줄어들 것이고, 탐구과제의 수행능력을 좀더 중점적으로 평가할 수 있는 분위기가 생길 수 있습니다. 자신이 목표로 하는 교과를 중점적으로 선택할 수 있기 때문에 학생 입장에서도 교과수업에 더 적극적으로 참여할 것이라고 생각합니다.

당연히 교과에 대한 호기심이 커질 수 있겠죠. 그렇다면 스스로 독서활동이나 온라인 강의 등을 활용해서 교과 이상의 지식탐구 활동을 할 수 있는 여건이 좋아질 수 있습니다. 당연히 학생들은 점수가 아니라 교과의 탐구과제를 하면서 자신의 학업역량을 발전시킬 수 있게 됩니다.

교육과정 역시 2015 교육과정 개정에서 보여주었듯이 수행과제의 비중이 더 커질 것으로 예상됩니다.

지금도 진보적인 성향의 교육감들은 다음 교육과정 개정 논의에서 국제 바칼로레아(IB)과정으로 가야 한다는 입장을 보이고 있습니다. 국제 바칼로레아과정으로의 전면 개정은 현실적으로 좀 어려울 수 있지만 점차적으로 지식을 주입하는 방식의 교과 편제와 운영에서 창의적인 생각을 키워내고 발산하는 방식의 교육과정으로 개선해나갈 것이라고 생각되기 때문에 이제 교과서에서 배운 내용을 확장해서 스스로 탐구 주제를 생각하고 창의적인 문제 해결을 할 수 있는 에세이 능력을 더 많이 요구할 것이라고 생각합니다.

곧 다가올 미래가 보내오는 이 두 시그널들이 의미하는 것은 가까운 미래에 우리 입시 역시 자기주도 학습을 넘어서 창의적 탐구 학습능력을 평가의 중심으로 할 것이라고 생각됩니다. 구체적으로 말하자면 교과개념을 훈련해서 어려운 문제를 푸는 것으로 순위를 가렸던 상대평가의 수능은 역사 속으로 들어갈 가능성이 높다고 생각합니다. 그렇다면 수능은 가까운 미래에 그야말로 기초적인 학습수준을 평가하는 자격고사가 될 것이고, 학생부종합전형이 보다 더 체계적인 학업역량 평가의 기준과 방법을 가지고 입시의 대전환을 만들 것으로 전망할 수 있습니다.

그렇다면 입시의 대변동 시대를 준비하는 가장 확실한 전략은 무엇일까요? 물론 이 질문은 지금 초등학교 4~5학년 학부모들에게 직접적으로 해당되는 질문입니다. 그 답을 이 책의 Part 3에서 분명하게 말하고 있습니다. 그것은 바로 교과서와 연계하는 독서입니다. 배운 것을 상세한 내용까지 외우고 수도 없이 많은 문제를 풀어서 시험에서 실수하지 않고 답을 찾을 수 있는 학습훈련은 어쩌면 대변동의 시대에는 없어질 수 있겠다는 희망찬 기대를 해도 좋을 것 같습니다.

　우리나라 교육의 대전환과 함께 가는 입시 대변동의 모습은 아마도, Part 3에서 말하고 있는 것처럼 교과서에서 묻고 독서로 답을 찾는 공부! 그리고 거기에 자신의 생각과 다른 생각들을 향해 마음을 열고 소통할 수 있는 자세가 덧붙여져서 더 창의적인 해결 방안들을 찾아가는 그런 아이들을 기다리고 있을지 모릅니다.

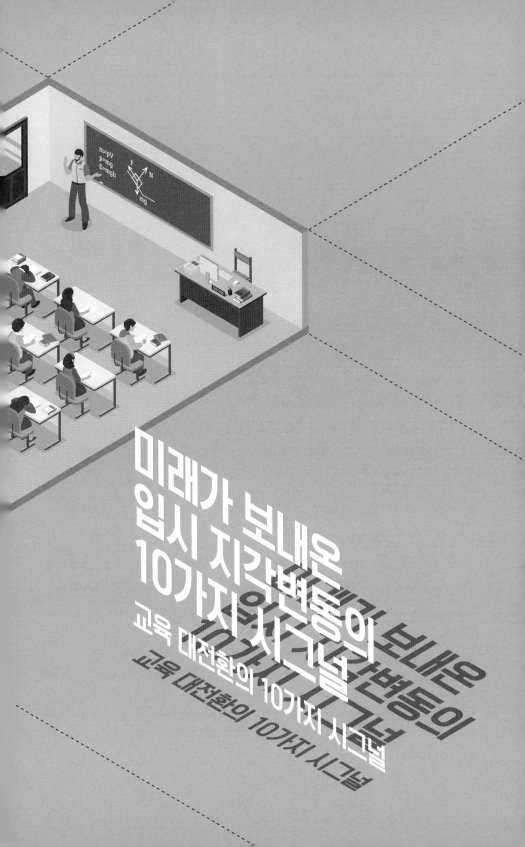

미래가 보내온
입시 지각변동의
10가지 시그널
교육 대전환의 10가지 시그널

2020
입시대변동

입시 대변동의 Signal 1

교육과정의 변화
: 입시의 지각변동 방향을 찾았다

아이들이 초등학교에 입학하면 배우는 과목도 학교 수업 내용도 그렇고 부모 시대의 학교생활과 크게 달라 보이지 않습니다. 그래서 저학년 때까지는 부모들이 직접 아이들의 공부하는 것을 돌봐줍니다. 그리고 고학년이 되면서 학원에 보내 본격적으로 경쟁을 위한 공부를 시키게 됩니다. 영어나 수학학원들을 알아보면서 입시에 대한 이야기라도 듣게 되면 아이가 잘 해낼지 걱정도 하지만 다른 한편으로는 아이가 1등을 하는 상상도 해보기도 하고 나아가 서울대에 입학하는 가슴 벅찬 미래를 꿈꾸기도 합니다.

이런 과정들을 보면 부모들의 학창시절에 공부했던 것과 별로 차이가 없어 보입니다. 그런데 과거에는 이렇게 공부를 해도 속칭 명문대학 가는 것이 크게 어렵지 않았던 것 같은데, 요즘은 이렇게 하더라도 서울에 있는 대학들조차 가기 어렵습니다. 더구나 아이들이 줄어 대학들이 폐교를 걱정한다는 뉴스가 나오는 마당에 대학 가기 어렵다는 말을 좀처럼 실감하기 어렵습니다. 하지만 '스카이'나 의치대 같은 인기학과에 가는 아이들을 주변에서 쉽사리 찾기 어려운 것을 보면 우리 아이의 미래에 대해서도 괜한 불안감이 커집니다.

우리 아이를 좋은 대학에 보내는 방법은?

그렇다면 '우리 아이를 좋은 대학을 보내기 위해선 무엇을 어떻게 준비해야 할까요?' 아이가 학교 다니는 동안 모든 부모들이 언제나 안고 사는 문제입니다. 하지만 부모들에게는 이만큼 막막한 질문도 없습니다. 그래서 비슷한 사례를 들어 이 질문에 대한 해답을 생각해 보겠습니다. '좋은 아파트를 사기 위해선 어떤 준비를 해야 할까요?' 이 질문에 담긴 의미는 아마도 살기도 좋고, 주변 환경도 좋고, 가격도 오르는 등 아파트를 둘러싼 다양한 기대를 반영하고 있을 것입니다. 이 질문은 대한민국 성인이라면 모두가 갖고 사는 문제지만 누구도 명쾌하게 대답하기 어렵습니다. 그 이유는 무엇일까요?

결론부터 말씀드리면, 아파트에 대한 개인적 가치와 시장의 환경에 대한 이해가 없기 때문입니다. 즉 아파트의 구매 목적과 구매 결정의 기준이 필요한데, 이에 대하여 개인적 가치를 먼저 생각해 보아야 합니다. 이런 생각 없이 막연하게 좋은 아파트를 물어보면 어떤 전문가도 대답할 수 없게 됩니다. 아파트를 구매하는 목적은 대부분 주거나 재테크로 나눌 수 있습니다. 목적이 정해지면 좋은 아파트의 기준들을 생각해 볼 수 있습니다.

주거가 목적이라면 교통, 교육, 환경 등 다양한 기준에 따라 아파트를 살 수 있습니다. 반면 재테크가 목적이라면 아파트가 있는 지역의 부동산시장 환경을 기준으로 결정해야 합니다. 교통망, 개발계획, 교육여건 등 가격에 영향을 줄 수 있는 부동산시장 변화의 요소들을 기준으로 결정해야 가격이 오를만한 아파트를 살 수 있습니다.

이처럼 목적을 정해 목적에 적합한 기준을 찾고 기준에 따라 아파트를 찾아서 사면 그것이 좋은 아파트입니다. 좋은 아파트를 사는 일이 쉽지 않아 보이지만 대부분 알게 모르게 이런 과정들을 거쳐 아파트를 사게 됩니다.

그렇다면 다시 대학의 문제로 돌아가 보겠습니다. 아이를 대학에 보내는 문제도 이와 같은 방식으로 생각해 볼 수 있습니다. 대학을 보내는 목적이 무엇인지, 그리고 좋은 대학의 기준은 무엇인지에 대해 먼저 생각해 보아야 합니다. 이렇게 대학을 보내는 목적과 기준이 정해지면 우리 아이에게 좋은 대학이 어떤 대학인지 구체적으로 확인할 수 있기 때문입니다. 특히 아이들과 함께 대학을 가려는 목적과 어떤 대학이 좋은 대학인지 기준을 이야기하는 것이 좋습니다.

아이들과 대화하여 대학을 가는 목적과 좋은 대학의 기준을 정한다면 아이들은 강력한 학습동기를 가질 수 있기 때문입니다. 하지만 아이들마다 대학을 가려는 목적과 좋은 대학의 기준이 다를 수 있기 때문에 여기서 일반적인 내용으로 말씀드리기는 어렵습니다. 하지만 시장과 관련한 부분, 즉 교육을 둘러싼 환경변화에 대해서는 일반적인 내용들을 말씀드릴 수 있습니다. 이러한 내용은 모든 아이들에게 똑같은 영향을 주기 때문입니다.

교육환경이 변하는 흐름과 변화가 요구하는 내용을 이해한다면 아이들의 진로와 학습방향을 명확하게 제공해 줄 수 있습니다. 즉 부모들이 교육의 방향성을 이해하여 올바른 학습방식을 제공하고 습관으로 만들 수 있다면 가족이 생각하는 좋은 대학에 갈 수 있을 것입니다.

교육환경의 변화와 요구사항을 파악하기 위해서는 정부의 교육정책을 이해하면 됩니다. 아이들의 학습과 대입에 필요한 교육정책의 대부분은 교육부가 제시하는 교육과정 안에 담겨 있기 때문입니다.

교육과정에는 우리 사회의 정치, 경제, 기술, 문화 전반에 걸쳐 일어나는 변화를 반영하여 아이들이 미래사회에서 살아가는데 필요한 역량들을 제시하고 있습니다. 이러한 역량을 키우기 위한 교육방향과 목적, 그리고 세부적인 교육내용과 방법들을 포함하고 있습니다. 교육과정에는 초중고 각급학교의 교과목, 교과내용, 수업방식, 평가방식 등의 다양한 항목들과 구체적인 내용들도 담겨 있습니다.

대입제도 또한 이러한 교육과정의 내용을 바탕으로 결정되고 개선되기도 합니다. 교육과정이 개정되면 그 목적과 내용들을 대학교육에도 반드시 반영해야하기 때문에 대입제도도 이것에 맞춰 개선되는 것입니다. 따라서 교육과정을 이해한다면 아이들의 현재

학습과정을 파악할 수도 있고 아이들에게 적용될 대입제도의 미래도 예상해 볼 수도 있습니다.

현재 우리 아이들에게 적용되고 있는 교육과정은 '2015 교육과정'입니다. '2015 교육과정'은 '2009 교육과정'이라는 큰 틀을 유지하면서 일부 내용을 개정하여 보완하였습니다.

주요 내용을 살펴보면 다음과 같습니다.[1] 초등학교의 경우 '2009 교육과정'에서는 ① 교과군이 도입되었고, ② 학년군이 설정되었으며, ③ 창의적 체험활동이 신설되고, ④ 교과별로 수업시간을 증감할 수 있도록 개정되었습니다. '2015 교육과정'에서는 1~2학년의 창의적 체험활동 영역에 '안전한 생활'이라는 교과를 신설하였습니다. 그런데 대부분의 부모들에게 적용되었던 교육과정은 제5차(1987~1992), 또는 제6차(1992~1997) 과정입니다. 현재 아이들의 교육과정을 보면 몇 차라는 차수가 빠지고 연도가 앞에 붙어 있는 것을 볼 수 있습니다. 차수가 붙은 이전 교육과정들은 5~6년에 한 번씩 정기적으로 모든 내용을 전면적으로 개편하는 형식을 취했습니다. 하지만 연도가 붙은 최근 교육과정은 상시(常侍) 개정할 수 있는 체제로 전환된 것으로 큰 틀의 개정이 있는 교육과정을 중심으로 세부내용들을 언제든지 개정할 수 있도록 만들었습니다.

교육 당국은 상시 개정 체제로 전환한 이유를 빠른 사회 변화에 신속하게 대응하기 위해 교육과정도 언제든지 개선할 수 있도록 유연성을 높인 것이라고 밝히고 있습니다.

다음으로 중고등학생과 관련한 '2015 교육과정'의 내용을 알아보겠습니다. 중고등학교의 개정 내용도 '2009 교육과정'의 주요 내용들을 따르고 있습니다. '2009 교육과정'의 주요 내용은 다음과 같습니다. 이전 교육과정에서 국민공통기본교육과정은 공통교육과정으로, 선택중심교육과정은 선택교육과정으로 명칭이 개정되었고, 공통교육과정은 초등학교 1학년부터 중학교 3학년까지 9년 동안 그리고 선택교육과정은 고등학교 1학년부터 3학년까지 3년 동안 이수하도록 규정하였습니다. 그리고 '2015 교육과정'에서는 문이과 통합교육과정으로 교과체제를 구성하였습니다. 이와 관련하여 통합과학과 통합사회가 신규 교과과정으로 개설되었습니다. 그리고 고등학교 교과과정의 편제를 공통과목과 선택과목으로 나누었는데, 국어, 영어, 수학, 사회, 과학, 한국사 등의 기본과목들을 공통과목으로, 그 외의 과목들을 선택과목에 포함하여 일반선택과 진로선택으로 나누었습니다. 특히 과학의 경우, 물리II, 화학II, 생물II, 지구과학II 등의 과목이 진로 선택과목에 포함되었습니다. 그리고 이와 별도로 전문교과를 편제하여 고교학점제 시행에 대비한 교과군을 구성하였습니다.

창의융합형 인재를 만들기 위한 교육방향

학부모들이 교육과정을 살펴보신다면 가장 먼저 눈에 띄는 내용들이 교과체제의 변화일 것입니다. 교과체제의 변화가 아이들의 수업내용과 시험과목 그리고 대입전형에 직접적인 영향을 주기 때문일 것입니다. 하지만 교과체제의 변화만을 확인해서는 교육과정이 제시하는 새로운 학습방법을 아이들에게 알려주지 못하게 됩니다. 그렇게 되면 결국 다른 학생들이 공부하는 일반적인 방식을 따라 하는 것에 만족할 수밖에 없습니다.

교육과정이 추구하는 방향과 목적을 이해하고 교육과정이 요구하는 학습역량이 무엇인지를 파악해야 아이들에게 효과적인 학습 방법을 제시할 수 있습니다. 그리고 교과체제 변화에 따른 수업방식과 평가방식에 대해 이해해야 합니다. 학교시험은 물론 대입전형도 내용들을 반영하고 있습니다. 더욱이 대학은 교육과정이 규정하는 수업내용을 성실하게 수행하고, 평가방식에 따라 우수한 성과를 얻은 아이들을 선발하기 때문에 교육과정의 이해는 무엇보다도 중요한 일입니다.

우선 '2015 교육과정'의 교육방향을 요약하면 다음과 같습니다.

- 창의융합형 인재 양성
- 문이과 통합교육 및 인문, 사회, 과학기술에 대한 기초 소양 함양
- 학습량 적정화 및 교수 · 학습 및 평가 방법 개선을 통한 핵심역량 함양 교육
- 교육과정과 수능, 대입제도의 연계, 교육연수 등 교육 전반 개선

여기서는 인재상과 핵심역량 등 큰 방향들을 중심으로 교육과정의 의미를 살펴보겠습니다. 두 번째 항목과 네 번째 항목, 그리고 세 번째 항목의 교수, 학습 방법에 관련한 내용들은 이어지는 다음 장들에서 자세히 설명하고 있습니다. 이 내용들을 참고하시면 되겠습니다.

교육방향의 첫 번째 항목은 바로 '창의융합형 인재', 즉 앞으로

우리 사회에 필요로 하는 인재상에 대해 언급하고 있습니다. 우리 사회는 '글로벌경쟁'의 흐름이 주도하던 사회에서 '4차산업혁명'의 흐름이 지배하는 사회로 변하고 있습니다. 이러한 사회적 변화를 반영하여 교육당국은 창의융합형 인재를 양성하는 것을 '2015 교육과정'의 중요 목표로 내세운 것입니다. 이처럼 교육과정의 방향이 변화하면 교육시장에는 큰 변화가 일어납니다. 예를 들어 10여 년 전 까지만 해도 영어에 대한 관심이 높았지만 최근에는 수학과 과학교육, 그리고 코딩교육의 바람이 불고 있는 것처럼 공교육과 사교육에 영향을 주게 됩니다.

그렇다면 세 번째 항목, 즉 교수, 학습, 평가 방법의 개선을 통해 추구하려는 핵심역량은 무엇이고 어떻게 교육한다는 것일까요? '2015 교육과정'에서 중요하게 생각하는 핵심 역량은 바로 창의융합형 인재가 가져야할 역량들입니다. 그 내용으로는 ① 자기관리 역량, ② 지식정보처리 역량, ③ 창의적 사고 역량, ④ 심미적 감성 역량, ⑤ 의사소통 역량, ⑥ 공동체 역량 등이 있습니다. 이러한 역량을 키우기 위해 인문학적 소양교육, 과학기술 소양교육 등의 교육방법을 제시하고 있습니다.

좀 더 자세히 살펴보면 인문학적 소양은 독서와 토론의 수업을 통해서 다양한 문화를 이해할 수 있는 능력을 키우는 것이 목적입니다. 반면 과학기술 소양교육은 과학적 지식을 바탕으로 사회적 문제들을 해결하는 학습을 통해서 문제를 합리적으로 해결할 수 있는 능력을 키우는 것이 목적입니다. 이러한 인문학적 소양교육과 과학기술 소양교육을 통해 아이들에게 창의적이고 융합적 사고 능력을 키울 수 있는 기회를 제공하겠다는 취지입니다.

그렇다면 이처럼 창의적이고 융합적인 사고를 가진 인재를 어떻게 만들어가겠다는 것인지 평가방식의 사례를 통해 간단히 생각해 보기로 하겠습니다.[2] 과거에는 교과과정이 개정되어도 수업시간에 교과내용을 이해하고 이를 암기한 후 문제풀이에 익숙해지면 학교시험에서 높은 점수를 얻는데 큰 문제가 없었습니다. 하지만 '2015 교육과정'에서는 이런 방식으로 공부한다면 100점 만점에 60점 밖에 얻을 수 없습니다. 그 이유는 대부분 학교의 내신시험에 객관식 시험과 함께 새로운 시험형태를 활용할 것을 규정했기 때문입니다.

예를 들어 객관식 시험에는 60점을 배정하고 수행평가라고 하는 새로운 시험형태에 40점을 배정하게 됩니다. 이와 함께 학교의 모든 시험에 서술형, 논술형 문제를 30% 이상 출제할 것을 요구하고 있습니다. 이런 평가방식은 현재 시도 교육청의 관리하에 전국 학교를 대상으로 시행되고 있습니다. 앞으로도 객관식 시험을 준비하기 위한 수업방식의 비중이 줄어들고 새로운 시험방식과 연계된 수업방식의 비중이 계속해서 증가할 것입니다. 따라서 우리 아이들에게도 수업활동의 능동적 참여를 전제로 한 수행평가와 깊이 있는 학습능력이 요구되는 서술형 및 논술형 문제들에 대응할 수 있는 새로운 학습방식이 필요하게 됩니다.

대입전형 중 가장 높은 비율을 차지하는 학생부종합전형(이하 학종)의 경우 위와 같은 다양한 수업활동 전반의 성과들을 바탕으로 아이들을 평가하여 선발합니다. 이러한 수업활동들의 평가기록은 학교생활기록부(이하 학생부)에 기재되는데 이또한 과거와 많은 변화가 있었습니다. 자세한 내용은 뒤에 나오는 '대학입시의 변화'

장에서 살펴보겠습니다. 따라서 아이들에게 새로운 교육환경에 올바른 학습방식을 제공하기 위해서라도 부모들이 교육과정에서 나타난 변화들을 확인하고 이해하는 일이 중요하다고 하겠습니다. 뿐만 아니라 수능에서도 명문대와 인기학과 입학을 결정짓는 속칭 킬러문제의 경우도 이젠 개별 교과 지식들을 단순히 암기하고 비슷한 문제 유형들을 반복적 연습만으로는 풀 수 없습니다. 교과서의 다양한 원리들을 복합적으로 사고하거나 다양한 교과내용들을 연계하여 창의적으로 사고할 수 있어야 해결할 수 있는 문제들이기 때문입니다. 분명히 부모들이 공부하고 시험 봤던 시절에 비해 복잡해진 것 같습니다. 물론 학교 선생들도 학생들도 만만하지 않은 교육제도입니다. 하지만 세상이 그 이상으로 복잡해지고 빠르게 변하는 탓에 교육과정의 내용도 다소 복잡하게 변한 것도 사실입니다.

이상에서 살펴본 '2015 교육과정'의 방향과 역량, 그리고 교육방식들을 종합해 보면 다음과 같습니다. 우선 '창의융합적 인재'라는 인재상을 내세우고 있습니다. 이러한 인재가 갖춰야할 역량으로 '자기관리', '지식정보처리', '창의성', '의사소통' 등을 중시하고 있습니다. 이러한 역량을 키우는 목적은 아이들이 현실에서 접할 문제들을 해결할 수 있는 생각과 방법을 스스로 학습하게 한다는 것입니다. 즉 아이들 스스로 학습을 통해 지식과 정보를 쌓아가고 이를 창의적인 사고와 타인과의 소통을 통해 해결할 수 있어야 한다는 것입니다. 이러한 역량을 가진 사람을 창의융합적 인재라고 볼 수 있다는 것입니다. 그리고 이러한 역량을 키우기 위한 방법으로 인문학적 소양과 과학기술 소양교육을 제시하고 있습니다.

이러한 주요 방법들로 독서와 토론, 과학지식을 통한 사회문제 해결 등을 제시하고 있습니다. 이를 통해 다양한 문화를 이해하고 합리적으로 문제를 해결할 수 있는 능력을 키우는 것이 목적입니다. 지금까지 살펴 본 '2015 교육방향'의 인재상, 역량, 교육방법 등을 통해 아이들 학습에 필요한 기준과 방법들을 생각해 보실 수 있을 것입니다.

창의융합형 인재로 키우기 위한 기준과 방법은?

이제 우리 아이들 학습에 대한 기준과 방법들을 생각해 보겠습니다. 이어지는 다음 장들에서 교육변화의 요인들과 함께 학습에 필요한 기준과 방법들을 좀 더 구체적으로 살펴보겠습니다. 여기서는 간단한 개념들만으로 정리해 드리겠습니다. 일단 우리 아이들을 '창의융합적 인재'라는 인재상에 적합하게 키워야 할 것입니다. 이에 필요한 역량들의 씨앗은 갖고 있는지 살펴보고, 없다면 어떻게 보완해야 할지 먼저 생각해 볼 필요가 있습니다. 다음으로 아이들의 관심을 끄는 문제가 있는지, 문제를 해결하고자 하는 동기와 호기심은 있는지 살펴보아야 합니다. 이런 것들이 없다면 어떻게 만들어 줄 수 있을지 고민해야 합니다. 여기에 덧붙여 이러한 문제를 해결할 수 있는 방법들을 알고 있는지, 모른다면 배우고 있는지도 확인해 보아야 합니다. 즉, 교육과정에서 알려주는 수업방법들을 확인하여 우리 아이가 어떤 방식에 익숙한지, 어디가 부족한지를 확인해야 합니다. 이때 부족한 방식들에 대해서 어떻게 보

149

완할지, 그 방법을 생각하셔야 합니다. 이렇게 교육과정의 목적을 이해하여 학습의 기준과 방법들을 찾아 아이들을 교육할 수 있어야 '2015 교육과정'에 적합한 아이로 키울 수 있습니다.

입시 대변동의 Signal 2

고교학점제
: 대학의 수업방식을 주목하라

요즘 고등학교 교실에서 수업을 제대로 듣지 않는 아이들이 30%, 조용히 자는 아이들이 30%라고 합니다. 그나마 수업을 방해하지 않고 조용히 딴짓을 하거나 잠만 자주기만 해도 고마워해야 한다는 한 선생님의 한탄을 들어 본 적이 있습니다. 보통 한 반에 아이들이 30여 명 정도 있다고 하니 10여 명 남짓한 아이들만 제대로 수업을 받고 있다고 할 수 있습니다.

지금 교실의 상황은 수업을 받는 아이들도 지루해하고, 이 아이들을 보고 수업하는 선생도 의욕이 나지 않을 것이 분명합니다. 하지만 이 아이들 대부분이 학교 수업이 끝나면 학원가서 수업을 듣고, 밤늦게까지 학원 숙제에 치여 살고 있습니다. 낯설지 않은 이런 상황은 오랫동안 계속되어 온 우리 교육의 현실입니다. 그래서 많은 교육담당자들과 교육행정가들이 공교육 정상화를 외치며 학교 현장의 문제를 해결하기 위한 제도들을 만들어 교육에 적용해 왔습니다. 하지만 아직도 우리 아이들의 상황이 별로 달라진 것이 없는 것을 보면 공교육 정상화를 위한 노력들이 큰 효과를 보지 못한 것 같습니다. 뒤에 살펴볼 학생부종합전형이라는 대입 전형도 공교육 정상화의 기치를 들고 시행하는 제도입니다. 그리고 이를 위해 또 다른 제도가 우리 앞에 등장하기에 이르렀습니다. 그것은 바로 2022학년도부터 전국 고등학교에서 실행할 고교학점제입니다.

대학의 수업방식이 고등학교로!

고교학점제를 가장 단순하게 설명하면, 바로 대학의 수업 진행 방식을 고등학교에 적용하는 제도입니다. 대학교 과목들은 크게 전공과목들과 교양과목들로 구분할 수 있습니다. 전공과 교양과목 안에는 다시 필수로 수강해야 할 필수과목과 자유롭게 선택할 수 있는 선택과목으로 나누어져 있습니다.

대학생은 전공과 교양과목을 신청하고 수강하여 졸업에 필요한 학점을 채우기만 하면 졸업할 수 있습니다. 요구하는 학점만 충족하면 최소 7학기만 지나도 졸업을 할 수 있습니다. 그리고 자신의 학년과 무관하게 관심만 있다면 어떤 과목도 선택해서 수강할 수 있습니다. 이렇게 대학의 수업은 개설된 과목들 중에서 필요한 만큼 수강을 신청하여 학점을 채우는 학점제를 중심으로 진행되고 있으며 학년과 관계없이 원하는 과목을 자유롭게 신청할 수 있는 무학년제가 특징입니다. 이에 반해 고등학교는 반드시 교육부가 지정한 필수과목과 학교가 선택한 선택과목들의 수업을 들어야 졸업할 수 있습니다. 그리고 수업시간은 학년별로, 학기별로 나누어져 있어 해당 학년에 들어야할 필수시간을 채우지 못하면 다음 학년으로 올라갈 수 없습니다. 고등학교 수업은 이미 지정된 과목만을 대상으로 수업이 진행되고 학년과 학기를 기준으로 정해진 수업시간을 이수해야 졸업할 수 있는 것입니다. 이처럼 고등학교의 경직된 수업체제를 대학교의 유연한 수업체제로 변경하는 제도가 바로 고교학점제[3] 입니다.

그렇다면 고교학점제를 왜 실시하려 할까요? 교육계에서는 고교학점제의 가장 큰 목적을 공교육 정상화에 두고 있습니다. 고교학점제를 실행하면 아이들이 학교 수업에 대한 의욕과 책임감이 생겨 수업 중에 딴짓 하는 아이나 자는 아이가 생기지 않을 것이라고 합니다.

아이들에게 공부하기 원하는 과목을 스스로 선택할 수 있는 학습 선택권을 주고, 일정한 수준만 충족하면 학점을 제공하는 절대평가(성취평가)로 평가방식을 전환한다는 것이 고교학점제의 주요 내용입니다.

아이들에게 학습 선택권을 주고 점수경쟁에 대한 부담을 줄여주어 아이들이 책임감을 갖고 공부할 수 있게 만드는 것이 고교학점제의 취지라고 볼 수 있습니다. 이렇게 되면 고등학교의 수업시스템이 완전히 바뀌게 될 것입니다. 지난 대선에서도 각 후보들이 이름만 다를 뿐 고교학점제를 공약으로 내세웠고, 문재인 대통령도 이 고교학점제라는 명칭 그대로 공약했기 때문에 제도의 시행은 시기가 문제일 뿐 시행되는 것은 기정사실로 받아들여지고 있습니다.

2015 교육과정에도 고교학점제 시행을 위한 요소들이 일정 수준 반영되어 있습니다. 우선 교과목을 공통과목과 선택과목, 전문교과로 나누었는데 선택과목과 전문교과의 종류가 대폭 늘어났습니다.[4] 공통과목은 대학의 필수과목에 해당하고 선택과목과 전문교과는 말 그대로 선택과목에 해당합니다. 선택과목은 일반선택과목과 진로선택과목으로 다시 나뉘어 전문과목을 포함하여 세 가지 단계로 구분할 수 있습니다. 그리고 단계 별로 많은 수의 세부과목들을 지정해 놓았기 때문에 아이들은 자신의 관심과 진로에 따라 과목을 선택할 수 있는 폭이 넓어졌습니다. 이제 아이들은 선택에 따라 저마다 다른 학습과목과 학습경로를 가질 수 있게 됩니다.

2019년 현재 고교학점제는 전국 100여 개 고등학교를 대상으로 연구학교와 선도학교를 지정하여 시범 운영되고 있는데, 이를 통해 제도적 보완점과 교육과정 개발 및 교육사례 발굴에 집중하고 있습니다.[5] 현재 중학교 1학년 학생이 고등학교 1학년이 되는 2022년에는 전국 모든 고등학교에 고교학점제가 부분적으로 도입됩니다. 그리고 현재 초등학교 4학년이 고등학교 1학년이 되는 2025년에는 고교학점제가 본격적으로 시행될 예정입니다.[6] 2022년에 개정될 차기 교육과정에서 고교학점제는 다른 교육제도와 연동하여 제도적으로 완전히 정착될 것으로 예상됩니다.

고교학점제로 시작된 교육의 천지개벽

그렇다면 고교학점제를 본격적으로 실행하기 위한 조건들은 무엇인지 살펴보겠습니다. 고교학점제가 정상적으로 운영되기 위해서는 아이들의 입장에선 기존 학업에 대한 부담이 줄어들어야 합니다. 고교학점제는 자신의 적성과 진로에 따라 관심 있는 과목을 선택하여 깊이 있게 학습해야 하는 까닭에 과도한 수업시간은 부담이 될 수 있기 때문입니다.

현재 2015 교육과정에서 총 204단위(주간 1시간 수업이 진행될 경우, 1단위)가 고등학교 수업시간으로 정해져 있는데[7], 이러한 수업 시간이 줄어 들 수 있습니다. 그리고 현재 고등학교 내신평가를 상대평가에서 절대평가(성취평가제)로 바꾸는 것이 반드시 선행되어야 할 조건으로 제시되어 있습니다.[8] 아이들을 시험에 대한 부담과 점수에 의한 줄세우기에서 벗어나게 하여 학습에 대한 관심을 깊게 만들고 자신의 잠재력을 발굴하는 것이 고교학점제의 근본 취지이기 때문입니다.

다음으로 교사의 입장에서 고교학점제를 생각해 보겠습니다. 우선 고교학점제의 성공적 시행을 위해서는 교사 업무의 조정이 필요합니다.

교사들은 수업과 행정업무를 병행하고 있는데 수업도 기존 강의와 지필고사 업무 외에도 별도의 수행평가와 비교과활동 관련한 업무가 추가되는 등 이전에 비해 업무종류도 다양해지고 업무량도 늘어났습니다. 이런 와중에 학생이 원하는 새로운 과목을 개설하여 수업을 한다고 하면 교사들부터 고교학점제 시행에 반발할 것으로 예상됩니다. 따라서 우선적으로 교사의 업무량에 대한 조정이 필요합니다. 예를 들어 행정업무를 전담할 수 있는 인력이 보강되어야 하고 교사들을 과중한 업무에서 벗어나게 해야 할 것입니다. 이와 함께 교사들의 교과에 대한 전문성을 강화해야 할 것입니다.

고교학점제를 위한 신규과목들이 기존 교과의 보충수업이나 입시용 문제풀이에 벗어나지 못한다면 아이들의 호응을 얻지 못하게 되어 제도 자체가 유명무실하게 될 것이기 때문입니다. 따라서 고교학점제를 위한 전문과목들에 대하여 기존 교과들과 차별화된 전문적인 지식을 제공할 수 있도록 교사들에게 재교육의 기회를 제공하거나 전문교사의 충원을 통해 전문성을 높여야 할 것입니다.

마지막으로 고교학점제를 둘러싼 환경 개선이 병행되어야 합니다. 우선 제도적 측면에서 필요한 조치 중의 하나가 외고와 자사고를 폐지해야 한다고 합니다. 고교학점제와 병행하여 시행되는 내신 절대평가가 실시된다면 외고와 자사고 아이들에게 유리한 환경이 만들어지기 때문입니다. 절대평가에서는 학습성취도가 일정 수준이 되면 인원에 상관없이 우수한 평가등급을 줄 수 있습니다. 따라서 내신등급에 대한 부담 때문에 그나마 지원을 고민했던 외고와 자사고에 대한 쏠림 현상이 봇물 터지듯 심해질 것이기 때문입니다. 이렇게 되면 절대 다수를 차지하는 일반 고등학교들의 부실화가 지금보다 훨씬 심해질 것입니다.

다음으로 수능시험의 모든 영역도 절대평가로 전환되어야 한다고 합니다.[9] 고교학점제가 진행되고 내신시험에 절대평가가 적용된다면, 수능시험도 점수를 따기 위한 시험, 그리고 줄세우기를 위한 시험에서 벗어나야 합니다. 그렇지 않으면 고교학점제와 내신의 절대평가도 수능시험 앞에서 유명무실한 제도가 되며, 아이들은 수능 고득점을 위해 지금처럼 사교육에 내몰려 공교육 정상화의 대의가 무너지게 되기 때문입니다.

그리고 고교학점제를 위한 수업 인프라 문제가 해결되어야 합니다. 대부분의 고등학교 재정이 넉넉치 않은 상황에도 불구하고 아이들이 원하는 과목들을 개설해야 하는 문제가 있습니다. 고교학점제의 기본 운영이 아이들이 원하는 과목 개설에서 시작되기 때문에 수업 인프라 문제는 반드시 해결되어야 합니다. 그 방법으로는 주변 지역 고등학교들이 공동으로 선택과목들 개설하여 아이들이 원하는 과목이 개설된 학교로 방문하여 수업하는 방식이 있을 수 있습니다. 그리고 'KMOOC'[10]과 같은 고등교육 전문 온라인 플랫폼과 경기도교육청의 '꿈의 대학'[11]과 같이 지역대학과 연구기관과 연계한 오프라인 플랫폼을 통해 해결할 수도 있습니다.

다음으로는 다양하고 실효성 있는 교육 프로그램의 개발이 중요합니다. 고교학점제는 아이들이 진로에 관련한 전문적 학습을 통해 역량을 개발하는 것이 중요하기 때문에 기존 학교 교육방식과는 다른 방식이 필요합니다. 대학의 산학 클러스터와 같이 지자체의 재정지원과 지역기업이 제공하는 프로그램을 묶어 아이들을 교육한다면 실질적이고 효과적인 교육방식들이 개발될 것입니다.

이상과 같이 고교학점제의 목적과 내용 그리고 시행에 앞서 해결해야 할 문제들을 살펴보았습니다. 고교학점제의 취지와 필요성은 공감이 되지만 해결해야 할 문제들을 살펴보니 만만한 것이 하나도 없습니다. 문제 하나하나가 고교학점제를 위해서 해결해야 할 문제이기 보다는 그 자체로 하나의 교육개혁으로 보입니다. 하지만 고교학점제가 위의 조건들을 해결하지 않고 진행된다면 고등학교 3년 동안 그저 서너 개의 새로운 과목을 수업하는 것에 불과한 형식적인 제도로 그칠 것입니다. 하지만 고교학점제가 그 취지에 맞게 예정대로 진행된다면 차기 교육과정에서 공식 제도로 정착되고 내신과 수능시험에 절대평가가 적용되고 외고 및 자사고 폐지가 병행되면서 아이들의 교육환경이 천지개벽 수준으로 변화할 것입니다. 이쯤 되면 고교학점제로 인한 변화에 대하여 대학은 어떻게 반응하게 될지 궁금해집니다.

다음에서는 고교학점제 진행에 따른 대학의 반응을 간략히 예상해 보겠습니다.

고교학점제를 준비하려면

대학은 언제나 우수한 학생을 뽑는 것이 목적입니다. 그렇기 때문에 어떤 아이들이 우수한가를 평가하기 위해 가능하면 평가기준을 세분화하고 정교하게 만들고 싶어 합니다. 그렇기 때문에 학생부종합전형(이하 학종)에서도 대학수학능력시험(이하 수능)에서도 기왕이면 많은 영역과 기준으로 평가하길 원하며, 아이들간의 상대평가를 통해 비교하기를 원합니다. 그런데 고교학점제가 본격적으로 시행되면 내신도 수능도 절대평가가 됩니다. 그렇게 된다면 학종에서도 학교생활기록부(이하 학생부)의 내신점수를 통해서는 우수한 학생을 가려내기 어렵게 됩니다. 그리고 수능에서도 학생들간의 성적 차이가 줄어들어 우수한 학생을 찾아내기 위한 변별력이 낮아지게 됩니다. 그렇다면 대학은 내신과 수능의 절대평가 아래서 어떻게 우수한 학생을 선발하려 할까요? 우선 학종의 경우는 학생부에서 과목별 담당교사가 작성하는 세부능력 및 특기사항(이하 세특) 항목이 중요한 역할을 할 것입니다. 그 안에 서술된 내용을 통해 아이들의 학습역량 뿐만 아니라 전공적합성을 구체적으로 확인하여 이를 평가기준으로 활용할 수 있기 때문입니다. 그리고 정시의 경우는 새로이 대학별 고사가 등장하여 수능의 낮아진 변별력을 보완할 것으로 예상됩니다. 그렇게 되면 현재 수능은 말 그대로 대학에서 수업을 수강할 수 있는 기본 능력을 검증하는 자격시험의 역할만 할 것입니다. 그리고 대학별 고사의 형태는 현재에도 시행되고 있는 대학별 고사인 논술전형의 형태를 보이지 않을까 조심스럽게 예상해 봅니다.

그렇다면 우리 아이들은 고교학점제를 중심으로 한 교육 환경 변화에 대비해 무엇을 어떻게 준비해야 할지 생각해 보겠습니다. 제도와 환경의 변화가 복잡한 것에 비해 우리 아이들이 준비해야 할 것은 오히려 단순합니다.

제도의 취지와 진행 방식에 초점을 둔다면 의외로 쉽게 준비 방법을 찾을 수 있습니다. 우선 아이들의 진로에 대한 비전을 명확하고 구체적으로 계획해야 합니다. 그래야 고등학생이 되어서 자신의 진로에 적합한 과목들을 선택하고 이에 적합한 학습계획을 세울 수 있기 때문입니다. 될 수 있으면 고등학교 입학 전까지 진로를 설정하면 좋겠지만 늦어도 고등학교 1학년 때까지는 세워야 할 것입니다. 특히 뒷장에서 살펴볼 중학교 자유학년제 제도를 활용하신다면 좀 더 효과적으로 진로계획을 세우실 수 있습니다. 그리고 모든 학생들이 필수로 이수해야 할 공통과목들의 기초 학습을 탄탄하게 다져야 한다는 것입니다.

과목종류와 수업방식이 다양해지면서 모든 과목들을 과거 주입식 학습, 즉 강의, 노트, 암기, 문제 풀이의 획일적인 학습방식으로는 좋은 성과를 얻을 수 없습니다. 공통과목들에 나오는 학습 개념과 내용들을 충분한 시간을 두고 소화해야만 기초를 다지고 학습능력을 만들 수 있습니다. 그렇지 않으면 일반선택, 진로선택, 전문교과 등 다양하고 전문적인 과목들을 학습하기 위한 기초 역량을 갖지 못할 것입니다. 예를 들어 수학공식을 단순히 암기만 하여 증명과정에 대한 이해가 부족하다면 다양한 응용문제들을 해결하는데 어려움을 겪게 되는 것과 비슷하다고 볼 수 있습니다.

마지막으로 자신 스스로의 계획과 의지로 학습할 수 있는 자세를 반드시, 꼭, 키워야 합니다. 고교학점제로 학생마다 제각각 학습 경로와 과정을 갖게 되므로 지금과 같은 사교육 형태를 통해서는 아이들의 다양한 학습 문제들을 일괄적으로 해결해 줄 수 없기 때문입니다.

입시 대변동의 Signal 3

자유학년제
: 학습을 위해 꿈과 끼를 발산하라

얼마 전 초등학교 5학년 여학생에게 장래 희망을 물어볼 기회가 있었습니다. 평소 유머도 있고, 내숭도 있고, 학습태도도 나름 성실한 학생이라 어떤 대답을 할지 무척 궁금해졌습니다. 그런데 아주 뜻밖의 대답을 듣게 되었습니다. "건물주요!" 당차게 대답하는 아이의 얼굴을 보며 당황스러운 표정을 감추기 힘들었습니다. 표정을 추스르고 차분히 그 이유를 물었습니다. 아이의 이유를 듣고 나니 아이가 그런 꿈을 갖게 된 이유를 이해하게 되었습니다.

명문대학을 나온 자기 부모님은 모두 직장인이라 일에 지쳐 놀아 줄 시간도 없는데, 건물주인 외삼촌 부부는 언제나 사촌동생과 놀아주고 여행도 자주 다닌다고 했습니다. 그래서 좋은 대학을 나와 직장에 가는 것보다는 돈 많은 건물주가 행복하기 때문에 건물

161

주가 되는 것이 꿈이라고 하였습니다. 그래서 한 가지 질문을 덧붙였습니다. 무엇을 해서 건물주가 될 것인지 물어보았더니 거기까지는 아직 생각하지 못했다는 짧은 대답이 돌아왔습니다. 이 아이가 이런 이야기를 하는 것은 충분히 이해가 갑니다. 빈부격차니 신자유주의니 거창한 얘기를 꺼내지 않아도 자신의 경험 속에서 느낄 수 있는 너무나 자연스러운 바람이었습니다. 하지만 아이의 대답에 대해 한 가지 중요한 문제가 있습니다. 건물주라는 꿈에 문제가 있다는 것이 아닙니다. 하지만 정말 건물주가 꿈이 될 수 있기나 한 것일까요?

꿈이 있는 아이, 하지만 꿈의 의미를 잃은 아이

아이는 건물주가 되고 싶은 것은 외삼촌처럼 돈이 많은 상황을 부러워했기 때문입니다. 건물을 소유하여 얻게 되는 결과, 경제적으로 여유 있는 상태가 되고 싶은 것입니다. 하지만 이 아이는 어떤 직업을 가져 돈을 벌지, 어떤 일을 해서 돈을 벌지에 대해서는 관심이 없었습니다. 결국 꿈은 없이 꿈을 통해 이루고자 하는 결과만을 생각했던 것입니다. 그렇다고 돈을 많이 갖고 싶은 희망을 탓할 생각은 전혀 없습니다만 돈을 많이 갖기 위해 어떤 꿈을 가져야 할지에 대해 알려줄 필요는 있을 것 같습니다. 그렇다면 요즘 학생들의 꿈, 즉 선호하는 직업들이 무엇인지 궁금해집니다.

과거와 큰 변화가 있을까요? 초중고학생이 가장 선호하는 직업 중 교사가 여전히 1~2위를 차지하고 있습니다. 초등학생의 경우 운동선수와 의사, 중학생은 경찰관과 의사, 고등학생은 간호사와 경찰관이 3위권을 형성하고 있습니다. 10여 년 전 연예인, 법조인, 공무원 등이 높은 순위를 차지했지만 지금은 요리사, 유튜버(인터 넷방송 진행자), 뷰티디자이너 등이 이들을 대체하고 있습니다.[12]

여전히 교사가 높은 순위를 차지하고 있다는 사실에 대해서는 왠지 긍정적인 생각이 듭니다. 교사의 인기는 여전하지만 교육대 학의 위상은 과거에 비해 크게 변했습니다.

서울대를 포기하고 서울교대에 입학했다는 학생들이 있다고 할 정도로 교육대학의 입학 수준이 대폭 높아졌습니다. 그런데 10년 전에도, 20년 전에도 교사가 희망하는 직업 1순위였지만 교육대학 이 지금처럼 입학하기 어려운 학교는 아니었습니다. 학생 수도 줄 어들고 있는 마당에 왜 교육대학의 위상이 이렇게 높아졌는지 궁 금해집니다. 그것은 바로 교사의 꿈을 갖게 된 이유가 변했기 때문 이라고 생각합니다. 과거에는 아이들의 순진한 바람에서 교사를 선망했다면 이제는 안정적인 직업이라는 부모의 현실적인 필요가 개입되었기 때문이라고 생각됩니다. 그래서 교육대학에 입학하기 위한 경쟁이 더욱 치열해진 것이 아닐까 생각됩니다.

최근 고등학생들에게 인기 있는 직업들도 간호사, 경찰관이라고 하니 순수한 동기보다는 현실적인 문제가 꿈을 결정하는 이유로 생각됩니다. 그렇습니다. 요즘 아이들은 무엇인가 하고 싶은 일을 생각하기도 전에 경제적 결과를 먼저 생각하고, 하고 싶은 직업들 의 이유도 직업의 안정성에 집중되고 있습니다.

하지만 모두가 많은 돈을 벌 수 있는 직업을 가질 수 없고, 모든 학생이 안정적인 직업을 가질 수 없습니다. 보다 중요한 사실은 이러한 일과 직업을 갖는다 할지라도 아이들이 좋아하는 일인지, 잘 할 수 있는 일인지, 그래서 평생 만족할 수 있는 일인지 확신할 수 없다는 것입니다.

부모는 아이들이 경제적인 부와 안정적인 직업을 갖는 것만으로도 만족할지 모르겠지만, 아이들이 평생 만족할 수 있는 직업을 갖는 것은 별개의 문제입니다. 물론 세태를 반영하여 부와 안정이 따르는 직업을 찾는 것도 필요합니다. 하지만 아이가 좋아할 수 있는 일, 잘 할 수 있는 일 그리고 보람을 얻을 수 있는 일을 함께 고민해 보는 것도 필요할 것 같습니다.

두 가지 목적을 충족할 수 있는 직업을 찾을 수만 있다면 최선의 결과가 될 수 있기 때문입니다. 그래서 모든 학생과 부모들이 이러한 고민을 해결할 수 있도록 교육과정에서 시간과 방법을 제공하고 있습니다. 그러한 교육과정이 바로 자유학년제입니다.

교육 당국은 중학교 1학년이 입시에 대한 부담이 가장 적은 시기라고 판단한 모양입니다. 그래서 중학교 1학년 때 수업과 시험의 부담에서 벗어나 학생들의 꿈과 끼를 찾아 진로를 탐색할 수 있는 기회를 제공했습니다. 제도가 도입된 2013년에는 한 학기만 시행하였는데 2018년부터 1년으로 늘렸습니다. 현재 전국 중학교의 약 69%인 2,216개 중학교들이 자유학년제를 운영하고 있고, 경기, 광주, 강원교육청 산하 모든 중학교는 전면적으로 시행하고 있습니다.[13]

꿈과 끼! 학습을 위한 강력한 동기가 된다

이제 자유학년제의 내용에 대해서 구체적으로 확인해 보겠습니다. 수업 시간은 중학교 1년 동안 총 221시간, 주당 수업 시간으로는 13시간 정도가 배분됩니다. 자유학년제가 진행되는 1년 동안은 오전에 일반교과 중심으로 수업하고 오후에는 네가지 영역의 자유학년제 활동으로 수업이 진행됩니다.

자유학년제 활동은 다음과 같은 네 가지 영역들을 대상으로 자유롭게 선택하여 진행됩니다. 네가지 영역은 진로탐색 활동, 주제선택 활동, 예술과 체육 활동, 동아리 활동으로 구성되는데 주제선택 활동은 반드시 선택해야 할 필수 영역입니다. 영역을 선정하면 아이들은 토론, 문제해결, 의사소통, 실험과 실습, 프로젝트 학습 등의 활동을 하면서 수업을 하게 됩니다. 그리고 중간고사와 기말고사 등 지필고사 형식의 평가도 없앴으며, 성취평가도 하지 않는 등 일체의 평가를 배제하여 성적에 대한 부담을 없앴습니다. 다만 생활기록부의 세부능력 및 특기사항 항목과 자유학기 활동상황 항목에 아이들의 활동 내용과 특기사항을 문장으로 기술하도록 하였습니다.[14]

이처럼 자유학년제의 수업은 기존 수업방식과는 많은 차이점들이 있습니다. 자유학년제는 아이들의 꿈과 끼를 찾는데 가장 큰 목표를 두고 있습니다. 즉 아이들이 활동을 통해 진로를 탐색해 보고 자신의 잠재력을 찾을 수 있는 기회를 제공하는 데에 의의를 두고 있는 것입니다. 그래서 교육당국이 지정한 교과목들을 벗어나 아이들 스스로가 선호하는 영역을 선택하여 능동적으로 참여하고 주도적으로 학습활동을 할 수 있는 경험을 할 수 있습니다. 특히 평가방식도 학습활동 중에 나타난 아이들의 행동과 생각을 관찰하여 성장하고 발달하는 과정들을 정성적으로 평가하게 됩니다.

자유학년제가 끝난 이후에도 자유학년제 활동과 연계하여 실습 수업 및 학습활동을 지속할 수 있는 연계학기를 실시하고 있습니다. 이것은 과정 중심의 평가를 지속하여 자유학년제에서 얻은 효과를 확대하고 발전시키려는 의도라고 볼 수 있습니다. 결국 자유학년제는 아이들이 시험 부담에서 벗어나 토론과 실습, 프로젝트 등의 형식과 진로탐색 등 다양한 체험활동 등의 내용으로 수업을 진행하는 수업과정을 말합니다. 따라서 학교와 교사에게 수업내용과 진행방식을 결정할 수 있는 재량을 주었기 때문에 수업을 유연하게 운영할 수 있습니다. 이러한 수업과정이 아이들에게 꿈과 끼를 찾을 수 있는 실질적인 기회를 줄 수 있다고 생각했기 때문입니다.

하지만 아직까지는 아이들이 자유학년제 기간 동안 수업을 통해 진로에 대한 꿈과 학습의 잠재력을 찾을 수 있으리라는 생각은 이상적인 것 같습니다. 학교는 나름대로 취지에 맞는 수업활동과 평가방식을 만들어 수업을 운영하고 있습니다만 이것으로는 부족하기 때문입니다. 더욱이 가정에서도 이 제도의 취지를 긍정적으로 수용하여 함께 고민하고 적합한 방법을 찾는다면 아이들의 꿈과 끼를 찾는데 더욱 큰 효과를 볼 수 있을 것입니다.

그렇다면 학생들과 부모들은 실제로 자유학년제에 대해 어떻게 생각하고 있고 이 기간을 어떻게 활용하고 있을까요? 경기도 한 중학교의 조사[15]를 보면 아이들의 70% 이상이 자유학년제의 취지에 대체적으로 공감하고 있으며, 수업 종류와 방법에 대해서도 긍정적으로 평가하고 있습니다. 특히 80% 이상의 학생들이 자유학년제 수업에 적극적으로 참여하였으며, 이를 바탕으로 자신의 꿈과 끼를 찾는데 도움이 되었다고 대답했습니다.

이에 반해 부모들은 어떻게 생각할까요? 부모들도 자유학년제의 취지에는 대체적으로 공감하고 있습니다. 하지만 대다수의 부모들은 초등학교에 이어 시험없는 학교생활이 연장된다는 것에 대해 불안감을 갖고 있습니다.

공식적인 시험 없이 수업을 하기 때문에 아이들이 공부를 소홀히 하지 않을까 우려하기 때문입니다.[16] 그래서 많은 부모들은 자유학년제 기간을 국영수 선행학습과 부족한 과목을 보완하기 위한 사교육의 기회로 활용하고 있습니다.

부모들의 이런 걱정을 탓할 수도 없고 자유학년제를 국영수 과목들에 대한 학습의 기회로 선택하는 것을 막을 수도 없습니다. 하지만 자유학년제에 대한 아이들의 평가와 만족도가 높은 만큼 아이들의 미래에 대한 꿈과 학습에 대한 잠재력을 발견하는데 필요한 활동들이 반드시 병행되어야 한다는 점을 강조하고 싶습니다.

앞으로 교육과정과 입시제도의 변화를 예상해 보았을 때 아이들이 학습에 대한 동기를 발견하고 학습역량을 확인하는 것이 점점 더 중요해질 것이기 때문입니다.

아이들이 상위 학년에 올라가거나 상급학교에 진학하면 대폭적으로 늘어나는 학습량과 치열한 성적 경쟁으로 인해 많은 부담을 갖게 됩니다. 이때 학습동기와 학습역량이 제대로 형성된 아이와 그렇지 않은 아이는 학습과정은 물론 성과에서도 큰 차이를 보이고 있습니다. 그렇기 때문에 이 시기에 아이들이 자신의 꿈과 끼를 발견하여 학습동기와 역량을 형성해야 앞으로의 학습을 꾸준하게 유지할 수 있습니다.

그리고 초중고 시절 내내 국영수에서 우수한 성적을 얻은 아이들조차도 고3이 되면 진로에 대한 고민을 다시 하고 입시에 필요한 학습과정들을 이겨내는데 많은 부담을 갖고 있습니다. 이 아이들은 국영수에서 우등생이라는 훌륭한 입시수단을 갖긴 했지만 그 수단을 어디다 써야 할지, 무엇을 위해 써야 할지를 생각하지 않았기 때문입니다.

이런 아이들도 학습에 대한 목표, 즉 학습동기가 제대로 세워지지 않았다고 볼 수 있습니다. 게다가 입시 준비를 제대로 하기 위해서는 많은 학습량을 소화할 수 있는 학습태도와 다양한 과제들을 해결하기 위한 학습역량이 필요합니다. 하지만 점수를 받는 요령이 학습태도와 역량까지 보장하는 것은 아닙니다. 그렇기 때문에 국영에서 높은 점수를 받았다 할지라도 학습량과 학습과정의 변화에 언제든 부담을 가질 수 있게 되는 것입니다. 이처럼 학습동기와 학습역량을 바탕으로 만든 학습태도는 어려서부터 시간을 갖고 만들어 가야 합니다.

이렇게 본다면 자유학년제 기간에 아이들의 꿈과 끼, 즉 진로에 대한 목표를 찾아 학습에 대한 동기를 얻고, 학습에 필요한 잠재력을 발견하여 스스로 학습할 수 있는 역량과 태도를 쌓아가는 것은 교육적으로도 의미가 크다고 할 수 있습니다.

자유학년제를 잘 보내려면

그렇다면 우리 아이들을 위해 이 시기를 어떻게 보내야 학습동기와 학습태도를 올바르게 세울 수 있을지 생각해 보겠습니다. 주요 과목들의 기초학습은 분명히 필요합니다. 다만 문제풀이를 통한 선행학습이 아니라 기초적인 개념에 대한 학습이 필요합니다. 즉 국영수뿐만 아니라 필요하다면 사회나 과학까지도 기본학습개념들을 폭 넓고 깊게 이해할 수 있도록 지도해야 합니다. 이렇게 학습개념을 정확하게 이해하고 이를 통해 교과서의 내용을 깊이 있게 소화하는 것이 향후의 학습과정에서 기초가 될 것이기 때문입니다.

학습개념들을 단순하게 암기하여 문제를 푸는 요령을 터득하는 것은 이 시기가 지나서도 충분히 할 수 있습니다. 그리고 독서를 통해 간접경험을 늘려 주십시오. 아이들에게 꿈을 찾도록 도와주는 것은 중요합니다만 구체적인 방법을 찾는 것은 만만한 일이 아닙니다. 하지만 독서를 통해서 다양한 분야의 학문과 직업 세계들을 접해 볼 수 있습니다. 초등학교 때 독서습관이 형성된 아이들이라면 훨씬 수월하겠지만 그렇지 않으면 이 시기에 독서습관을 만들어 주어야 합니다.

학습의 기초는 독서입니다. 이 시기에 독서습관을 만들지 못한다면 다시는 기회가 없을 수 있습니다. 그리고 이때 중요한 사실은 특정 분야에 편중되지 않고 다양한 분야의 도서들을 고르게 접해 보는 것입니다. 그래야 아이들이 몰랐던 분야에 대한 이해와 관심을 가질 수 있고 자신의 꿈과 연결시킬 수 있는 기회를 가질 수도 있습니다. 독서와 관련한 학습은 뒤에 이어지는 장에서 좀 더 자세히 설명 드리겠습니다.

마지막으로는 아이들이 학습한 내용에 대해 다른 사람 앞에서 이야기할 수 있는 기회를 갖도록 하는 것입니다. 즉, 교과학습, 독서나 영화 감상, 체험활동 등 학교와 가정에서 주기적으로 수행하는 학습활동에 대해 아이들이 직접 설명해 보는 것입니다. 아이의 설명에 대해 부모는 (가르침과 평가가 아닌) 의견을 제시하고 다시 아이의 의견을 받는 토의의 시간을 갖는 것입니다. 이러한 활동을 통해 아이들은 설명하면서 학습내용에 대하여 깊이 있는 이해를 하게 되고 학습과정을 재점검할 수 있는 기회를 갖게 됩니다. 그리고 이러한 대화가 정기적으로 진행된다면 아이들도 자신의 학습방식에 적합한 학습계획을 만들어 갈 수 있을 것입니다.

마지막으로는 자유학년제 기간 동안 담임교사와의 상담을 충분히 활용하시기 바랍니다. 자유학년제 평가가 아이들의 학습활동 과정에 나타나는 장단점을 관찰하여 서술하게 됩니다. 따라서 아이들의 학습활동에서 나타난 구체적인 사실들을 상담을 통해 확인하실 수 있으며 이를 통해 아이들을 실질적인 지도 방법을 찾을 수 있습니다. 그리고 다른 아이들과 비교를 통해서 우리 아이들이 학습활동에 얼마나 적극적인지, 지적 호기심은 어느 분야에서 나타나는지, 또는 그 정도가 어느 수준인지 등에 대한 정보도 얻으실 수 있습니다.

Signal 4

입시 대변동의

입시의 환경
: 공정과 타당을 선택하는 법

현재 대학을 입학할 수 있는 시험 전형 방식은 크게 두 가지입니다. 우선 수시전형과 정시전형으로 나눌 수 있는데, 수시전형은 다시 교과전형과 종합전형, 그리고 논술전형과 실기·특기전형으로 나뉠 수 있습니다. 이중 교과전형과 종합전형은 학생부 기재 사항들을 중심으로 평가하게 됩니다.

정시전형은 수능 성적만을 평가 기준한 수능전형과 수능 성적이 일부 반영되는 실기·특기전형으로 구분됩니다. 수시전형은 수능 시작 전인 9월에 총 6개 대학까지 지원할 수 있고, 정시전형은 수능 성적이 발표된 후인 12월부터 3개 대학까지 지원할 수 있습니다. 따라서 아이들은 한 해 동안 정시전형과 수시전형을 통해 최대 9개의 대학까지 지원할 수 있습니다.

최근까지 대학입학 정원은 수시전형이 늘고 있으며, 정시전형은 줄어드는 추세에 있었습니다. 특히 서울대는 학생부종합전형(이하 학종)이 중심인 수시전형의 선발 비율을 80%까지 늘렸으며, 이에 반해 수능전형이 중심인 정시전형 선발비율을 20%까지 낮추었습니다.

서울 주요 대학들도 학종 중심의 수시 선발 비율을 70%까지 올리는 등 서울 주요 대학들은 학종을 선호하는 모습을 보이고 있었습니다.

공정한 시험과 타당한 시험

그런데 최근 들어 학종의 공정성이 도마에 올랐습니다. 이전부터 학종에 대한 불신이 있었지만 최근 조국 장관의 이슈로 인해 학종의 공정성에 대한 문제가 다시 불붙게 되었습니다.

학종에 대한 문제로 인해 수능에 대한 국민적 요구가 높아지면서 대통령도 수능을 통한 선발 비율을 늘릴 것을 교육부에 지시하였습니다. 하지만 이러한 대통령 지시의 발표가 끝나기 무섭게 수능의 공정성에도 문제를 제기하는 여론이 일어났습니다. 그리고 수능이 교육적으로 타당한 시험인가에 대해서도 문제 제기를 하는 여론도 생겨났습니다.

이래도 문제, 저래도 문제, 정말 답이 없어 보이는 입시 논쟁들이 꼬리에 꼬리를 물고 일어나고 있습니다. 이쯤 되면 부모들도 어떤 대입시험이 우리 아이에게 유리할지 궁금해지실 것입니다.

하지만 불행히도 이러한 입시 논쟁을 통해 언급된 사실들만으로는 아이에게 유리한 전형을 판단할 수는 없습니다. 그전에 입시 논쟁 속에 담긴 교육과정의 방향과 내용을 이해해야 우리 아이에게 어떤 입시가 유리한지, 그리고 어떻게 입시를 준비해야 할지 파악할 수 있게 됩니다. 그 이유는 대학입시도 교육과정의 내용을 반영하고 있고 교육과정은 입시와 연계된 수업내용에도 영향을 미치기 때문입니다. 따라서 교육과정의 방향과 내용을 이해할 수 있어야 제대로 공부할 수 있고 입시 내용도 제대로 파악할 수 있습니다.

이 책의 앞부분에 설명한 바와 같이 입시논쟁의 본질은 공정성과 타당성에 대한 논란이라고 요약할 수 있습니다. 입시는 모든 아이들을 공정하게 평가할 수 있는 형태이면서도 우리 아이들을 올바르게 교육할 수 있는 타당성을 가져야하기 때문입니다.

두 가지 기준이 서로 상반되는 성격을 갖고 있지 않음에도 불구하고 입시 형태에 따라 공정성이 문제가 되기도 하고, 타당성이 문제가 되기도 하기 때문에 대립하는 것처럼 보이기도 합니다.

그렇다면 타당성이 높은 입시제도와 공정성이 높은 입시제도는 무엇일까요? 결론부터 말씀드리면 우리 아이들을 올바른 교육으로 이끌 수 있는 교육적 타당성이 높은 입시는 학종이라고 할 수 있습니다. 반면에 공정성이 높은 입시제도는 모든 아이들을 시험을 통해 점수를 기준으로 평가할 수 있는 수능이라고 할 수 있습니다. 각각의 입시 제도는 공정성과 타당성 요소들을 모두 갖고 있습니다.

하지만 어느 제도도 타당성과 공정성 어느 하나도 기준을 완전하게 만족시키는 것은 아닙니다. 다만 공정성과 타당성 중에 하나의 기준에서 한 제도가 다른 제도에 비해 상대적으로 높다고 밖에 말할 수 없습니다. 그렇다면 지금의 입시 논란은 각각의 교육주체들이 자신의 입장에서 긍정적 측면과 부정적 측면을 조금은 과장된 형태로 주장한다고 볼 수 있습니다.

그럼에도 교육적 효과를 생각했을 때 학교 수업에서 모든 아이들이 진로에 따라 이에 적합한 과목을 선택하여 공부할 수 있고, 이 과정에서 학습적 잠재력을 개발할 수 있다면 일단 타당한 교육방식이라고 볼 수 있을 것입니다.

학습과정도 일방적인 강의식 수업과 암기한 지식을 평가받는 것이 아니라 독서, 글쓰기, 토론, 발표, 프로젝트, 탐구조사 등 다양한 학습활동을 통한 수업과 이때 드러난 학습역량을 평가받는 것이 교육적으로 좀 더 유용한 방식이라고 볼 수 있습니다. 평가과정도 줄세우기식 상대평가를 지양하고 성취수준 별로 절대평가를 한다면 주입식 학습에 대한 부담을 줄여 능동적으로 수업에 참여할 수 있는 환경을 만드는 것이 교육적인 효과가 높다고 말할 수 있습니다.

이러한 과정에서 아이들이 보여주는 특이사항들을 관찰하여 3년 동안 학생부에 기록한다면 대입을 위한 평가자료로 충분하지 않을까 생각됩니다. 그렇기 때문에 이처럼 이상적인 교육과정을 전제하고 있는 학종이 교육적으로 타당성이 높은 전형이라고 할 수 있습니다. 하지만 이러한 교육과정을 실현하기 위해서는 반드시 함께 해결해야 할 교육제도들이 있습니다.

새로운 수업내용과 방식이 규정된 교육과정, 다양한 과목의 선택이 가능한 고교학점제, 줄세우기식 평가를 대체하는 절대평가

등이 함께 도입되어야 학종의 실질적인 타당성이 생길 수 있고, 더 나아가 공교육의 정상화가 이루어질 수 있습니다.

이에 반해 수능 시험을 위한 학습과정과 전형 자체는 단순하고 명확하기 때문에 공정성은 높다고 할 수 있지만 교육적인 타당성, 즉 올바른 교육을 위한 제도라고 말하기는 쉽지 않습니다.

교육적 타당성을 높이기 위하여 여러 제도들이 현재 시행되고 있습니다. 우선 현재 각급 학교에는 2015 교육과정이 적용되어 있습니다. 이 교육과정에서는 창의융합형 인간을 4차산업시대의 인재상으로 설정하고 이러한 인재를 키우기 위한 학습과정을 주요 내용으로 개정하였습니다.

새로운 교과체제와 수업내용을 중심으로 다양한 교수, 학습, 평가 방식을 공식화하여 아이들마다 핵심역량을 개발할 수 있도록 하고 있습니다. 특히 고등학교의 경우에는 문과와 이과 계열 구분을 없애고 문이과 통합 교과과정을 구성하여 융합적 사고능력을 키울 수 있도록 하였습니다. 그리고 교과군을 보통교과와 전문교과로 분류하고 선택과목과 전문교과를 다양화하고 아이들의 학습선택권을 강화하여 진로에 따라 전문성을 키울 수 있도록 하였습니다.

다음으로는 고교학점제를 현재 시범 실시하고 있고, 2025년에는 신입생부터 전면적으로 실시할 예정입니다. 고교학점제를 통해 2015 교육과정에서 지정한 전문교과들을 정규 수업으로 도입할 수 있도록 교육과정도 개편될 것으로 예상됩니다.

마지막으로 이러한 제도를 뒷받침하기 위해 학교 수업에 이루어지는 모든 수업평가를 상대평가에서 성취평가(절대평가)로 전환할 예정입니다. 이를 통해 아이들의 학습에 대한 부담을 줄이는 한편 깊이 있는 학습과 실질적인 학습활동을 할 수 있는 환경을 만든다는 취지입니다.

이러한 교육제도들과 실시 시기를 고려한다면, 앞으로도 학종의 필요성이 줄어들지는 않을 것으로 판단됩니다. 학종의 공정성의 문제가 드러나 수능을 통한 선발 비율이 늘어난다 할지라도 학종의 공정성이 개선된다면 언제든지 학종의 비율도 조정될 여지가 있다고 생각됩니다.

교육 당국은 공교육 정상화라는 대의명분 아래 교육격차를 해소하고 입시의 공정성을 높이기 위한 방향으로 교육정책을 추진할 것입니다. 이러한 기조 하에서 2025년까지 실시한다고 하는 외고, 자사고의 전면 폐지도 현실화될 것으로 예상됩니다. 이미 2015 교육과정에서의 교과 편제와 수업 시수 배정 방식을 고려한다면 일반고도 외고나 자사고 형태의 특성화된 교과 구성을 할 수 있기 때문입니다. 따라서 교육당국은 우수한 학생들을 선점하여 학교 서열화를 부추기고 있는 외고나 자사고를 굳이 유지할 이유가 없다고 확신할 것입니다.

오히려 우수한 학생들을 일반고로 분산시켜 고등학교의 다수를 차지하는 일반고의 학업 수준을 높이는 것이 공교육 정상화의 취지에 부합할 수 있다고 생각할 수 있습니다. 다만 일반고가 기존 외고와 자사고의 우수한 교과 프로그램을 도입할 수 있는지 그리고 외고와 자사고 수준의 우수한 교육환경을 조성할 수 있는 재원을 확보할 수 있는지가 문제가 될 것입니다.

다만 영재고나 과학고의 경우 존속할 것으로 예상됩니다. 이들

학교의 교육과정은 우수한 과학인력을 양성하기 위한 일반학교들과 차별화한 수업들로 이루어집니다. 따라서 이들 학교는 앞으로도 입시, 특히 수능을 통한 정시에 초점을 두지 않을 것으로 생각됩니다. 오히려 우수한 교과 프로그램을 바탕으로 학종을 통한 대입정책을 유지할 것으로 판단되기 때문에 학종 자체의 필요성은 더더욱 줄어들지 않을 것으로 판단됩니다.

이렇게 교육환경이 바뀌게 된다면 일선 고등학교도 변화를 모색할 것입니다. 더욱이 2025년까지 외고나 자사고가 없어진다면 학교 종류와 이름만으로 아이들을 유인할 수 없을 것입니다. 그렇다면 많은 아이들을 유치하기 위해 고등학교는 주력할 입시전형을 선택하여 교육체제를 구성할 것으로 예상됩니다.

우선 특성화된 교육 프로그램을 내세워 학종을 지향하는 학교들이 늘어날 것입니다. 이러한 학교는 외국어, 인문, 사회, 과학, 기술, 예체능 중에서 아이들의 수요가 많을 분야의 교과들을 선택하여 특성화된 교과체제와 교육과정을 구성하고 학종에 유리한 프로그램을 만들 것입니다.

지금도 학종의 입시결과를 보았을 때, 일반고 학생들의 성과가 수능에 비해 상대적으로 높게 나타나고 있습니다. 따라서 앞으로 지역의 일반고들도 충분히 승산이 있다고 판단해 학종에 집중하는 교육프로그램에 주력할 것입니다.

이에 반해 수능을 지향하는 학교들도 나타날 것입니다. 이들 학교는 교과 강의를 기반으로 문제풀이 중심의 학습과 수능문제의 적응력을 높이는 수업에 주력하여 수능 성과를 높이는 학교로 만들어 갈 것으로 생각됩니다. 이러한 학교들은 사교육의 혜택을 쉽게 받을 수 있는 교육특구의 학교들이나 재정 여력이 약하거나 우수한 교육 환경을 제공할 수 없는 학교들에서 많이 등장할 것으로 생각됩니다.

반면 대학도 이러한 교육환경 변화에 대응하여 우수한 학생을 유치하기 위해 선발방식의 변화를 꾀할 것으로 생각됩니다. 특히 내신이 성취평가제가 적용되고 수능시험까지 절대평가로 전환된다면 대학은 기존의 시험만으로는 학생들 학업역량의 차이를 판단하기 어렵게 됩니다. 따라서 아이들의 학업역량을 판단할 수 있는 변별력 있는 새로운 평가요소를 추가하지 않을까 예상해 봅니다.

우선 학종의 경우 등급별로 평가된 내신성적과 함께 과목별로 기재된 세부능력 및 특기사항의 항목이 평가요소로서 중요성이 높아질 것으로 판단됩니다. 그리고 계열별 또는 학과별로 고교학점제 전문교과들의 수강을 필수로 요구하고 이에 대한 정성적 평가도 입시에 반영할 것으로 예상됩니다.

그리고 수능의 경우에도 모든 영역이 절대평가로 전환된다면 대학별 고사나 또다른 형태의 수능시험을 추가하는 방식으로 변별력을 높일 것으로 생각됩니다. 학종과 수능 변화 모습은 다음 장에서 좀 더 구체적으로 확인해 보도록 하겠습니다.

입시환경 변화에 대응하려면

다음으로 우리 아이들에게 입시 환경 변화에 대한 준비를 어떻게 시켜야 할지 생각해 보겠습니다.

우선 스스로 학습에 대한 동기를 갖고 꾸준하게 학습할 수 있는 태도를 가질 수 있도록 만들어야 합니다.

2025년에 고등학생이 되는 초등학교 4학년 아이들부터 입시제도나 교육제도에서 어떤 변화가 일어난다 할지라도 일관된 학습태도를 형성하는 것이 중요합니다. 이전에도 지금도 일관된 학습태도를 갖는 것은 중요합니다. 하지만 앞으로는 이러한 태도가 더욱 중요해질 것입니다.

일관된 학습태도라는 것이 매일 규칙적으로 일정한 시간 동안 학습하는 습관을 의미하는 것은 아닙니다. 물론 이러한 습관도 중요하지만 오히려 학습에 대한 자세, 즉 학습에 임하는 진지한 자세를 의미하는 것입니다. 진지하게 학습에 임한다는 것은 스스로 학습에 대한 목표의식을 갖고 학습 성과에 대해 만족감을 느낄 수 있어야 한다는 것입니다. 이러한 자세를 만들기 위해서 학습에 대한 동기유발이 중요하다고 볼 수 있습니다.

다음으로는 학종과 수능이라는 시험들 중에 우리 아이의 학습 성향과 태도에 좀더 적합한 시험이 무엇인지 생각해 보는 것입니다.

아이들의 성향과 태도를 단기간 파악해서는 적합한 시험을 찾을 수 없습니다. 아이들은 어느 순간에 어떻게 바뀔지 모릅니다. 학습에 대한 동기를 갖고 올바른 학습태도를 만들어 가면서 나타나는 아이들의 변화를 일정 기간 동안 관찰해 보아야 합니다.

본격적으로 학습이 시작되는 초등학교 고학년부터 중학교까지 4~5년 동안 어떤 수업방식을 좋아하는지, 어떤 학습 습관을 갖는지 파악하고 나서야 비로소 아이가 학종이나 수능에 적합할지 판단할 수 있습니다.

마지막으로는 고등학교 진학할 무렵, 즉 중학교 3학년이 될 시점에 진학할 고등학교 정보를 정확하게 파악해야 한다는 점을 강조하고 싶습니다. 앞에서 설명한 것처럼 앞으로 고등학교마다 자신들이 지향하는 입시나 교육 프로그램을 다양하게 제시할 것으로 생각됩니다. 따라서 우리 아이들이 학습 성향과 태도에 맞는 입시를 추구하는지, 그리고 아이가 관심있어 하는 특성화된 프로그램이 있는지 구체적으로 검토해야 할 것입니다.

앞으로는 대학을 선택하는 것 못지않게 고등학교를 선택하는 일의 중요성이 한층 높아질 것으로 예상됩니다.

입시 대변동의 Signal 5

대입 전형의 변화
: 학종과 수능의 급소를 공략하라

학종의 현실과 문제

학종은 학생부에 기재된 내용들을 전공적합성과 학업역량을 기준으로 평가하는 수시의 대표적인 입학 전형입니다. 학종으로 대학에 입학하기 위해서는 학생부, 자기소개서(이하 자소서), 교사추천서 등의 서류가 필요했습니다. 우선 이중에서 교사추천서는 폐지되었고, 자기소개서도 문항과 글자수가 축소되는 등 필요 서류의 종류와 기재 내용을 축소하는 방향으로 개선되고 있습니다.

특히 2019학년도부터 학생부가 큰 폭으로 변화되었습니다. 학종이 금수저 전형이라고 비판 받는 데에는 학생부의 기재 항목과 내용에서 학교 밖의 개인적 환경에 영향을 받는 요소들이 있었기 때문입니다. 그렇다면 우선 학생부의 기재 항목들을 간단히 살펴보겠습니다.

학생부의 주요 항목은 신상정보(인적 사항, 학적사항, 출결사항, 수상경력, 자격증 및 인증 취득 사항, 진로희망 사항)항목, 교과학습 활동상황, 창의적체험 활동상황, 독서 활동상황, 행동특성 및 종합의견 등 크게 다섯 가지로 나누어 볼 수 있습니다. 이중 대학에서 학종 평가에 중요하게 보는 항목들은 교과별 내신성적이 기재되어 있는 교과학습 활동상황(이하 교과), 봉사활동, 동아리활동, 진로활동 등이 기재된 창의적체험 활동상황(이하 비교과) 그리고 수상경력과 독서활동 등입니다.

이들 중에서 학종이 문제가 되는 것은 주로 비교과 활동과 수상경력 항목에 집중되는데, 이 요소들이 속칭 학생부 스펙이라고 불리는 항목입니다. 이런 항목들에는 가정환경의 영향이 반영될 수 있어 학생 학습역량 이외의 요소들이 중요한 변수가 될 수 있기 때문에 불공정하다고 비판받는 것입니다. 즉 가정환경이 좋은 아이들은 동아리나 진로활동에 부모의 신분이나 직업에 의한 혜택을 줄 수도 있고, 나아가 사교육을 통해 양질의 성과물도 얻을 수 있기 때문입니다. 그리고 교내의 각종 대회의 수상경력에도 부모의 지원 수준에 따라 수상 등급에도, 수상 개수에도 영향을 줄 수 있다는 것입니다. 분명히 일리가 있는 비판이고 불공정한 요소가 개입될 여지가 충분히 있다고 생각됩니다.

하지만 조국 장관의 문제가 터지기 전에도 이미 이러한 학종의 비판들이 있었습니다. 그래서 교육부는 학생부 기재 내용과 방식을 개선하여 2019년부터 적용하고 있습니다. 다음은 2019년 교육부가 발표한 학생부 기재 방식의 주요 변경 내용[17] 입니다.

- 인적사항과 학적사항 통합, 학부모 정보 삭제
- 대입 제출 교내대회 수상 경력은 학기당 1개
- 소논문 기재 금지 (사회, 과학 수업 중 탐구 과제의 경우는 세특에 기재할 수 있음. 단 논문명은 기재 불가)
- 창의적 체험활동의 동아리 활동 기재 수 연간 1개 제한
- 봉사활동의 특기사항 기록 삭제 및 진로활동 항목 삭제
- 창의적 체험활동의 특기사항과 행동특성 및 종합의견의 기재 분량 축소

학생부 개선은 학교 정규 교육활동 이외 개인적 환경으로 인해 영향을 줄 수 있는 항목들은 삭제하거나 기재 내용을 줄이는 방향으로 개선되었습니다. 이처럼 학종에서 기초 평가자료인 학생부 기재 방식을 개선하여 학종의 공정성을 높이기 위한 노력을 하고 있습니다.

학종의 미래

학생부의 변화 이외에도 학종의 변화를 일으키는 여러 교육제도들이 있습니다. 앞 장에서 설명 드린 바처럼 2015 교육과정, 고교학점제, 내신 성취평가제 등이 학종에 영향을 미칠 수 있는 주요 제도들이라고 볼 수 있습니다. 이러한 제도가 학종에 영향을 미치

는 원인은 앞장의 설명으로 대신하겠습니다.

여기서는 이러한 제도가 반영되어 학종이 어떤 모습으로 변화할지, 2025년 학종의 모습을 예상해 보겠습니다. 그리고 난 후 이러한 내용을 바탕으로 우리 아이들이 학종을 준비하기 위해 어떤 준비들을 해야 할지 생각해 보도록 하겠습니다.

우선 2015 교육과정, 고교학점제, 내신 성취평가제 등을 통해 2025년 학교교육의 변화 상황을 예상해 보면 다음과 같습니다. 우선 다양한 교과목을 개설하여 아이들의 학습 선택권이 강화될 것입니다.

다음으로는 내신시험 전반에 절대평가(성취평가제)가 도입되어 아이들이 시험 성적에 대한 부담을 줄여, 하고 싶은 공부를 마음껏 할 수 있는 환경이 만들어질 것입니다.

마지막으로 내신시험의 유형도 객관식 문제가 줄어들고 논술형 및 서술형 문제와 수행평가 비중이 높아져 아이들이 관심 분야에 대한 깊이 있는 학습이 가능해질 것입니다.

이러한 변화 속에서 아이들은 적성과 진로에 따라 자신만의 교과목을 선택하여 수업을 듣게 되고 다양한 학습활동을 통해 학업적 잠재력을 찾을 수 있게 됩니다. 그리고 아이들이 학습과정에서 보여주는 발전과정의 내용을 간결하게, 그리고 명확하게 드러나는 내용들로 학생부에 기록될 것입니다.

대학은 학생부에 나타난 아이들의 학습수준과 학업역량을 바탕으로 평가하여 우수한 학생들을 선발하게 될 것입니다.

이러한 변화를 고려한다면 2025년에 아이들이 경쟁하는 내용은 다른 아이들의 시험 성적이 아니라 자신의 학습수준과 학업역량으로 바뀌게 될 것입니다. 그리고 지금까지 내신성적의 순서에 따라 특별한 스펙을 반영하여 아이들을 평가했던 학종은 학교교육 내용의 변화와 평가방식의 변화를 통해 공정성을 가질 수 있게 되고, 타당성을 높일 수 있게 될 것입니다.

그렇다면 대학은 아이들의 학습수준과 학업역량의 차별성을 어떻게 판단하게 될지 생각해 보겠습니다.

지금도 학생부가 학종의 기초적인 평가자료인 것처럼 앞으로도 대학은 학생부의 기재 항목들을 바탕으로 학생들을 선발할 것입니다. 그런데 우리가 주목해야 할 것은 바로 교과별 세특 항목입니다. 앞으로 세특 항목이 학종의 평가요소로서 중요성이 높아질 것이기 때문입니다.

교과별 세특에는 아이들이 수업의 학습활동을 통해 나타나는 발전과정과 특별한 역량, 그리고 추가적인 학습의 결과물들에 대해 기술할 수 있습니다. 특히 학년이 높아질수록 진로와 관련 있는 과목들에 집중하게 되고, 고교학점제의 전문교과까지 수강하게 된다면 수강한 과목만 확인해도 아이의 전문적 관심과 학업의지를 확인할 수 있게 됩니다.

더욱이 이러한 심화 학습과정에서도 세특 내용의 평가가 우수하게 기재된다면 학종에서 높은 평가를 얻을 가능성이 높아집니다. 여기에 학습과 관련한 동아리활동과 교내대회의 참가를 통해 얻은 성과가 함께 기술된다면 대학에서도 아이들의 전공적합성과 학업역량을 확인할 수 있는 명확한 근거를 가질 수 있게 될 것입니다.

그리고 앞으로 학종에서 대학별 면접시험의 중요성도 높아질 것으로 예상됩니다. 지금도 상위권 대학에서는 학종 지원자를 대상으로 면접시험을 실시합니다.

면접시험에는 두 가지 종류가 있는데 학생부 내용을 바탕으로 사실 확인을 하는 일반면접이 있고, 면접 전 자료를 제시하고 이를 읽고 분석하여 질문에 대답하는 심층면접이 있습니다.

현재 교육당국은 심층면접이 교육과정에서 벗어난 내용이 출제될 수 있고 사교육을 유발할 소지가 있어 부정적인 입장을 갖고 있습니다. 하지만 대학은 이러한 문제점을 보완해서라도 심층면접을 강화할 것으로 예상됩니다.

학생부의 내용에 대한 신뢰도가 높아져 평가자료로 충분한 역할을 할지라도 학생을 평가할 수 있는 대학만의 수단을 갖고 싶어할 것이기 때문입니다. 그리고 대학은 아이들을 평가할 수 있는 잣대가 많으면 많을수록 우수한 아이들을 선발할 수 있는 가능성이 높아질 것이기 때문에 학종에서 면접시험의 비중은 높아질 것으로 생각됩니다.

학종 변화에 대비하려면

앞서 설명한 것처럼 앞으로 교육방향의 주요한 변화 중 하나는 아이들의 학습 선택권을 강화하는 방향으로 진행될 것입니다. 교육당국이나 학교가 지정하는 교육과정에서 벗어난다는 것이 얼핏 보면 좋아 보일 수 있지만 막상 아이가 아무 생각이 없으면 오히려 학습 선택권이 부담이 될 수 있습니다. 따라서 늦어도 고등학교 입학 전에 진로에 대한 결정을 하는 것이 필요합니다.

특히 학종으로 대학을 가려고 한다면 앞으로는 진로에 대하여 명확한 방향을 갖는 것이 더욱 중요해질 것입니다. 그렇다고 특정한 한가지 직업을 결정해서 그것만 집착하라는 의미는 아닙니다. 오히려 문과나 이과 계열에 대한 선택이 계열 안에서 공부할 학문 영역 등을 선택하는 식으로 차근차근 범위를 좁혀가도 됩니다.

적절한 시험에 선택한 범위 안에서 2~3가지의 전공을 선택하여 그 분야에 대한 관심을 높여갈 수 있으면 됩니다.

아이들이 관심있는 전공은 언제든지 변할 수 있고, 대학도 원하는 전공이 바뀌었다고 해서 부정적으로 평가하지 않습니다. 하지만 진로와 전공에 대한 방향이 서 있어야 학년이 높아질수록 관심 분야에 대한 범위를 좁혀가면서 전문성을 높여 갈 수 있고 명확한 학습목표를 가질 수 있기 때문입니다. 이러한 전문적 관심과 명확한 학습목표가 학생부 전반에 드러날 항목들을 바탕으로 설명할 수 있어야 학종에서 좋은 평가를 받을 수 있습니다.

아이들에게 학습과 관련한 다양한 활동의 경험을 제공하는 것도 필요합니다. 물론 학종을 준비하는 아이들도 국영수 주요 과목의 기본적 학습과 성적이 중요합니다. 하지만 학종을 준비하는 아이들은 교과서와 참고서에 파묻혀 문제 적응력을 키우는 학습능력만으로는 부족합니다. 또한 학습한 내용을 바탕으로 독서를 통한 글쓰기, 현실 문제에 적용한 탐구보고서 작성, 다른 학생과의 토론하기, 자신의 생각을 발표하기 등 다양한 학습활동을 통해 학습내용을 확장하고 적용할 수 있는 능력이 반드시 필요합니다. 즉, 학습한 지식을 창의적으로 적용하고 융합적으로 생각할 수 있는 역량을 키워야 합니다.

대학에서 학종을 통해 선발하고자 하는 학생이 바로 이렇게 다양한 방식으로 학습할 수 있는 역량을 가진 아이이기 때문입니다.

수능의 현실과 문제

현재 수능은 고등학교 1, 2, 3학년이 각각 다른 수능[18]을 보게 됩니다. 적용되는 교육과정이 달라 수능 과목의 종류와 수능체계가 각각 다른 방식으로 적용되기 때문입니다.

올해 고3이 치르는 2020학년도 수능은 2009 교육과정의 과목이 적용되고 이전과 동일한 수능체계가 적용됐습니다.

2021학년도 수능과 2022학년도 수능은 2015 교육과정의 과목이 적용되지만, 2021학년도 수능은 이전 수능체계가 적용되고 2022학년도 수능은 새로운 수능체계가 적용되게 됩니다. 이렇게 복잡해진 이유는 2021년부터 적용될 수능 개편안의 발표가 1년 연기됐기 때문입니다. 따라서 2021학년도 수능은 기형적으로 진행되게 되었습니다.

2022년도 수능에 가서야 비로소 2015 교육과정에 따른 교과와 이에 적합한 수능체계가 본격적으로 적용하게 됩니다.

한 가지 교육과정을 적용하여 일괄적으로 수능을 개편하면 이렇게까지 복잡할 것 같지는 않습니다. 하지만 수능 과목, 과목의 범위, 문제 형식, 평가 방식, 입시 적용 방식 등 수능의 요소 하나하나에 대해 교육당국, 교육주체, 사교육 시장 등의 입장과 이해가 다르기 때문에 수능을 개편하는 것이 쉽지만은 않습니다. 따라서 앞 장에서 언급한 학종과 수능에 대한 논란만큼이나 수능의 개편에 대해서도 논란이 끊이지 않고 있습니다. 이 장에서는 2015 교육과정이 본격적으로 적용되는 2022학년도 수능체제를 중심으로 실시되는 수능의 변화를 예측해 보고 그에 대한 반응들을 생각해 보겠습니다. 우선 2022학년도 수능에 적용되는 2015 교육과정의 주요 내용들을 살펴보겠습니다.

- 창의융합적 인재 양성을 위한 문이과 통합교육
- 학습선택권을 강화하기 위한 공통과목과 선택과목의 분리
- 학습과 성적에 대한 부담을 줄이기 위한 성취평가제(절대평가) 도입[19]

이러한 교육과정 내용을 바탕으로 개편된 2022학년도 수능 변화[20]를 확인해 보겠습니다.

- 수학의 문이과 계열 구분 출제 페지, 사회와 과학탐구 2과목 자유 선택
- 국어, 수학 공통 및 선택형 구조 도입
- 영어, 한국사 외 2외국어 절대평가 전환

2015 교육과정의 내용을 반영하여 2022학년도 수능이 개편되었습니다. 하지만 실질적인 변화는 적을 것으로 보입니다. 그 이유는 대학이 학생을 선발하는 조건을 문이과가 분리되었을 때의 수능을 기준으로 적용했기 때문입니다.

예를 들어 2022년 수능에서는 문이과 통합교육을 위해 기존 수학(가)형과 (나)형의 구분을 폐지하였습니다. 그리고 공통과목인 수학I, 수학II, 그리고 선택과목인 확률과 통계, 미적분, 기하로 구분하여 선택의 폭을 확대했습니다. 탐구과목도 사회 9과목과 과학 8개 과목 중에서 계열 구분 없이 2과목을 자유롭게 선택해서 응시할 수 있도록 하였습니다.

이처럼 아이들의 선택권을 확대하는 방향으로 수능을 개편하였지만 대학은 입시요강에서 아이들의 과목 선택 폭을 제한하여 문이과 통합교육의 취지를 무색하게[21] 만들었습니다. 수학의 경우, 이과 계열의 학과를 지원하는 경우 기존 문이과가 분리되었을 때처럼 선택과목인 미적분과 기하 중에서 반드시 한 과목을 선택할 것을 요구하였습니다.

특히 서울대의 경우에 이과계열을 지원하는 학생은 과학탐구 과목 중에서 동일 종류의 I과목과 II과목을 선택하거나 다른 종류의 II 두 과목을 선택하도록 조건을 달았습니다. 이러한 대학의 조건으로 인해 문이과 통합교육은 무용지물로 된 것입니다. 다만 공통과목과 선택과목의 분리와 절대평가의 도입은 형식적인 수준에서 반영되었습니다.

이러한 대학들의 요구에는 이공계열을 진학하려는 학생들이 대학에 들어와 수업을 제대로 쫓아 갈 수 있도록 수학, 과학의 기초 학습역량을 쌓고 들어오라는 요구가 반영된 것으로 볼 수 있습니다.

그리고 최근 들어 수능에 큰 변화를 일으킬 사건이 있었습니다. 대통령이 수능으로 선발하는 학생의 비율을 늘릴 것을 지시한 것입니다. 앞서 설명한 것처럼 학종의 공정성 문제로 인해 수능 비율을 늘리라는 여론을 반영한 조치입니다. 따라서 어느 정도의 비율로 수능 선발 비율을 늘린 것인지, 그리고 어느 범위까지 늘린 수능 선발 비율을 적용할 것인지가 초미의 관심사가 되고 있습니다.

현재 교육 전문가들은 기존 30% 이상에서 최소 40% 이상 최대 50%까지 늘릴 것으로 예상[22] 하고 있습니다. 나름대로 좀 더 정확한 숫자를 제시하자면 40% 선에서 결정되지 않을까 조심스럽게 예상해 볼 수 있습니다. 그 이유는 수시에서 뽑지 못한 정원을 수능 정원으로 전환하게 되면 40%로 결정해도 실질적으로는 전체 정원의 50%까지 선발할 수 있기 때문입니다. 이렇게 늘린 수능 선발 비율은 많은 아이들이 선호하는 서울 주요 대학들을 대상으로 적용되지 않을까 예상[23] 합니다.

현재 서울 주요 대학들의 수능 선발 비율은 30%에 못 미치는 경우가 많고, 이들 대학의 수능 선발 비율을 늘리면 상징적인 효과가 크기 때문에 여론의 불만을 잠재울 수 있기 때문입니다. 그리고 지방국립대를 중심으로 한 지방대학의 경우 지역 내 우수학생을 선점할 수 있도록 학종의 선발 비율을 유지 하고 수능 선발 비율은 조정하지 않을 것으로 예상합니다.

수능의 미래

그렇다면 2023년 이후 수능 선발 비율은 앞으로 어떻게 변화될까 궁금해집니다. 아마도 이번에 결정되는 2022년 수능 선발 비율을 3년 정도는 유지할 것으로 예상됩니다.

대학의 입시요강이 3년 전에 발표되는 것을 감안하면 이번 정권의 마지막 임기인 2022년도에 발표하는 2025학년도 수능까지는 이번에 결정되는 수능 선발 비율을 유지할 것이기 때문입니다. 그렇다면 앞으로 수능 변화에 영향을 미칠 다른 요소들을 생각해 보겠습니다.

수능 전형의 비율이 높아짐에 따라 수험생들의 차이를 명확하게 드러내기 위해서 수능의 난이도는 높아질 것으로 예상됩니다. 예를 들어 영어 절대평가가 처음 도입된 2018학년도 수능 영어가 쉽게 출제되어 1등급 비율이 대폭 늘어났지만 변별력이 줄어들자 엄청난 비판을 받게 되었습니다. 그래서 2019학년도 수능 영어는 난이도를 대폭 높여 1등급 비율을 전년대비 절반으로 줄어들게 만들었습니다.[24] 수학의 경우는 킬러문제라고 하는 난이도 높은 문항들이 수학의 변별력을 확대하는 문제로 활용되고 있으며, 국어의 경우에도 최근 비문학 제시문에서 전문가 수준의 경제나 과학 제시문이 출제되어 변별력을 확대하고 있는 추세입니다.

그리고 2022학년도 수능부터 EBS연계율를 50%선까지 낮추고 제시문이나 문제를 그대로 활용할 수 없게 하였기 때문에[25] 수능에 대한 체감 난이도는 점점 높아질 것으로 예상됩니다. 여기에 교육부는 2022학년도 수능에는 서술형 문제를 도입하는 것을 검토[26] 하고 있습니다.

지금까지는 일부 수학의 단답식 문제를 제외하고는 모든 수능의 문제들이 객관식 문제였습니다. 하지만 서술형 문제가 수능에 포함된다면 당장 수능에 대하여 체감하는 난이도는 대폭 높아질 것이고, 수업과 학습 방식에도 큰 변화를 일으킬 것으로 예상됩니다.

2022학년도 수능에서 서술형 문제를 도입하는 것은 교육부가 지향하는 유럽의 논술형 수능시험 도입의 사전 단계로 이해할 수도 있습니다.

고교학점제가 본격적으로 도입되는 2025년의 수업체계와 2022년 개정될 교육과정을 감안하면 2028학년도에 치러질 수능 체제의 대폭적인 개편이 불가피하기 때문입니다. 따라서 2028학년도 수능부터 논술형 문제를 전면 도입[27]하게 된다면 사전 준비단계로서 2022학년도 서술형 문제의 도입에 대한 명분을 가질 수 있습니다.

다른 한편으로 수능에 대한 절대평가를 확대하고자 하는 논의도 있습니다. 현재 영어, 한국사, 제2외국어 등의 과목에서는 절대평가가 적용되고 있습니다. 이를 국어, 수학, 탐구 등의 과목에까지 확대 적용하자는 것입니다. 궁극적으로 수능을 대학에서의 수학할 수 있는 기초능력을 점검하는 말 그대로 자격시험으로 만들자는 것입니다. 이렇게 되면 수능시험을 통한 변별력이 약해질 것으로 예상됩니다. 아무리 문항의 난이도를 높이고 서술형 문제들을 도입한다 할지라도 다수의 학생들이 같은 등급으로 평가를 받는 절대평가가 이루어지면 상대평가에 비해 변별력이 약해질 것이 분명합니다. 따라서 수능의 절대평가가 모든 과목에 적용되면 대학은 수능을 통해 학생을 선발하기 어려울 것입니다. 따라서 대학들도 이러한 상황에 직면하면 우수한 학생을 선별할 수 있는 수단을 강구할 것으로 예상됩니다.

기존 수능의 절대평가를 수용하는 대신 새로운 수능시험을 추가[28]하거나 대학별 시험을 추가하는 방식입니다.

새로운 수능이나 대학별 시험은 논술형 시험의 형태가 될 것으로 예상됩니다. 이미 대학들은 논술시험의 경험이 축적되어 있고 유럽의 많은 나라에서 대입시험이 논술형으로 출제되고 있는 점을 감안하면 논술 형태의 대학별 고사가 가능성과 함께 명분도 가질 것으로 생각됩니다. 그리고 새로운 수능시험의 경우 교육부가 2028학년도 수능을 대폭적으로 개편하게 되면 전면적인 논술형 시험 형태를 검토하고 있기 때문에 기존 수능은 자격고사로, 논술형 수능은 새로운 수능으로 분리하여 시행하는 것도 가능한 대안으로 생각됩니다.

수능 변화에 대비하려면

수능시험도 어디까지나 시험입니다. 3년 동안 학습한 내용을 모든 아이들이 한날 한시에 모여 문제들을 풀고, 이 결과를 바탕으로 줄세우기를 하여 선발하는 것이 그 본질입니다. 따라서 시험은 시험에 적합한 학습방식을 갖추는 것이 중요하다고 생각됩니다.

따라서 학교수업을 중심으로 기본적인 학습개념을 깊고 폭넓게 이해하는 것이 필요합니다. 이렇게 기본학습을 충실하게 해야 다양한 문제와 어려운 문제를 풀 수 있는 토대를 가질 수 있기 때문입니다. 그럼에도 불구하고 기본적인 학습개념들에 대한 학습이 부족한 학생들을 많이 볼 수 있습니다.

고등학교에 가서는 기본개념을 학습할 수 있는 시간을 충분하게 가질 수 없습니다. 고등학교에서 필요한 주요 과목들에 대한 기본

개념은 중학교에서 선행학습을 통해 충분한 시간을 갖고 공부해야 합니다. 주요 과목의 학습개념을 중학생 시기에 다지고 고등학교에 가서는 다양한 문제풀이를 중심으로 문제들을 풀면서 적응력을 높일 수 있어야 합니다.

이때 중요한 것은 틀린 문제들을 확인하여 부족한 영역에 대하여 보완하는 학습이 중요합니다. 시험에서 높은 성적을 받는 아이들은 어려운 문제를 잘 풀기도 하지만 틀린 문제를 통해 부족한 부분을 정확하게 알고 이를 보완하기 위한 학습을 꾸준하게 합니다.

이렇게 학습과정을 한 단계씩 충실하게 밟아가면서 기본기가 쌓이게 되면 심화 학습을 해야 하는데 난이도가 높은 문제들을 유형별로 분류하여 반복적으로 학습해야 합니다. 이런 과정 속에서 기출문제들에 대한 출제의도를 파악하고 새로운 문제에 대한 적응력을 키울 수 있습니다.

결국 수능에서 우수한 성적을 받기 위해서는 기본적인 문제에서 실수를 줄이고 난이도 높은 문제들에 대한 출제의도를 파악하여 새로운 유형의 문제에 대한 해결 능력을 갖는 것입니다.

마지막으로는 서술형 문제와 논술형 문제에 대한 적응력을 키워야 할 것입니다. 현재 초등학교 고학년 아이들은 서술형 문제는 물론 논술형 문제까지도 포함한 수능시험을 겪어야 할 것이 분명해 보입니다. 따라서 서술형 문제와 논술형 문제를 해결할 수 있는 능력이 속칭 명문대학이라는 곳에 입학하는 키가 될 것으로 예상됩니다.

서술과 논술 문제라고 해서 글을 잘 쓰는 문장력을 키울 필요가지는 없습니다. 오히려 학습과정 중에 생각한 내용들을 정확하게,

그리고 논리적으로 서술할 수 있는 능력을 키우는 것이 중요합니다. 이러한 문제들은 문제의 의도를 파악하여 그 의도에 맞게 주어진 자료를 분석한 내용을 바탕으로 해결하는 과정을 논리적으로 서술하는데 초점을 두고 있습니다. 따라서 학습과정 속에서 문제의 의도를 파악하고 문제를 풀이하는 과정들을 간단한 문장으로 서술하는 연습을 한다면 서술형 문제와 논술형 문제에 대한 기본적인 준비를 할 수 있습니다.

Signal 6

입시 대변동의

대학의 변화
: 대학은 무엇으로 살아남을 것인가

'서연고서성한중경외시건동홍국숭세단광명상가' 얼핏 보면 암호문자 같습니다. 고등학교 이상 자녀를 가지신 부모님들은 들어보았지만 대부분 초중학생 학부모들은 생소한 말일 것입니다.

'스카이'라고 다시 설명 드리면 무슨 말인지 힌트를 얻으실 수 있으리라 생각합니다. 그렇습니다. 현재 우리 사회에 통용되고 있는 대학의 서열입니다. 십 수 년 전 까지만 해도 '스카이'로만 언급되던 대학의 서열화가 이제는 이렇게 세분화되고 숫자가 늘어났습니다. 하지만 이렇게 변한 대학의 서열화도 현실을 정확하게 반영하는 것은 아닙니다.

우선 '카이스트'나 '포스텍'과 같은 과학기술 명문대학도 빠져 있고 유명 여대들과 지방명문대학들이 빠져 있습니다. 더욱이 의

197

대와 같은 인기학과의 서열은 위와 다른 순서로 회자되고 있다고 합니다. 그런데 우리나라에 대학이 생기면서부터 시작된 대학 서열화가 앞으로 없어질까요? 이러한 대학 서열화가 과연 학생들의 능력을 제대로 평가하고 있을까요?

대학의 위기, 위기의 진짜 원인은 무엇일까?

대학들이 위기라고 아우성칩니다. 위기의 근본원인은 우선 입학할 자원인 학생들의 수가 점점 감소하여 폐교되는 대학이 나올 수 있기 때문입니다. 그리고 대학의 교육내용과 방식이 사회가 요구하는 기대에 충족하지 못해 대학의 가치가 점점 줄어들고 있기 때문입니다. 이러한 원인들은 우리 사회에서 대학의 존립을 위협하기에 충분한 파괴력을 갖고 있다고 생각합니다.

우리나라의 4년제 대학은 총 224개로 이중 사립대학이 177개로 전체대학의 79%를 차지[29] 하고 있습니다. 반면 이들 사립대학들의 재원은 대부분 학생들의 등록금으로 충당하는데 전체 예산의 55% 정도를 등록금이 차지[30] 하고 있습니다. 따라서 입학하는 학생 수가 줄어든다면 예산부족으로 인해 폐교하는 대학이 발생할 것입니다. 게다가 요즘 기업들은 대졸 신입사원을 선호하지 않습니다. 오히려 대학을 졸업하고 해당 분야의 일정 경력을 가진 경력사원을 선호합니다. 그 이유는 대학을 졸업해도 현장에 바로 투입하여 업무를 할 수 없어서 추가적인 업무 교육이 필요하기 때문입니다. 그나마 정부의 요청으로 일부 대기업 들이 신입사원 공채를 실행하고 있지만 대부분의 기업들은 공채를 없앴고, 대기업도 공채를 줄여가고 있습니다. 이처럼 대학이 사회가 필요로 하는 인재들을 만들어 내지 못한다면 우리 사회는 대학의 존재와 대학교육에 대한 필요성을 묻지 않을 수 없게 됩니다.

이런 대학의 상황을 일반 기업에 비유하면 대학의 처지를 좀더 쉽게 이해할 수 있습니다.

장난감을 만들어 파는 완구회사 A가 위기에 빠지게 됩니다. 그 이유는 장난감을 사서 놀아야 할 아이들이 줄어들고 있기 때문입니다. 여기에 A회사가 만든 장난감들은 부모 때 유행한 오래된 것들이라 소비자들이 좋아하지 않기까지 합니다. 이미 시장에는 완구회사들이 200여 개나 있고, 최근 들어서는 인터넷을 통해 해외 유명 완구들을 직접 구매할 수도 있습니다. 그렇다면 이런 상황에 완구회사 A는 어떤 반응을 보일까요? 완구회사 A의 직원들, 특히 오랫동안 다닌 사장과 임원들은 위기를 극복하기 위한 변화의 필요성을 모든 직원들에게 역설합니다. 하지만 위기의 원인도 정확하게 파악하지도 못하고 변화의 필요성도 절실하게 느끼지도 못하기 때문에 위기 극복을 위한 실질적인 어떤 행동도 하지 않습니다. 어떻게 그럴 수 있냐는 의문이 생깁니다. 그들은 오랜 시간 회사에서 돈도 벌만큼 벌었고, 아직도 팔리는 완구도 꽤 있기 때문입니다. 그리고 자신과 비슷한 처지에 있으면서 아무 것도 하지 않는 완구회사들이 주변에 수두룩하기 때문입니다.

우리의 대학들도 이런 상황에 놓여 있지 않을까 싶습니다. 유명 대학일수록, 오랜 시간 대학에 있었던 사람들일수록 대학의 위기와 변화를 역설하면서도 정작 문제를 해결하기 위한 어떤 노력도

하지 않는 것 같습니다. 반면에 지금껏 쥐고 있던 권위와 이익을 지키기 위해서라면 필요한 모든 수단과 조치를 취하는 것처럼 보입니다. 하지만 이런 상황이 계속되면 결국 소비자가 변화할 수밖에 없습니다. 즉 대학의 소비자인 학생들로부터 대학을 바라보는 시선과 선택하는 기준이 변하게 될 것입니다.

학생들은 변화를 추구하는 대학, 그래서 자신의 미래를 위해 준비하는 대학을 선택하게 됩니다. 그렇기 때문에 학생들의 요구와 기대에 부족한 경쟁력이 가장 낮은 대학부터 서서히 우리 기억에서 사라지게 됩니다. 그렇다면 이러한 상황이 지방 사립대학만의 문제에서 끝날 것이라고 생각할 수 있을까요? 부모들은 지난 1997년 IMF시기에 대기업들은 물론, 안정적 기업이라고 생각했던 수많은 은행들이 사라진 것을 떠올릴 수 있을 것입니다. IMF가 극단적으로 악화된 경제 상황이기 때문에 대학의 문제와는 다를 것이라고 생각하실 수도 있습니다. 하지만 지금 대학 앞에 놓인 현실도 별로 차이가 없습니다.

97년 한해 대입을 준비하는 학생이 82만 명[31]이나 됐지만 2018년에는 53만 명으로 30여만 명이 줄어들었습니다. 그럼에도 4년제 대학 수는 97년 147개에서 2018년에는 224개로 증가했고, 4년제 대학 입학정원도 28만 명에서 32만 명으로 늘었습니다. 입학할 아이들은 줄어들고 있는데 대학은 늘고 정원도 늘어 왔습니다. 회사는 많아졌는데 살 사람은 대폭 줄어든 것입니다.

그렇다면 우리 아이들은 어떻게 대학을 선택해야 할까요? 서열의 앞부분에 있는 속칭 명문대라고 하는 대학에 가면 문제를 피할 수 있을까요? 아니면 의치대 등의 인기학과에 진학하면 이런 문제를 피할 수 있을까요? 물론 일부는 당분간 기존 대학의 권위와 서열의 혜택을 볼 수 있습니다. 하지만 대다수 학생들은 아무리 명문대학이라고 할지라도 변하지 않는 대학들은 선택하지 않을 것입니다. 그러다 보면 서열 앞부분의 대학들도, 세상의 변화에 둔감한 인기학과들도 얼마든지 우리의 기억에서 사라질 수 있습니다.

그렇다면 어떤 대학이 위기를 극복하고 계속해서 발전할 수 있는 좋은 대학일까요? 결론부터 말씀드리자면 앞으로도 우수한 학생들이 많이 가는 대학이 좋은 대학이 될 것입니다. 우수한 학생들이 많이 입학하는 대학은 투자를 통해 양질의 교육환경을 만들고, 사회가 필요로 하는 교육 프로그램들을 개발한 대학입니다. 좋은 학생들이 입학해서 경쟁을 통해 역량을 키워 사회에 진출하여 많은 성과를 낸다면 새롭게 등장하는 대학들도 좋은 대학의 명성과 권위를 키워갈 수 있을 것입니다.

'포스텍', 'GIST', 'DIGIST', 'UNIST' 등이 짧은 역사에도 불구하고 우리 사회의 새로운 명문대학으로 자리 잡은 것이 좋은 사례라고 볼 수 있습니다.

대학으로 살아남기 위한 방식

2019학년도 기준으로 대입수능을 보는 학생들은 50만 명 정도입니다. 이중 학교 내신에서 1등급을 차지하는 학생들을 우수한 학생이라고 가정한다면, 1등급의 기준이 4%이기 때문에 수능 지원자 50만 명의 학생 중 2만 여 명이 우수한 학생들이라고 생각할 수 있습니다. 그런데 속칭 명문대학이라고 하는 상위 15개 대학들이 매년 4만여 명 이상을 신입생으로 뽑고 있습니다. 이들 학교들을 1등급 학생으로만 채운다고 해도 2만여 명이 남게 되어 2등급이하의 학생들로 채우고 있는 것입니다.

우수학생의 범위를 좀 더 넓혀 2등급까지 뽑는다고 하더라도 2등급의 학생은 7%까지 적용되기 때문에 3만5천여 명의 학생들이 배출됩니다. 이 학생들로도 상위 명문대학 15여 개의 정원을 다 채우지 못합니다. 여기에 'KAIST'와 같은 5개 과학기술 명문대학을 포함한다면 우수한 학생의 유치는 명문이라고 하는 대학들에게도 쉬운 문제가 아닙니다. 따라서 대학들은 수시와 정시 등 입학전형을 다양화하여 1~2등급 학생뿐만 아니라 다양한 기준들을 추가하여 인재풀을 넓혀 왔습니다. 즉 대학들도 자본주의적 시장원리에 따라 수요자를 넓히기 위해 입학전형이라는 상품을 다각화한 것입니다. 그럼에도 불구하고 입학이 가능한 학생 수는 점점 큰 폭으로 줄어들고 있습니다. 현재 명문이라고 하는 대학들도 얼마 지나지 않아 우수한 학생은커녕 정원을 채우기도 어려운 상황이 분명히 올 것입니다.

이러한 위기를 극본하기 위해 대학들은 어떤 방법을 찾고 있을까요? 닥쳐올 위기들을 극복하기 위해 각 대학들은 중장기적으로 다음과 같이 준비[32] 하고 있습니다.

- 인구 감소에 대비하여 대학 운영 체제의 개선
- 미래산업 요구하는 융합적 인재를 양성하기 위한 교육의 개선
- 지역 사회가 요구하는 인재를 양성하기 위한 체계 구축

우선 대학은 입학 가능한 아이들의 감소로 인한 위기를 극복하기 위해 새로운 수요자들을 만들려고 합니다. 이를 위해 대학은 해외 학생들을 적극적으로 유치하는 한편 성인들이 입학할 수 있는 새로운 입학 전형을 만들고 있습니다.[33] 즉 대학들은 해외 학생들을 끌어들이기 위해 글로벌 대학으로, 그리고 성인들의 받아들이기 위해 평생교육기관으로 변하고 있는 것입니다.

다른 한편으로 대학은 새롭게 등장하고 있는 미래 산업이 요구하는 인재를 양성하기 위해 융합교육의 체계를 만들어 가고 있습니다. 기존 학과와 전공 사이의 경계를 완화하여 학문간 융합을 통해 예전에 없었던 학과와 전공들을 만들어 가고 있습니다. 이를 뒷받침하기 위해 학사운영 방식과 제도를 유연하게 만들어 학위취득에 필요한 기간과 방식들을 다양화하고 있습니다.

마지막으로 대학은 대학의 지역적 특성에 적합한 인재를 양성하려고 합니다. 대학이 위치한 지역의 핵심 산업과 관련된 전공에 집중적으로 투자하여 지역사회가 필요로 하는 인재를 배출하기 위해 노력하고 있는 것입니다. 특히 지방자치단체와 지역기업들과 연계하여 대학은 공동연구 프로젝트를 만들어 지역 사회에 새로운 성장동력을 제공하는 모델로 추진하고 있습니다.[34] 이를 위해 지자체는 재정과 제도를 통해 지원하고 기업은 연구과제와 연구인프라를 지원하며, 대학은 전문연구인력을 공급하는 등 각자 특성에 맞는 역할을 담당하고 있습니다.

특히 지역 대학들은 이런 '산학정(産學政)연계프로그램'을 통해 지역의 우수한 학생들을 유치하고 이들을 지역 산업이 필요한 인재로 만들어 갈 것입니다. 현재 한국전력의 본사가 있는 전남 나주에 개교할 예정인 한전공대는 이러한 모델을 대학 전체에 적용하여 추진하는 사례입니다.

앞으로 대학들은 국적과 나이에 관계없이 다양한 학생들을 수용하고, 미래산업이 필요로 하는 융합전공 분야들을 개설하게 될 것이며, 지역의 산업이 필요로 하는 전문 인재를 양성하게 될 것입니다. 이와 같은 대학의 변화는 '인적 다양성'과 '학문적 융합', 그리고 '연구의 특성화' 등을 위기 극복 방향으로 결정한 것입니다. 학부모들도 아이들이 다양한 사람들과 어울릴 수 있고, 창의융합적으로 사고하며, 전문분야를 학습할 수 있는 인재로 성장하기를 바랄 것입니다.

이처럼 대학들의 변화는 아이들의 학습과 진로의 방향에도 긍정적으로 영향을 줄 수 있습니다. 따라서 이 아이들이 대학의 변화에 발맞춰 성장하면서 대학에 간다면 우리 사회의 변화를 이끌 수 있는 인재가 될 수 있게 됩니다.

대학의 변화에 대응하려면

대학의 변화에 대한 예상은 이상과 같습니다. 하지만 지금처럼 서열화된 대학 가운데에서 제일 앞부분에 놓여 있는 대학에 입학할 수만 있다면, 또는 어떤 변화에도 흔들림 없는 고소득을 보장받을 수 있는 인기학과에 갈 수만 있다면, 대학의 변화 따위에는 큰 신경을 쓰지 않아도 될 것 같습니다. 하지만 명문대학을 졸업해도 기업에 취업하기 힘들다는 소식, 앞으로 4차산업혁명 때문에 수많은 고소득 직업들이 없어질 수 있다는 소식들이 흘러나오고 있습니다. 따라서 아이들에게는 사회와 대학의 변화의 흐름을 이해시키고 이러한 변화에 대한 적응력을 키워주는 것이 필요할 것입니다.

'다양성의 수용'과 '창의융합적 사고능력', 그리고 '특화된 전문성', 대학의 변화가 지향하는 가치처럼 우리 아이들도 이러한 역량을 키울 수 있도록 하여, 어떤 변화에도 자신의 목표를 꿋꿋하게 실현해 갈 수 있는 인재로 키워야 합니다.

가까운 미래에 대학의 서열이 없어질지 또는 인기학과의 기준이 바뀔지 확실하게 대답할 수는 없습니다. 하지만 가까운 미래에 좋은 대학의 기준은 분명히 변화할 것입니다. 사회가 이처럼 급속하게 변한다면 대학들도 지금의 형태로는 절대로 생존할 수 없기 때문입니다. 따라서 아이들에게 미래사회를 준비하기 위한 학습과 필요한 역량을 준비할 수 있다면 대학이 어떻게 변화해도 대응할 수 있을 것입니다.

비록 4차산업이 우리 미래사회를 지배한다고 할지라도 4차산업에 각광받을 직업을 정확하게 예측해서 아이들을 준비시키는 불가능합니다. 오히려 현재 대학들이 변화를 위해 추구하는 방향들을 참조한다면 미래를 살아갈 아이들에게 필요한 역량을 찾아주는데 좋은 힌트가 될 것입니다.

입시 대변동의
Signal 7

학생 수 감소
: 교육 환경 변화를 직시하라

인구 감소가 우리 사회의 큰 문제라고 합니다. 특히, 저출산 고령화로 인하여 미래 우리나라의 생존까지 걱정하는 사람들도 있습니다. 도대체 인구 감소가 얼마나 심각하기에 이처럼 문제가 되는지 통계들을 간단히 살펴보겠습니다.

우선 인구 감소의 원인은 사망자보다 신생아가 적게 태어난다는 데 있습니다. 통계청에서 발표[35]한 2018년도 합계출산율을 보면 0.98명으로 여성 한 명이 가임기간(15-49세) 동안 한 명에 미치지 못하는 아이를 낳게 된다고 합니다. 보통 인구의 현상유지를 위해 필요한 합계출산율이 2.1명임을 감안할 때, 그리고 초저출산율 기준이 1.3명이라고 하니 우리나라의 출산율이 얼마나 낮은 수준인지 알 수 있습니다. 그래서 작년에 태어난 신생아 수는 32만 6,800

명으로 인구 1,000명 당 64명이 태어난 것으로 확인되었습니다. 이러한 추세가 이어진다면 2032년부터 우리나라의 인구수는 감소하게 되고 2065년에는 우리나라의 인구수가 4천만 명의 수준으로 줄어들게 된다고 합니다. 게다가 2065년에는 65세 이상 노인인구가 43%를 차지해 우리나라는 초고령 사회가 된다고 합니다. 이처럼 인구가 감소하는 가운데 고령화가 급속하게 진행된다면 경제활동을 하는 인구(만 15세 이상)가 감소하여 경제성장도 정체되고 우리 사회의 활력도 떨어지게 될 것입니다.

국가의 생존이 걸려 있는 학생 수 감소

통계를 보니 인구 감소 문제가 심각하긴 심각한 것 같습니다. 하지만 그렇게 피부에 와 닿지는 않는 것 같습니다. 하지만 어쩌다 아이의 학교를 방문했을 때 교실의 풍경을 본다면 달라질 수 있습니다. 예전 같으면 교실 안을 가득 채웠던 책걸상이 이제는 교실의 절반도 채우지 못하는 모습을 확인할 수 있습니다.

30여 년 전만해도 한 반의 아이들이 50~60명에 달했지만 이젠 30명이 채 못 되는 아이들이 수업을 하고 있습니다. 학교 운동회가 열릴 때면 운동장 한쪽 끝에서 한쪽 끝까지 오밀조밀 열을 맞춰 준비 운동을 하던 모습은 이제 기록 영화에서나 확인할 수 있을 것 같습니다. 이처럼 우리나라의 인구 감소는 학교 현장에서도 확인할 수 있습니다. 그렇다면 학생 수가 얼마나 줄었는지, 그리고 학교 별 학급의 학생 수가 얼마나 줄어들지 통계 자료[36]를 살펴보겠습니다.

2030년에 이르면 초중고 모든 학교의 한 반 학생 수가 평균 22명까지 감소된다고 합니다. 이때 초중고 학생 수는 517만 명으로 2011년 698만 명 대비 171만 명이 줄어들어 26%가 감소하게 됩니다. 이렇게 학생 수가 감소하게 되면 교육에는 어떤 변화가 일어나게 될지 한 번 예상해 보도록 하겠습니다.

인구가 감소하여 학생 수가 줄어들게 되면 일단 학교 수가 감소하게 될 것입니다. 지역 단위의 초중고 학교는 물론, 광역 및 전국 단위로 학생을 모집하는 대학도 급격하게 존폐 위기로 몰릴 것입니다. 이처럼 20년 안에 모집할 수 있는 고등학생의 수도 36%가 줄어드는 마당[37]에 대학은 어떤 일이든 하지 못할까요? 따라서 대학은 살아남기 위한 자구책을 강구하여 학생 한 명이라도 더 모집하기 위해 온갖 노력을 하게 될 것입니다.

앞서 대학의 변화에서도 설명한 것처럼 대학은 '인적 다양성'과 '학문적 융합', 그리고 '연구의 특성화' 등의 개선 조치를 취하고 있습니다. 결국 대학들은 4차산업혁명의 변화와 맞물려 산업과 기업이 요구하는 역량들을 개발하여 학생들의 취업율을 높이는데 집중하는 것입니다. 따라서 초등학교나 중고등학교에서도 대학과 사회 변화의 요구에 부응할 수 있는 교육방식으로 변화할 것입니다.

모두가 인재로! 교육방식의 변화

이미 '2015 교육과정'은 이러한 요구들을 반영하여 수립되었으나 완벽하게 실행된다고 보기에는 부족한 점들이 있습니다. 학생 수가 급속하게 줄어들고 있는 상황에서 학생 한 명 한 명의 가치가 이전보다 중요한 상황이 될 것입니다. 따라서 학생의 경쟁력이 미래 우리 사회의 경쟁력과 직결된다고 본다면 학생 개개인의 경쟁력을 높이는 교육이 절실하게 필요합니다.

하지만 아직도 아이들의 적성과 수준을 감안한 맞춤형 교육의 내용이 부족한 것으로 보입니다. 한 해 100만 명씩 태어났던 70~80년대에는 획일적이고 일방적인 주입식 교육이 어쩔 수 없는 상황이었습니다. 더구나 이때는 낙오된 학생들에 대해서 큰 관심을 두지 않았습니다. 그만큼 교육에 적응하지 못한 학생들에 대한 사회적 가치와 책임 의식이 그리 크지 않았습니다. 하지만 우리 사회가 지금 같은 방식으로 학생들을 교육한다면 줄어든 학생 수만큼이나 우리 사회의 발전 가능성도 줄어들 것입니다. 예를 들어볼까요? 3~4명의 자녀들이 있는 가족과 1명의 자녀가 있는 가족은 자녀를 대하는 방식에서 현실적인 차이가 있을 수밖에 없습니다. 모두가 소중한 자녀라는 사실은 같지만 아무래도 1명의 자녀를 가진 가족이 아이에게 보이는 관심이나 비용이 더 들어갈 것입니다. 1명의 자녀가 있는 가족의 아이가 잘못 크면 가족의 미래도 암울해질 가능성이 훨씬 커질 것이기 때문입니다.

따라서 아이들이 줄어드는 만큼 아이들 개인에 드는 사회적 관심과 비용이 더 들어 갈 것입니다. 그러므로 아이들 개인별 특성에 맞춘 맞춤형 교육이 강화될 수밖에 없습니다.[38]

이처럼 개인 맞춤형 교육이 강화된다면 학교 현장에서는 수업에서도 변화가 일어나게 됩니다. 우선 개인 맞춤형 교육이 진행되려면 아이들의 자질과 역량이 드러나야 할 것입니다. 예전처럼 교사의 강의를 바탕으로 한 주입식 교육이 계속 된다면 학생의 자질과 역량은 객관식 문제 중심의 지필고사로 평가할 수밖에 없습니다. 물론 강의를 통한 주입식 교육이 나쁜 것만은 아닙니다. 일정 수준의 지식을 습득하기 위해서는 가장 효율적인 수단이 될 수 있습니다. 하지만 이처럼 강의식으로 이루어지는 수업은 학생 개인의 자질과 역량을 제대로 드러낼 수 없다는 것이 문제입니다.

객관식 지필고사의 평가방식도 지식 습득 수준을 확인할 수는 있지만 학습과정의 사고방식과 보완점들을 확인할 수 없습니다.

교육 당국도 이러한 문제를 인식하여 '2015 교육과정'에 학생들의 자질과 역량을 제대로 파악할 수 있도록 참여형 교육방법들을 제시하고 있습니다. 우선 아이들이 수업에 능동적으로 참여하여 스스로 문제를 찾아 해결할 수 있도록 다양한 수업방식들을 제시했습니다. 모둠수업, 발표수업, 독후활동, 동아리활동 등 아이들이 수업에 직접 참여하여 자신의 역량을 드러낼 수 있게 했습니다. 그리고 서술형 및 논술형 문제, 수행평가 활동 등을 평가에 반영하여 아이들의 사고방식을 직접 확인할 수 있도록 하였습니다. 이를 통해 수업 중에 보이는 아이들의 장단점들을 구체적으로 확인하여 개선 방법을 제시할 수 있게 만들어 줍니다.

이처럼 아이들의 수업 참여를 통해 자질과 역량을 드러낼 수 있는 참여형 교육이 늘어날 수밖에 없을 것입니다.

다음으로는 인문학적 소양교육에 대한 필요성이 높아질 것으로 생각됩니다.

4차산업혁명이 진행됨에 따라 과학기술 인력의 수요가 증가하고 있습니다. 이공계열 학과들이 대학에서 각광받고 있으며, 'KAIST', '포스텍', 'GIST', 'DIGUST', 'UNIST' 등 주요 지역별로 과학기술대학들이 설립되어 많은 인재들을 양성하고 있습니다. 이미 80년대부터 과학고등학교를 만들어 많은 20대 박사를 배출하여 '선진과학입국'과 '노벨상 수상'이라는 거창한 목표를 추구해 왔습니다. 이처럼 과학기술 인력을 위한 이공계열에 대한 교육의 관심은 오랜 기간 동안 진행되어 왔습니다.

이에 비해 인문학에 대한 사회적 수요는 점점 감소하고 있으며 학생들의 관심도 점점 멀어지고 있는 상황입니다. 하지만 인문학에 대한 필요성이 감소된 것은 아닙니다. '구글'과 '아마존' 등 4차 산업혁명에서 앞서가는 글로벌기업들이 산업 간 융복합을 통해 새로운 사업 아이디어를 발굴하여 사업화시키는 모습을 보면 기술만으로 해결할 수 없는 인간의 역량이 필요해 보입니다.

새로운 기술이나 사업을 발굴하여 개발할 때에는 인간의 상상력과 통찰력이 필요합니다. 이러한 상상력과 통찰력은 단순히 과학과 기술에 대한 학습만으로는 얻을 수 없는 역량입니다. 인간의 본성과 세상의 본질을 다양한 관점으로 파악하는 인문학을 통해 이러한 역량을 키울 수 있습니다. 따라서 현재 우리에게 두드러지게 보이지 않지만 인문학의 필요성은 4차산업시대에 더욱 부각될 것으로 생각됩니다.

그리고 인문학적 소양은 현재 우리 아이들의 실생활에서도 필요합니다. 이미 대다수의 가구가 한 자녀를 키우고 있습니다. 하지만 아이들에게 부모와의 교감과 인성교육을 할 수 있는 여건이 쉽게 허락되지 않습니다. 그리고 학교에서도 '학생인권조례' 등의 제도를 통해 학생들의 인권이 강화되고 자율성이 강화되었습니다. 이에 반해 학생들의 올바른 가치관을 형성할 수 있는 수단들은 점점 제약을 받게 되었습니다. 예를 들어 교내에서 학생에게 문제가 발생한 경우에도 소위 '학폭위'라고 하는 제도를 통해 해결합니다. 사안의 내용을 조사하고 처벌 여부를 교사와 학부모들이 협의하여 결정합니다. 그리고 처벌을 시행하면 그것으로 끝입니다.

이러한 제도들만으로 아이들이 자신의 잘못을 진정으로 인정하고 뉘우쳐 올바른 인성을 형성할 기회를 제공할 수 있을지 알 수 없습니다. 게다가 지금 아이들은 다문화가구의 증가로 인해 외모가 다른 아이들과 생활해야 하고, 걸러지지 않은 수많은 콘텐츠를 접할 수 있는 등 이전보다 더 명확한 가치관을 가져야 할 환경에 놓여 있습니다. 그럼에도 불구하고 우리 아이들에게 올바른 인성과 가치관을 형성할 수 있는 기회는 도무지 보이지 않습니다. 이처럼 아이들의 인권이 강화되는 만큼, 사회가 다양화되고 복잡해지는 만큼 올바른 인성과 가치관 형성을 위하여 인문학적 소양의 필요성은 점점 증가할 것입니다.

하지만 '2015 교육과정'에서도 인문학적 소양에 대해 언급하고 있지만, 어디까지나 창의융합적 사고 역량을 키우기 위한 목적의 내용일 뿐, 아직은 인성과 가치관을 키우기 위한 내용들을 확인할 수 없습니다.

인구 감소에 따른 교육 환경의 변화

학생 수 감소에 따른 학교교육의 변화에 대한 필요성을 교육 당국도 인식하고 있습니다. 특히 학생 수 감소는 분명히 우리 사회의 위기임에는 분명하지만 이러한 상황을 교육의 질적 향상의 기회로 활용하겠다는 의지를 보였습니다. 구체적인 방법들을 설명하지는 않았지만 교육의 질적 향상을 위해 학생 수 감소에도 교육예산을 줄이지 않겠다고 발표[39]하였습니다.

전체 교육예산은 변동이 있겠지만 학생 한 명당 투입되는 교육예산은 늘리는 방향으로 정책을 추진한다고 합니다. 이를 바탕으로 모든 아이들을 인재로 양성하여 경제성장에 기여하게 만들고, 경제 활성화에 따르는 세수확대를 통해 다시 교육예산을 확장하는 선순환 구조를 만들겠다는 계획입니다.

교육부 장관이 발표한 정책방향은 다행스럽게 생각됩니다. 하지만 정책방향에 따르는 교육 분야와 교육 방법에 대한 구체적인 언급이 없었다는 점은 무척 아쉬운 부분입니다. 쓸 돈이 많아도 제대로 쓸 계획이 없다면 공염불에 불과하기 때문입니다. 분명한 것은 사회 변화에 대응하기 위해서라도 학생별 맞춤형 교육과 참여형 교육에 대한 예산 투입이 늘 것이라고 예상됩니다.

이와 함께 교사를 양성하는 환경에도 변화가 일어날 것입니다. 학생 수가 감소하는 비율만큼 필요한 교사의 수도 줄어들 것입니다. 학생 수 감소 추이에 따라 선발하는 교사수도 줄여가고, 이러한 변화를 바탕으로 교사를 양성하는 사범대학과 교육대학의 정원도 점차 줄여갈 것입니다. 이렇게 되면 교사 되기가 어려워질 것 같습니다.

지금도 안정적 직업이라고 각광받는 교사가 줄어들면, 자연스럽게 사범대학과 교육대학의 입학도 어려워질 것입니다. 하지만 교사의 수를 조정하는 것에만 그치지 않고 교사의 질적 향상을 위한 조치도 취해질 것으로 생각됩니다. 교육환경 변화에 따라 교육과정이 변화한다면 그에 걸맞게 교사의 역량도 새롭게 변하고 발전해야 합니다. 특히 아이들이 살아갈 4차산업혁명 시대의 변화와 비전을 인식하고 이러한 내용들을 아이들의 수업과 연계하여 교육할 수 있는 역량을 가진 교사가 필요한 것입니다. 그리고 개인별 맞춤형 교육과 참여형 교육에 대한 필요성을 제대로 이해하고 다양한 교육방식들을 갖고 있는 교사들을 양성해야 합니다. 따라서 교사를 양성하는 교육방식에도 학교 현장의 실무능력 중심으로 교육체계를 개선하게 될 것입니다.

학생 수 감소에 따른 교육 변화에 대비하려면

당분간 학생 수 감소를 해결할 방법은 보이지 않습니다. 그렇기 때문에 학생 수 감소에 따른 교육의 변화도 우리 아이들의 학교생활 중에 계속해서 발생할 것입니다.

분명 이전보다는 사회나 학교에서 우리 아이들의 교육에 대한 관심이 높아질 것입니다. 그만큼 학생 개개인을 위한 교육방식도 제시될 것입니다. 우리 아이들이 이런 변화에 적응하려면 우선 자신의 관심 분야와 진로에 대해 명확한 목표가 있어야 할 것입니다.

줄어드는 학생 하나하나의 가치가 중요해지고 인재로 키우기 위한 교육환경이 만들어진다 할지라도, 모든 학생이 인재가 되고 리더가 될 수 있는 것은 아닙니다. 따라서 어릴수록 다양한 경험이 필요하며, 충분한 시간을 갖고 관심분야들을 탐색하면서 진로를 고민해야 합니다. 다양한 분야에 대한 관심의 폭을 넓혀가는 가운데 진로가 될 만한 분야들을 찾을 수 있고 해당 분야에 대한 관심의 깊이도 높일 수 있을 것입니다. 이러한 가운데 진로에 대한 목표를 세울 수 있다면 가장 중요한 학습동기를 갖게 되는 것입니다.

중학교 자유학년제도 이러한 취지로 제도화된 것입니다. 이 시기에 국영수 중심의 기초학습역량을 키우는 것도 중요하지만 아이들의 미래에 대한 진로를 진지하게 생각해 볼 수 있는 기회로 삼아야 합니다. 이렇게 진로의 목표가 명확해지면 아이들이 진로분야에 전문성을 가질 수 있고 대학이 요구하는 전공적합성의 확실한 토대가 됩니다.

그리고 아이들이 자신감을 갖고 생각을 표현할 수 있도록 만들어야 합니다. 현재 초등학교나 중학교 수업에서는 글로, 말로, 이미지로 자신을 표현할 수 있는 기회를 많이 제공하고 있습니다. 이때 적극적으로 자신을 표현할 수 있는 역량을 키워야 합니다. 그럼에도 틀리는 것을 두려워해서 주저하는 아이들이 많이 있습니다. 하지만 틀리는 것을 두려워하지 않고 자신을 표현할 수 있게 만들어야 합니다.

아이들은 자신을 표현하는 과정에서 자신의 장단점을 깨우칠 수 있는 능력을 갖고 있기 때문입니다. 여기에 다른 아이들의 의견을 받아들일 수 있는 수용성을 갖게 된다면 아이들은 자신의 단점을 보완할 수 있는 방법까지 자연스럽게 깨우치게 됩니다. 이렇게만 되면 아이들의 학습역량은 순식간에 발전할 수 있습니다. 이러한 아이를 만들기 위해서는 가정에서 부모의 역할이 중요합니다.

우선 아이들의 생각을 존중하는 분위기가 필요합니다. 아이들이 자신의 생각을 말할 때 바로 맞고 틀렸다는 평가를 하지 말아야 합니다. 오히려 아이가 말하는 사안에 대해 부모가 자신의 의견을 이야기해야 합니다. 아이의 생각에 동의를 하는 의견이든지, 아니면 반대하는 의견이든지 부모도 근거를 제시하면서 의견을 이야기해야 합니다. 이렇게 대화를 하는 가운데에서 아이의 생각은 깊어지고 넓어지게 됩니다.

아이의 생각이 깊어지고 넓어지면 자신의 생각을 표현하는데 주저하지 않고 틀리는 것에 두려워하지 않는 자신감을 가질 수 있습니다.

입시 대변동의 Signal 8

다문화 사회
: 글로벌 경쟁력은 섞여야 배운다

주말 경복궁에 가보면 한복을 곱게 차려 입고 사진을 찍는 외국인 여행객들 모습을 쉽게 볼 수 있습니다. 그리고 신도시 학원가 밀집 지역에서는 영어를 가르치는 외국인 강사들이 삼삼오오 지나는 모습을 심심치 않게 볼 수 있습니다. 뿐만 아닙니다. 서울의 대림동을 가면 순간적으로 중국의 소도시에 온 것 같은 착각을 일으키게 됩니다. 중국풍의 소박한 상점과 음식점들이 모여 차이나타운을 이루고 있는 모습을 볼 수 있는데 중국 여행객들을 위한 곳들이 아니라 이곳에 거주하는 중국 동포들의 생활에 필요한 곳들입니다.

또한 안산시와 같은 공단지역에는 일자리를 찾아온 동남아 노동자들이 많이 살고 있습니다. 안산시에는 이들의 민원을 해결해 주

217

는 외국인 전용 주민센터까지 있다고 하니 이들의 삶이 우리 사회에 뿌리내리는 현장을 직접 확인할 수 있습니다. 이처럼 여행을 위해서 우리나라를 방문하는 외국인들도 늘고 있지만 우리 사회로 이주하여 새로운 삶의 터전을 만들고 있는 외국인들도 많이 늘어가고 있습니다.

다문화 아이들의 증가, 함께 어울려 살 수 있을까?

또한 10여 년전부터 외국인과 국제결혼을 통해 가족을 이룬 가구들이 부쩍 늘어나고 있습니다. 이러한 가족들을 우리는 다문화 가구라고 부릅니다. 그렇다면 우리 사회에서 다문화 가구가 얼마나 많이 살고 있을까요? 통계청에 따르면 2018년도 우리나라의 다문화 가구는 33만 5천 가구, 사람수로는 100만 9천 명으로 처음으로 100만 명을 돌파했다고 합니다. 100만 명은 우리나라 총 인구의 2%를 차지한다고 하는데 다소 미미해 보일지는 모르겠지만 고양시나 용인시 전체 인구에 맞먹는 숫자라고 합니다. 이들 가족의 국적은 중국동포가 11.9만 명, 베트남인이 7.2만 명, 중국인이 6.9만 명으로 중국과 베트남 국적이 전체 외국인들의 76%를 차지하고 있습니다.[40]

그렇다면 학교에서 차지하는 다문화 아이들은 얼마나 될까요? 교육부와 한국교육개발원에 따르면 2018년 다문화 가구의 초중고 학생은 12만 2천 명으로 전년보다 11.7%가 늘었다고 밝히고 있습니다. 2012년 4만 7천여 명 수준에서 시작하여 2017년에 처음으로 10만 명을 돌파하게 되었습니다.

전체 학생에서 다문화 아이들이 차지하는 비율은 2.2%로 100명 아이들 중에서 2명이 다문화 가정의 아이들인 것으로 나타났습니다. 이중 초등학교에 재학 중인 다문화 가정의 아이들이 9만 3천여 명으로 전체 초등학생의 3.4%를 차지하는 것으로 가장 높은 비율로 나타나고 있습니다. 앞으로 학생 수가 감소할 것을 감안하면 다문화 가정의 아이들이 학교에서 차지하는 비율은 점차 늘어갈 것으로 예상됩니다. 다문화 가정의 부모들 국적도 베트남, 중국, 중국 교포 순으로 나타났습니다.[41]

그렇다면 이들에 대한 우리의 인식은 어떨까요? 앞서 살펴본 것처럼 우리나라에서 정착한 다문화 아이들의 가정은 베트남과 중국 국적의 부모들을 중심으로 구성되어 있습니다. 그리고 다문화 아이들의 거주 지역은 대도시보다는 지방 읍면지역 중심으로 거주하고 있습니다. 이들 가구는 농어촌 지역에 사는 한국 남성과 결혼하여 이주한 외국인 여성들로 이루어진 다문화 가구입니다. 이들의 가정환경을 교육의 관점에서 본다면 아주 뛰어난 교육 환경이라고 보기는 어려울 것 같습니다.

아무래도 경제적 여건이 좋지 않은 환경일 가능성이 높고 그리고 엄마가 외국인인 관계로 우리 교육 환경에 익숙하지 않을 것이기 때문입니다. 게다가 다문화 아이들은 학교에 가서도 더욱 불리한 교육 환경에 놓이게 됩니다. 일반 한국 아이들을 중심으로 이루어진 교육과정으로 인해 수업에 적응하기 어렵고 다른 외모로 인해 아이들에게 차별대우를 받을 가능성이 높기 때문입니다. 가뜩이나 학교 수업을 따라가기 어려운 상황에서 친구들의 차가운 시선은 다문화 아이들에게는 견디기 힘든 고통일 수 있습니다. 그렇다고 피부색과 얼굴 생김새가 다르고 한국어에 서투른 친구를 보면서 이질감을 느끼는 것에 대해 무작정 아이 탓만 할 수 없습니다. 하지만 심각한 문제는 다문화 아이와의 차이를 느끼는 것을 넘어 그 아이에게 차별 대우를 하고 집단 괴롭힘을 할 수도 있다는 점입니다. 이로 인해 다문화 아이들은 친구들 사이에서 소외되고 학교생활에 소극적이 되어 수업에도 불성실하게 될 것입니다.

결국 이 아이들은 학교교육을 통해서 얻을 수 있는 학업역량을 제대로 개발하지 못할 것으로 생각됩니다. 다문화 아이들의 중학교 진학률은 97.6%이고 대학 진학률이 53.3%로 상급학교 진학률이 급격하게 떨어지는 것을 보면 단순한 추측이 아님을 확인할 수 있습니다.[42] 이러한 상황을 방치한다면 교육과정에서 탈락한 다문화 가구의 아이들이 점점 늘어나게 되고 이들이 성인이 되었을 때에는 우리 사회의 새로운 문제 원인으로 등장할 수도 있을 것입니다.

교육 당국도 다문화 아이들이 처한 상황을 인식하고 문제들을 해결하기 위해 여러가지 지원 방법들을 모색하고 있습니다.[43] 다문화 아이들에게 한국어 교육이나 기초학력 교육 등의 맞춤형 교육을 지원하여 학교생활에 적응하고 학업역량을 높이는데 집중하고 있습니다. 그리고 학교 현장에서 다문화 교육을 확대하여 아이들이 문화에 대한 이해도를 높이고 문화적 다양성을 수용할 수 있는 태도를 만든다고 합니다. 이를 위해 맞춤형 교육을 전담할 인력을 충원하고 전용 지원센터를 만들어 다문화 아이들 교육을 지원한다고 합니다. 그렇다면 이렇게 다문화 아이들을 지원하는 이유는 무엇일까요? 많아야 전체 학생의 3%도 안되는 아이들에 대해 신경 쓰고 교육적 배려를 해야 하는 이유가 궁금해집니다.

세계화 시대, 섞여야 배운다

다문화 아이들에 대해 우리 사회가 고민해야 할 이유는 다음과 같은 두 가지 이유 때문입니다.

우선 우리 사회의 인구감소 문제를 해결할 수 있는 현실적인 방법이기 때문입니다. 앞 장에서 학생 수 감소를 중심으로 인구감소에 대한 문제를 살펴보았습니다. 인구감소가 초래할 문제는 작게는 사회 경제적인 시스템의 붕괴는 물론이고 국가 자체의 생존을 위협할 수 있습니다. 다문화 가구의 증가로 인해 인구감소를 막는 것이 인구감소에 대한 최선의 대안은 아닐지라도 현실적으로 실현 가능한 해결책이기 때문입니다.

저출산으로 인한 학생 수 감소는 미래 우리 사회의 생산을 담당할 생산가능인구의 감소를 의미합니다. 즉 일할 수 있는 젊은 사람들이 부족하게 되면 우리 사회의 각 분야에 적정한 노동인력을 공급할 수 없게 됩니다. 그렇게 된다면 우리 사회는 발전에 위한 동력을 잃고 성장이 멈추게 됩니다. 이와 함께 우리 사회는 고령화도 진전되면서 젊은이들에 비해 노인들의 인구 비율이 급격하게 증가되는 문제가 발생합니다.

우리 사회는 젊은이들이 일을 하여 낸 세금으로 은퇴한 노인들의 생활을 지원하는 공적부조 시스템을 사회복지정책의 기본 틀로

운영하고 있습니다. 따라서 젊은이들이 줄어든다면 노인 지원을 위한 재원확보에 문제가 발행하여 사회 시스템의 토대가 붕괴될 수도 있는 것입니다. 2065년이 되면 생산가능인구가 47.9%에 불과하게 된다고 하니[44] 출산율이 극적으로 증가하지 않는다면 다문화 가구의 증가가 인구감소에 대한 현실적인 대안이 될 수 있습니다.

다음으로는 우리 아이들이 다양한 문화에 대한 수용성을 높일 수 있는 실질적인 환경을 제공하기 때문입니다. 우리 아이들은 초등학교나 중학교에서 다문화 아이들과 생활하면서 사람마다의 차이를 생활 속에서 인식하게 됩니다. 이러한 환경 가운데 아이들은 자신과 다른 사람이나 문화에 대한 수용성을 높일 수 있는 기회를 가질 수 있습니다.

앞으로 아이들이 대학에 들어가게 되만 많은 외국인 학생들과 경쟁해야 할 것입니다. 대학에는 더욱 다양한 국적들을 가진 수많은 외국인 학생들과 함께 공부를 해야 하기 때문입니다. 현재 대학도 학생 수 감소로 인해 대학 존립을 걱정하고 있습니다. 이러한 위기를 해결하기 위해 각 대학은 외국인 학생의 유치에 사활을 걸고 있습니다.

서울 주요 대학인 경희대, 성균관대, 고려대, 연세대 등은 이미 3천 명이 넘는 외국인 학생들이 다니고 있습니다. 이렇게 한국 대학에 유학 온 학생들이 이미 2019년에 10만 명을 넘어섰고, 대학원 등을 포함한 전체 유학생은 16만 명을 넘는 것으로 확인되었습니다.

외국인 학생의 국적도 중국, 베트남, 몽골 순으로 다문화 가구의 국적과 비슷한 모습을 보이고 있습니다.[45] 이러한 추세는 현재 초등학생이나 중학생이 대학을 가게 될 시기에는 더욱 확대될 것으로 전망됩니다. 그렇기 때문에 우리 아이들은 앞으로 국내 대학서도 외국인 학생들과 함께 공부도 하고 치열한 경쟁을 해야 할 상황에 놓이게 될 것입니다. 따라서 어릴 때부터 다문화 아이들과 어울리면서 나와 다른 사람을 인정하게 된다면 대학에 가서나 성인이 되어서도 포용하는 자세를 가질 수 있을 것입니다.

다문화 가구의 증가는 우리 아이들에게 피할 수 없는 현실입니다. 그리고 다문화 자체에 대한 수용성은 앞으로 우리 아이들이 살아가는데 필요한 덕목입니다. 다문화에 대한 생소함과 이질감에 따른 거부감을 줄일 수 있다면 다양한 문화에 대한 이해의 폭도 넓힐 수 있으며, 다른 사람과 공존할 수 있는 지혜의 깊이도 깊어질 것입니다.

미국을 '인종의 용광로'라고 일컫는 의미를 되새겨 보아야 합니다. 물론 미국 내에서 인종에 대한 차별이 아직도 존재하고 있지만, 미국의 성장에는 다양한 국적을 가진 사람들이 섞여 살면서 만든 미국만의 성장동력들이 있었습니다. 그것은 바로 다양한 문화에 대한 존중, 즉 문화적 상대성을 인정하는 자세가 아닐까 생각합니다. 위대한 미국, 미국의 발전이라는 목적에 기여할 수 있다면 어떤 문화도 배척하지 않고 수용하는 태도, 그리고 국적을 불문하고 역량 있는 인재에 대한 존중과 새로운 도전에 대한 가치를 인정하는 사회 분위기가 오늘날 미국의 힘을 만들지 않았을까 생각해 봅니다.

이러한 사례는 고대 유럽을 정복했던 로마에서도, 그리고 중국

역사상 최고의 국력을 자랑했던 당나라에서도 확인할 수 있습니다. 이들 국가 모두가 다양한 문화들이 차별 없이 녹아들 수 있는 용광로 국가였던 것입니다.

다문화 환경에 적응하려면

우리 아이들이 다문화 아이들에게 올바른 태도를 가지게 하려면 어떻게 해야 할까요? 우선 아이들에게 다른 사람과 공존하는 것에 대한 가치를 이해시키고 수용하는 태도를 키우게 하는 것입니다. 이러한 이해와 태도는 사실 성인들이 훨씬 더 실행하기 어려운 과제입니다. 가족에서 부부간에도, 직장동료 사이에도 공존의 관점에서 서로 간의 차이를 인정하고 상대를 이해하기란 참 어렵습니다. 그렇기 때문에 아이들에게 공존하는 가치를 이해하기 바라는 것은 무리일지도 모르겠습니다.

하지만 우리 아이들이 아직 가치 기준이 명확하지 않다는 점을 고려한다면 성인보다 가치기준을 열린 관점에서 받아들일 수 있는 가능성이 높다고 생각합니다. 부모들도 국내에서는 부정적으로 바라보는 국가의 사람들도 막상 그 국가에 여행을 가서 보면 새로운 느낌으로 대했던 경험이 있을 것입니다. 아이들이 생활 속에서 다른 국가의 또는 특정 환경에 처한 사람들은 만나는 것은 바로 부모들이 여행을 가서 새롭게 만나는 사람들과 같습니다.

아이들이 보이는 모습들은 미디어를 통해 본 영상이나 어른들에게 듣는 이야기를 통해 갖게 된 부정적이거나 긍정적인 가치관 때문인 것입니다. 따라서 부모들은 아이들이 본 현실 그대로를 아이들이 느낀 바를 통해 이야기를 하면서 다른 문화의 사람들에 대한 올바른 생각과 태도를 만들어 가야 합니다.

앞으로 아이들은 다문화 아이들은 물론 수많은 외국인과 어울려 살아야 합니다. 아이들이 이들과 경쟁해야 한다는 것은 피할 수 없는 사실이지만, 이들이 우리 사회에 기여하는 측면도 외면할 수 없는 사실입니다. 이렇게 나와 다른 사람과 살아간다는 것에는 불편한 사실도 있지만 유익한 사실도 있다는 것을 이해함으로써 아이들도 다문화 아이들과 공존의 가치를 합리적으로 이해할 수 있게 될 것입니다.

그렇다면 다문화에 대한 수용성을 높일 수 있도록 어떻게 교육시켜야 할까요? 우선 아이들이 가치 판단의 문제들에 대해 스스로 선택하고 판단할 수 있도록 열린 답을 주어야 합니다. 부모들은 성장하는 과정에서 많은 경험을 통해 얻은 '좋고 나쁨'과 '옳고 그름'에 대해 기준들을 갖고 계실 것입니다. 하지만 아이들은 아직 가치 판단을 할 수 있는 능력이 부족하고 이제 배워가는 과정 중에 있기 때문에 그러한 기준들이 아예 없거나 부족한 상태입니다.

부모들도 과거를 돌이켜 보면 가치 판단의 기준을 갖기까지는 많은 고민의 시간을 보내셨을 것입니다. 선생이나 부모들이 제시하는 기준들을 순순히 받아들인 경우도 있었을 것이고 스스로 고민하면서 자신만의 기준들을 찾은 경우도 있을 것이라 생각합니다.

요즘 아이들은 어떨까요? 부모가 일방적으로, 학교 수업시간에 제시하는 가치판단의 기준을 아이들에게 강요한다면 순순히 받아들일 수 있을까요? 저는 그렇지 않을 가능성이 높다고 봅니다. 과거에 비해 보고 듣고 즐길 거리가 많아져 가치 같은 추상적 개념에 익숙하지 않고 학생들의 인권과 자율성이 높아져 자기 생각이 강해졌으며, 인터넷과 스마트폰 등으로 인해 소통이 빨라져 오랜 시간 생각하는 것에 익숙하지 않기 때문입니다. 따라서 가치판단에 있어 부모들이 제시하는 기준들은 아이들에게는 일방적인 가르침이 될 수밖에 없습니다. 아무리 의도가 좋아도, 아무리 부드러운 말로 이야기해도 그 목적이 가르침이라면 그것이 바로 닫힌 답변이라고 할 수 있습니다. 그래서 '좋고 나쁨', 또는 '옳고 그름'에 대하여 아이들 스스로가 고민할 수 있도록 유도할 수 있는 대화가 되어야 합니다.

처음부터 부모의 가치기준을 제공하려는 목적을 버리고 아이들의 의견에 공감도 하고 때로는 반대도 하면서 같이 답을 찾아가는 것입니다. 즉 아이들과 상반된 입장 속에서 토론을 하는 것이 아니라 고민 해결이라는 같은 목적을 찾아 논의를 하는 것입니다. 이처럼 아이들과 계속해서 논의를 이어 갈 수 있게 만드는 답변이 열린 답변이라고 할 수 있습니다. 따라서 다문화 아이들의 입장, 다문화의 문화로서의 가치, 아이들이 가져야 할 태도 등에 대해서 논의한다면 아이들도 고민을 통해 자신만의 답, 즉 기준들을 찾아 갈 것이라고 확신합니다.

입시 대변동의 Signal 9

4차산업혁명
: 엉뚱한 상상을 현실로 만드는 법

인류는 지금까지 3차례의 산업혁명을 일으켜 왔습니다. 그 내용들을 간략히 살펴보면 다음과 같습니다. 18세기 증기기관의 발명을 계기로 일어난 1차 산업혁명, 19~20세기 초에 전기에너지의 활용으로 발생한 2차 산업혁명, 20세기 후반 컴퓨터와 인터넷 기술에 기반한 3차 산업혁명이 그것입니다.[46] 이러한 산업혁명들은 새로운 동력과 도구의 발명을 통해 인간의 생활을 편리하고 풍요롭게 만들어 왔습니다.

이제 21세기에 이른 현재 4차산업혁명이 등장하여 미래 우리의 생활에 변화를 예고하고 있습니다.

지난 3세기 동안 진행되었던 산업혁명은 다음과 같은 특징을 보이고 있습니다. 우선 새로운 산업혁명의 등장 시기가 점점 빨라졌

SIGNAL 9 4차산업혁명 엉뚱한 상상을 현실로 만드는 법

227

다는 것입니다. 1차 산업혁명에서 2차 산업혁명의 발생이 150여 년 시간차가 필요했다면, 3차 산업혁명에서 4차 산업혁명의 발생은 대략 30여 년의 시간차를 두고 발생하였습니다. 그리고 산업혁명은 새로운 기계나 기술의 발명을 통해 인간의 기능을 대체하는 방식으로 발전하여 왔습니다.

초기 산업혁명들이 인간의 육체적 활동을 대체하였다면, 최근 산업혁명은 인간의 지적 활동까지 수행하는 기술이 등장하여 인간 고유의 사고기능을 대신하기에 이르게 되었습니다.

마지막으로 산업혁명의 초기에 사람들은 산업혁명이 불러올 변화에 대해 불안을 느꼈습니다. 그 이유는 산업혁명이 일으킬 변화를 구체적으로 확인할 수 없었기 때문에 인간에게 어떤 일이 벌어질지 몰랐기 때문입니다. 1차 산업혁명 당시에도 사람들은 기계가 인간 노동을 대신해 자신의 일자리를 잃어버리지 않을까 두려워하였습니다. 이러한 두려움으로 인해 노동자들은 기계를 파괴하는 집단 행동을 보였는데, 이것이 영국에서 발생한 '러다이트' 운동입니다.

이처럼 산업혁명을 통해 기술발전의 속도가 빨라지고 새로운 기술이 인간의 여러 활동과 기능을 대체하는 것을 알게 되면서 4차 산업혁명에 대해서도 우리는 불안함을 느끼고 있습니다.

새로운 기술이 우리 인간의 영역을 침범하여 어떤 문제를 일으킬까 명확하게 알 수 없기 때문에 불편하게 느끼는 것입니다. 하지만 현재 우리의 실제 생활을 생각해 본다면 이 같은 불안감은 근거 없는 상상이라고 생각됩니다. 다음과 같은 질문들을 통해 확인해 보겠습니다. '고생을 무릅쓰고 전국을 걸어서 여행한 경험이 있나요?', '하루 한 시간만이라도 전기 없는 생활을 상상해 보신적이 있나요?', '이성 친구를 사귀고 싶어 편지를 쓰는 젊은이들을 쉽게 찾을 수 있나요?' 과거에는 일상적이었던 일들도 새로운 기술이 생활에 안착되면서 우리에게는 불편하고 무리한 일로 남게 되었습니다.

물론 새로운 기술이 일부 직업들을 없애기도 하고 낯선 환경에 적응하게 만드는 등 부정적 측면들도 있습니다. 하지만 기술이 발전하면서 인간은 이러한 문제들을 해결할 수 있는 새로운 방식을 찾아 문제를 해결해 왔습니다. 그렇기 때문에 새로운 기술에 대한 불안감은 쉽게 보이지 않는 미래에 대한 막연한 불안의 가능성일 따름입니다. 따라서 우리는 신기술의 발전이 만들어 갈 미래의 현실에 재빨리 적응하기 위해 필요한 준비를 차분하게 하면 될 일입니다.

4차산업의 이해, 과대망상을 넘어서 현실로

그렇다면 현재 우리 앞에 놓여진 4차산업혁명의 실체는 무엇일까요? 4차산업혁명에 대한 다양한 정의들이 있습니다. 그중 정부의 '4차산업혁명위원회'가 규정한 내용을 확인해 보겠습니다.[47]

위원회에서는 4차산업혁명은 '빅데이터', '초연결', '인공지능' 등의 기술로 촉발되는 지능화 혁명 그리고 그 이상'이라고 규정하고 있습니다. 말 그대로 모든 전자장치들을 연결(초연결)하여 거대한 정보(빅데이터)를 모으고, 이를 인공지능으로 분석하고 판단하여 사회 전 영역에서 새로운 생활환경을 만드는 변화라고 할 수 있습니다. 하지만 이렇게 4차산업혁명에 대하여 간략하게 정의한다 할지라도 우리는 그 변화의 구체적인 모습을 확인할 수 없습니다. 차라리 한 사람의 뛰어난 천재가 4차산업을 기획하고 이에 걸맞는 상품들을 만들어 우리 생활이 변화될 방향을 제시한다면 혼란스럽지 않을 수도 있을 것입니다. 4차산업에서는 각각의 산업분야들이 발전하면서 주변 산업들과 융합하여 발전하기 때문에 아직도, 아니 당분간은 일반 사람들은 실체가 무엇인지 정확하게 파악할 수 없을지도 모릅니다.

다만 현재의 4차산업혁명에서는 각 산업들이 발전하는데 필요한 기술적 기반의 형태와 내용만은 확인할 수 있을 따름입니다. 앞의 정의에 따르면 4차산업의 기반이 되는 주요 기술들을 '빅데이터', '초연결', '인공지능'이라고 규정하고 있습니다. 이 세 가지 기술들을 바탕으로 4차산업은 발전할 것이고, 이 기술들을 통해 우리 생활을 변화시킬 여러 가지 상품들과 서비스들이 나타날 것입니다. 이러한 상황에서 우리 생활 양식은 우리도 모르는 사이에 서서히 변화해 갈 것입니다. 그렇다면 4차산업의 기반이 되는 기술들의 내용에 대해 조금 더 구체적으로 알아보도록 하겠습니다.

우선 '빅데이터'는 우리가 인터넷을 통해 생산하고 소비하는 수많은 정보들과 처리기술을 말합니다. 우리가 주로 인터넷을 통해 사용하는 문자, 사진, 영상 등의 정보가 빅데이터 재료의 한 축이라면, 우리가 이런 정보들을 소비하면서 보이는 행동 패턴들의 정보가 또 다른 재료의 한 축을 이루고 있습니다. 이렇게 쌓인 방대한 재료를 필요한 정보만을 수집하고, 분석하여 각 산업에 적합한 맞춤형 결과를 만들어 내는 기술까지 포함한 것이 바로 빅데이터 기술입니다.

다음으로 '초연결'은 지금까지 인터넷을 통해 인간과 인간이 연결되어 있었다면, 앞으로는 인간과 사물, 사물과 사물이 연결되는 것을 말합니다. 이렇게 세상의 모든 인간과 사물이 하나로 연결되는 사회를 네트워크 사회, 즉 초 연결사회라고 합니다. 지금도 스마트폰 앱으로 관리하는 가전기기나 편의점에서 결제하고 지하철과 버스의 교통비를 결제하는 것은 초연결에 기반한 기술을 사용한 것입니다.[48]

마지막으로 살펴볼 기술은 '인공지능'입니다. 2016년 구글의 '알파고'라는 인공지능이 이세돌 9단에게 바둑 경기에서 이기면서 우리에게 큰 반향을 일으킨 기술입니다. 이때 이세돌 9단이 5판 중 1판만 이기면서 인공지능이 이제 인간의 지능을 앞서게 된 것이 아닌가하는 놀라움과 함께 두려움을 갖게 만들었습니다.

현재 구글의 '알파스타'라고 하는 인공지능은 '스타크래프트'라는 인터넷 게임을 학습하고 있으며 조만간 프로게이머에 도전하여 승부를 겨룰 것이라고 합니다. 바둑과 인터넷 게임은 인간의 사고 능력을 활용하여 수많은 승부 방법들을 학습하고, 이를 바탕으로 상대의 전략에 따라 가장 최적의 전략을 만들어 경기를 하는 게임입니다. 따라서 바둑과 인터넷 게임의 전략은 인간이 생각하기에 따라 무궁무진한 경우의 수를 만들 수 있습니다.

이러한 종류의 경기에서 인공지능이 인간을 이겼다는 것은 기계가 인간을 넘어서는 사고능력을 갖게 되었다고 볼 수 있습니다. 게다가 인터넷을 통해 빅데이터가 쌓이고 이러한 데이터가 모든 장치들을 통해 네트워크로 연결되며, 이를 활용하고 인공지능이 더 많은 학습을 하게 되어 이러한 상황을 통제하게 된다면, 우리 인간의 미래가 어떻게 될지 두려워지기만 합니다.

하지만 아직 결정된 것은 아무것도 없습니다. 우리 생활이 어떻게 변화될지도 모르는 마당에 미래의 우리 생존을 위협할지도 모른다는 두려움은 조금 성급한 생각이 아닐까 합니다.

사실 인공지능이 인간을 이긴 사례는 이미 이십 년 전부터 일어났던 일입니다. 1997년 IBM의 '딥블루'라는 인공지능이 세계 체스 챔피언을 이겼습니다. 그리고 IBM의 또 다른 인공지능 '왓슨'은 미국 유명 퀴즈 프로그램에서 역대 최고 우승자를 이겼습니다. 게다가 구글의 '알파고'도 이미 다양한 프로 바둑 기사들과 경기해 오면서 바둑 최고수와의 경기를 준비해 왔던 것입니다.

인공지능조차도 시행착오를 경험하면서 학습하고 그러한 경험들 속에서 자신의 약점을 개선할 시간이 필요했던 것입니다. 인공지능이 보여주었던 능력은 바둑이면 바둑, 아직 한 가지 영역에 대해서만 성과를 보였을 뿐입니다. 더욱이 인공지능이 학습하는 원리를 살펴보면 뜻밖에 단순한 방식에 놀라실 것입니다. 우선 인공지능은 인터넷과 같은 네트워크 상에서 수집된 빅데이터를 0과 1이라는 숫자의 조합으로 단순화합니다. 이후 인공지능은 사칙연산과 같은 기초적인 수학적 계산 방법을 통해 데이터를 분석하여 필요한 결과물을 산출하는 것입니다.[49]

인공지능이 이루어 낸 놀라운 성과에 비해, 그 과정은 아주 단순하게 보입니다. 게다가 우리 인간이 학습하는 과정과 큰 차이가 없어 보이기까지 합니다. 다만 기계처럼 하나의 목표를 위해 오랜 시간 동안 꾸준하게 반복하여 학습을 할 수 있는 인내력을 가진 사람들이 많지 않다는 것이 차이가 아닐까요?

4차산업혁명과 교육의 변화

그렇다면 '빅데이터', '초연결', '인공지능' 기술이 발전한 4차산업혁명 시대가 우리 아이들의 교육에 어떤 영향을 줄지 생각해 보도록 하겠습니다. 이미 '2015 교육과정'에서 4차산업혁명에 대비한 인재상을 밝힌 바가 있습니다.

4차산업시대의 인재상은 바로 창의융합형 인재입니다. 말 그대로 4차산업혁명 시대의 인재는 창의적으로 사고해야 합니다. 앞의 세 가지 기술을 발전시키고, 이 기술들을 활용하여 새로운 상품과 서비스를 만들어 우리 생활을 변화시켜야 하기 때문입니다. 그리고 융합적으로 사고해야 합니다. 이미 인터넷을 통해 쌓인 수많은 데이터가 있고, 이 데이터를 단순화하여 가장 논리적 방식으로 계산하는 인공지능이 있습니다.

우리 아이들이 아무리 지식을 축적하고, 논리적으로 계산하는 역량을 키운다고 할지라도 이런 기능들로는 인공지능보다 더 뛰어난 성과를 올릴 수는 없을 것입니다. 하지만 인공지능은 한 분야에 집중하여 단순한 계산을 통해 학습할 수 있을 뿐이지만 우리 아이들은 다양한 분야를 동시에 생각할 수 있고 상상과 감성 등을 통해 지식의 폭을 넓힐 수 있습니다.[50] 그렇기 때문에 분야를 넘나들어 사고할 수 있는 융합적 사고의 필요성이 높아진다고 볼 수 있는 것

233

입니다.

그렇다면 교실의 교육방식이 어떻게 바뀔지에 대해서 좀 더 구체적으로 생각해 보겠습니다. 4차산업혁명의 기술들은 아이들의 교육방식에도 변화를 일으킬 것입니다.

특히 인공지능 기술이 아이들의 학습에 끼칠 영향이 클 것으로 예상됩니다. 우선 개인 맞춤형 학습이 좀 더 효과적으로 진행될 수 있을 것으로 생각됩니다. 인공지능이 학습과정에서 발생하는 각종 데이터를 수집하고 분석하여 아이들의 특성과 단계에 따라 수준별로 교육 콘텐츠와 학습방식으로 제공할 수 있게 될 것입니다. 이같은 형태로 인공지능이 교육에 활용된다면 이상적인 개인 맞춤형 학습이 실시될 수 있습니다. 그리고 지금까지 교사의 강의가 중심이 되는 수업에서 벗어날 수 있습니다.

지금도 모둠을 구성하여 학습과제에 대해 토론과 토의를 통한 자발적인 학습활동이 이루어지고 있습니다. 하지만 강의식 학습을 보완하는 방법에 그칠 뿐 아이들이 능동적으로 참여하는 학습에는 이르지 못하고 있습니다. 하지만 인공지능과 함께 '가상현실(VR)'과 '증강현실(AR)' 등의 기술이 학습에 적용된다면 강의를 통한 지식전달의 학습에 벗어나 아이들 스스로 배우는 학습으로 변화될 수 있습니다. 즉 학습과제별로 다양한 온라인 콘텐츠들이 현실을 옮겨 놓은 것 같은 가상 상황에서 좋아하는 게임 형태로 아이들은 즐겁게 그리고 적극적으로 학습할 수 있을 것입니다.

이처럼 4차산업의 기술을 활용하면 아이들을 수동적으로 만드는 강의식 학습 방식에서 벗어나 아이들이 능동적으로 참여하는 학습환경을 만들 수 있습니다.[51]

아직도 대부분의 수업들은 학생들을 한 공간에 모아 놓고 일반적인 지식들을 일방향적 방식으로 진행되고 있습니다. 하지만 4차산업혁명이 진행됨에 따라 각 아이들의 목표와 수준 그리고 특성을 감안하여 각각 아이가 자신의 학습을 주도하는 방식으로 바뀔 것입니다. 이는 아이들의 학습과 관련한 빅데이터를 분석하여 인공지능이 학생별로 최적의 학습 콘텐츠와 학습방법을 제공할 수 있기 때문입니다.

이러한 방식들이 가능하게 된다면 학교수업의 많은 부분이 인터넷을 바탕으로 한 학습과정으로 변할 것이라 생각됩니다. 결국 같은 과목, 같은 주제에 대해 공부한다 할지라도 아이들마다 다른 학습과정과 방법을 통해 학습목표에 도달하게 될 것입니다. 따라서 학생은 과목별로 다양한 목표를 설정할 수 있으며, 이를 바탕으로 자신에게 적합한 단계와 방법을 찾아 학습과정을 설정할 수 있고 스스로 학습할 수 있는 콘텐츠가 제공될 수 있어 진정한 학습자 중심의 학습이 가능하게 될 것입니다.[52]

4차산업혁명에 따른 미래 사회환경의 변화에 대해 '2015 교육과정'도 반영하고[53] 있습니다. 고등학교 교육과정에서 문이과 교육이 통합교육을 지향한다고 밝혀 융합적 사고의 필요성을 반영하고 있습니다.

중학교의 경우 코딩 교육을 의무화하여 정보과목을 필수과목으로 지정하기도 하였습니다. 그리고 초중고 전 학년에 걸쳐 공통과정과 선택과정을 나누어 모든 학생들에게 필수적인 지식들을 공통적으로 학습할 것을 요구하는 한편, 학생 개개인의 다양한 관심사를 선택적으로 학습할 수 있도록 선택권을 강화하였습니다.

이러한 선택권은 향후 고교학점제 제도가 본격 실시되면 더욱 강화될 예정입니다. 그리고 학습과정에 대한 평가도 단순히 지식의 암기역량을 중시하는 객관식 시험의 비중을 줄이고, 학습한 지식을 바탕으로 실질적 문제의 해결 역량을 중시하는 수행평가의 비중을 늘리고 있으며, 논리적이고 창의적인 사고능력이 요구되는 논서술형 문제가 늘어나고 있습니다. 이러한 변화가 지향하는 바는 결국 4차산업혁명시대가 요구하는 창의융합적 인재의 양성에 초점을 두고 있다고 하겠습니다.

그렇다면 우리 아이들을 창의융합형 인재로 키우기 위해서는 어떤 방법이 있을까요? 다음 장에서 살펴보도록 하겠습니다.

독서가 중요하다는 사실은 누구나 알고 있습니다. 그래서 독서를 해야 한다는 의욕과 의무감으로 책을 사기도 합니다. 하지만 먼지가 뽀얗게 쌓여가는 책장의 책들을 보면서 자신의 박약한 의지를 탓하기도 합니다.

　언제까지인지는 정확히 모르겠지만 초등학교까지는 책깨나 읽었던 것으로 기억합니다. 책을 읽고 난 후 독후감을 쓰기는 싫었지만 좋아하는 책을 찾아 하루에 몇 권이고 읽었던 것 같습니다. 하지만 어느 순간부터 책과 거리가 생긴 것 같습니다.

　중고등학교에 가면서부터 교과서와 참고서, 그리고 문제집과 씨름하기 바빠 책 읽을 여유가 없었기 때문입니다. 그래도 대학에 들어가서는 수업을 듣기 위해 전공 책들을 읽고, 때때로 리포트나 논문을 쓰면서 참고문헌으로 활용하기 위해 읽기도 했습니다. 이렇게 오랜 시간동안 책과 함께했지만 독서를 제대로 했냐고 묻는다면 막상 자신있게 그렇다고 대답하기 어렵습니다. 혹시나 책을 좀 읽었다고 말한다면 기억에 남는 책과 감명 깊었던 문구라도 묻지나 않을까 걱정되기도 합니다.

결혼하고 난 후에는 아이들을 바라봅니다. 그래도 아이들은 꽤나 책을 읽는 것 같습니다. 초등학교 입학 전부터 동화책도 많이 읽었고 지금도 좋아하는 소설이나 역사책 정도는 보는 것 같습니다. 가끔 학습용이라고 하는 만화책을 보는 것이 마음에 조금 걸리지만 그래도 매일 책을 접하는 아이의 모습을 보면서 안심이 됩니다. 그런데 책의 내용이나 느낀 점을 물어보면 아이는 자신 없어 합니다. 어떤 때는 책 내용이 아예 기억이 나지 않는다고 합니다. 그래도 계속해서 책을 읽었으면 하는 바램과 함께 아이에 대한 독서 문제는 슬며시 영어, 수학 걱정 속에서 사라집니다. 결국 이 아이도 시간이 지나면서 중학교에 가서는 역시 공부 때문에 바빠서 책을 볼 시간이 없어지게 될 것입니다.

아이들은 모르는 것과 싫어하는 것을 구별하지 못한다!

초등학교 저학년 학생이라면 자유롭게 책을 읽는 것이 문제가 될 수 없습니다. 책을 읽고 난 후 책 내용을 기억하지 못한다고 할지라도 큰 문제라고 생각되지 않습니다. 이때 아이들이 책을 접하면서 읽는 것에 대한 거부감을 느끼지 않는다면 그것으로 충분합니다. 나아가 책이 귀찮은 것이 아니라 재미있는 놀거리 중의 하나라고 인식을 하게 된다면 훌륭한 성과라고 생각됩니다. 다만 아이가 초등학교 고학년이 되면서 놀거리가 한 분야에 편중되지 않도록 다양한 분야의 책을 접할 수 있게 지도해야 합니다.

학교 수업이나 수능시험에서는 다양한 과목들의 시험을 봅니다. 다른 과목에서는 우수한 성적을 얻지만 특정 과목의 성적이 낮은 학생들은 이구동성으로 그 과목이 싫다고 이야기합니다. 어차피 아이가 학습하는 방식이 동일함에도 불구하고 특정 과목의 성적이 낮고 싫다고 생각하는 원인이 무엇인지 궁금해집니다. 그것은 바로 초등학교 시절 그 과목과 관련된 분야의 대한 지적 경험을 하지 못했기 때문입니다. 즉 관련 분야에 대한 기초적인 지식을 습득할 수 있는 독서 경험이 없었다고 할 수 있습니다.

초등학교 시절의 아이들은 모르는 것과 싫어하는 것을 구분하지 못합니다. 예를 들어 초등학교 아이들은 새로 접하는 음식에 대해 거부감이 있습니다.

새로운 맛이 대한 경험이 없기 때문에 음식을 거부하지만 대부분의 부모들은 아이에게 맛있는 음식이라고 설명하거나 때때로 억지로라도 먹기를 은연중 강요하게 됩니다. 하지만 그렇게 해서는 아이가 먹지 않습니다. 오히려 부모나 친구들이 음식을 먹는 모습을 계속해서 본다면 어느 순간 그 음식을 익숙하게 먹을 수 있게 됩니다. 새로운 음식에 익숙해지면서 음식이 주는 풍미까지 느낄 수 있게 될 것입니다.

좋아하는 과목과 싫어하는 과목이 생기는 이유도 이와 비슷하다고 볼 수 있습니다. 초등학교 저학년 시절 자유롭게 책을 읽는 과정을 거쳐, 고학년이 되어 다양한 분야에 대한 맛보기 독서가 이루어 지지 않는다면 아이의 관심분야도 좁아질 수밖에 없습니다. 따라서 접하지 않은 분야는 영원히 모르는 채 남겨지게 되고 관심밖의 세계로 남게 됩니다. 그렇기 때문에 이때 제대로 된 독서 지도가 이루어지지 않는다면 중고등학생이 되어서도 해당 분야나 과목을 모르기 때문에 싫어하는지, 아니면 정말 적성이 맞지 않아 싫어하는지 구별할 수 없게 되는 것입니다. 따라서 초등학교 고학년부터는 편중되지 않은 독서, 다양한 분야에 대하여 맛보기 독서가 목적이 되어 간접경험과 기초지식을 늘려야 합니다.

목적이 있는 독서, 학습을 위한 실용적 독서로!

그렇다면 실제 학습과정에서 독서의 목적은 무엇인지, 그리고 독서의 목적이 어떻게 활용될 수 있는지 확인해 보겠습니다. 아이들이 하루하루 오랜 시간 책상 앞에 앉아서 공부를 하지만, 아무런 목적없이 공부한다면 책상 앞에서 시간만 보내는 꼴이 됩니다.

그런데 공부를 할 때 목적을 갖는다면 더 높은 학습 성과와 효율을 얻을 수 있습니다. 학습과정 뿐만 아니라 모든 과목에는 읽고 이해하는 능력, 즉 문해력이 있어야 제대로 학습할 수 있습니다. 하지만 문해력만 출중하다고 해서 높은 학습 성과를 장담할 수는 없습니다. 예를 들어 보통 아이들은 책상 앞에 앉아서 교과서, 참고서, 또는 노트라도 펼쳐 놓고 공부를 합니다. 열심히 책을 보고 정리도 하고, 외우기도 하고 문제를 풀면서 책의 내용을 이해하려

합니다. 하지만 이렇게 오랜 시간 열심히 공부해도 정작 시험을 보면 좋은 성과를 보지 못할 때가 많습니다. 그 이유는 아이들이 학습과정에서 책을 읽을 때, 단순히 단어나 문구들에 집착하여 이해하고 외우려고만 들지, 무엇을, 왜 이해하고 외워야 하는지를 모르기 때문입니다.

모든 과목, 모든 단원에는 학습목표가 있습니다. 여기에 바로 무엇을 읽고, 왜 읽어야 하는지에 대해 설명되어 있습니다. 즉 교과서에 해당 단원을 쓴 목적과 이유를 밝혀 놓은 것입니다. 따라서 학습목표를 찾지 못한다면 책의 저자가 책을 통해 알려주고 싶은 내용과 아이들이 꼭 알았으면 하는 내용을 모른 채 책을 보는 것입니다. 즉 목적지를 모른 채 운전을 하는 것이나 비슷하다고 볼 수 있습니다.

학습목표가 의도하는 바에 따라 교과서는 교과서대로, 참고서는 참고서대로, 노트는 노트대로 무엇을 읽고, 무엇을 알아야 하는지 책의 특성에 따라 읽고 학습할 목표가 요구하는 내용을 제대로 파악하는 공부가 되어야 합니다.

좀 더 구체적으로 학습과정에서 목적이 있는 독서의 효과에 대해 살펴보겠습니다.

우선 아이들이 시험문제를 풀 때 적용되는 내용을 확인해 보겠습니다. 문제를 풀 때 문제 그 자체를 읽는 것을 중요하게 생각해야 합니다. 그 이유는 문제 안에는 아이들이 해결해야 할 내용, 즉 문제의 목적이 담겨 있기 때문입니다. 문제의 목적을 제대로 읽어내고 주어진 제시문을 읽어 제시문 내에서 문제의 목적에 적합한 내용을 찾아내야 합니다. 그렇지 않고 문제를 단순히 문자해독 수준에서 읽는다면, 제시문을 문제의 목적에 맞지 않게 읽거나 문제의 목적을 벗어난 엉뚱한 내용에 집중하게 됩니다. 즉 제시문같이 짧은 글을 읽을 때도 아무런 목적없이 읽는다면 잘못 읽을 가능성이 높아지게 되는 것입니다.

최근 수능시험의 제시문들이 길어지고 어려워지는 추세에 있습니다. 그리고 문제 자체도 별도의 제시문처럼 길고 복잡해지고 있기 때문에 문제를 읽고 문제 안에 담긴 목적을 파악하는 능력은 점점 중요해지고 있습니다. 그래도 객관식 문제는 운이라도 작용할 여지가 있지만 서술형 또는 논술형 문제에서는 행운도 바라기 어려워지게 됩니다.

다음으로는 수행평가의 경우에 있어서도 독서의 목적이 중요합니다. 수행평가의 주요 형태인 탐구보고서의 경우 무엇보다도 탐구활동을 제대로 수행하는 것이 중요합니다. 이를 위해서는 탐구목적에 적합한 책과 자료를 선정하는 능력이 필요합니다.

책과 자료를 제대로 선정했다 할지라도 탐구단계 별로 적합한 내용들을 선별하고 해석해 낼 수 있어야 탐구목적에 적합한 보고서를 작성할 수 있습니다. 즉 탐구목적에 따라 탐구과제를 해결할 수 있는 책과 자료를 선정하고 탐구단계 별로 적합한 내용들을 선별하여 논리적으로 구성할 수 있어야 우수한 탐구보고서가 되는 것입니다.

아마도 부모들이 대학시절 같은 방식으로 리포트나 논문을 쓰셨던 경험을 생각하시면 쉽게 이해하실 수 있을 것입니다. 따라서 탐구보고서의 작성에 있어서도 목적에 적합한 책의 선정과 읽기가 중요하다고 할 수 있습니다.

다음으로 학교수업에서 목적 있는 독서의 중요성을 생각해 보겠습니다. 학교생활기록부(이하 학생부)에는 과목별로 교과 세부능력 및 특기사항(이하 세특)이라는 항목이 있습니다. 이 항목은 말 그대로 아이들이 수업하면서 나타나는 특별한 능력과 특이사항들을 선생님들이 기술하는 항목입니다. 이 항목에서는 아이들이 수업을 통해 교과서의 기본내용을 이해하고, 이를 개별적으로 심화, 확장하여 자신만의 학습성과를 나타낼 때 우수한 평가를 받게 됩니다.

따라서 아이들이 수업내용과 관련된 책들을 찾아 개별적으로 탐구하여 얻은 결과물을 수업에서 발표하거나 제출하게 됩니다. 탐구보고서 작성과 마찬가지로 수업을 하면서 생긴 관심사나 의문점의 해결이라는 목적을 위해 수업내용을 확장하여 개인별로 심화 학습활동을 하게 되는 것입니다.

세특 항목에서도 이러한 목적에 적합한 책을 선정하고, 내용을 선별하여 읽어내는 능력이 핵심적인 역량이 됩니다. 이러한 세특 항목은 대학 전형 중 하나인 학생부종합전형에서 합격을 가르는 중요한 평가요소로 활용되고 있습니다.

다양한 분야의 간접 경험을 통한 호기심 창출

학생부의 진로활동 항목에서도 목적 있는 독서는 명확한 진로 목표와 구체적인 계획을 세우는 데에도 효과적인 수단이 될 수 있습니다. 예를 들어 서울대의 경우 2018학년도까지는 자기소개서에 감명 깊게 읽은 책 세 권에 대한 독후감을 서술해야 했습니다.

이때 독후감 구성상 중요한 요소들 중 하나로 책을 읽은 동기, 즉 책을 읽게 된 목적을 강조하고 있습니다.

많은 수험생들은 이러한 목적을 갖고 책을 읽었으며, 독서를 통해 얻게 된 생각을 바탕으로 자신의 진로목표를 갖게 되었다고 밝히고 있습니다. 그리고 대학에 진학하여 진로목표와 연계된 구체적인 학습계획을 밝히는 경우도 있었습니다. 이러한 이유로 인해 서울대도 독서의 목적을 독서활동의 중요한 구성요소로 감안했던 것입니다.

이처럼 목적이 있는 독서는 진로목표와 계획, 학습과정, 학습활동, 학습평가 등 학습의 전 영역에서 실용적인 효과를 제공하고 있습니다.

이상의 내용을 정리하면 다음과 같습니다. 이처럼 모든 학습과정에서 독서가 기본적이고 효과적인 학습방법임에도 불구하고 아이들은 목적 없이 독서를 하는 경우가 대부분입니다. 이 말은 결국 교과서를 읽든, 참고서를 읽든, 관심분야의 책을 읽든지 목표의식이 없기 때문에 책을 읽고도 남는 것이 없게 되는 것입니다.

책을 읽기에 앞서 무엇을 알아야 하는지, 어떻게 파악해야 하는지, 왜 이것이 중요한지에 대하여 목적을 갖는 것이 필요한 것입니다. 이러한 문제를 해결하기 위해서는 우선 부모부터 아이들의 독서지도를 위한 목적을 가져야 합니다.

일차적인 목적은 아이들의 관심사를 넓혀 다양한 분야에 대하여 기초적인 지식을 접촉할 수 있는 기회를 주는 것입니다. 이러한 기회를 통해 아이들이 다양한 분야에 대한 간접경험을 하여 호기심이 생긴다면 그것으로 충분합니다.

두 번째로는 아이들이 관심분야가 생기면, 그 분야의 다양한 관점들을 접할 수 있는 책을 추천하여 이해의 폭을 넓혀 주면 됩니다. 이렇게 한 분야의 폭이 넓어지면 아이들은 관심분야에 대한 전문적인 관심을 가질 수 있게 됩니다.

마지막으로는 관심분야와 관련있는 새로운 분야들의 책들을 소개해야 합니다. 아이들이 관심분야가 다양한 분야들과 관련이 있음을 이해하고 이를 바탕으로 자신만의 관점을 형성할 수 있습니다. 이러한 독서 과정을 바탕으로 여러 분야들을 넘나들어 생각할 수 있는 융합적 사고를 가질 수 있게 되고, 자신만의 독특한 관점을 바탕으로 창의적인 사고를 할 수 있게 됩니다. 이와 관련한 구체적인 방법들을 이어지는 내용에서 자세하게 설명 드리겠습니다.

참고문헌

1 교육부(2016). 2015 개정 교육과정. 서울: 교육부

2 교육부(2015). 초·중등학교 교육과정총론. 서울: 교육부 고시 제 2015-74호

3 교육부, 한국교육과정평가원(2018). 고교학점제 연수자료

4 서울특별시교육청교육연구정보원(2018). 학생선택형 교육과정 운영을 위한 과목 안내서. 서울: 서울특별시교육청

5 남윤서, 올해부터 '고교학점제' 시범 운영하는 고교 105곳 확정, 〈중앙일보〉 2018.01.23

6 이도경, '고교학점제' 본격 추진 2022년 부분 도입키로… 교육부, 중앙추진단 구성, 〈국민일보〉 2019.02.12

7 교육부(2015). 초·중등학교 교육과정총론. 서울: 교육부 고시 제 2015-74호

8 교육부, 한국교육과정평가원(2018). 고교학점제 연수자료

9 김승원. 고교학점제 도입, 순서가 한참 틀렸다. 〈EDUJIN〉. 2017.11.29

10 http://www.kmooc.kr/

11 https://udream.goe.go.kr/common/greeting.do

12 남윤서. 초등생 희망직업 5위 '유튜버'…교사·의사 선호도 떨어져. 〈중앙일보〉. 2018.12.13

13 문화체육관광부. 자유학년제. 〈정책위키〉. 2019.10.02.

14 문화체육관광부. 자유학년제. 〈정책위키〉. 2019.10.02.

15 광남중(2017). 자유학기제 만족도 조사 학생 대상 설문통계. 경기: 광남중학교

16 김효정. 올해부터 자유학년제 실시…교사들 "새 수업 기획할 시간이 부족해요" 〈에듀동아〉. 2018.02.23

17 교육부(2018). 2022학년도 대학입학제도 개편방안 및 고교교육 혁신방향. 서울: 교육부

18 한승은. 한 지붕 세 수능… 고교 학년별 대입대책은?〈EDUJIN〉. 2019.03.07

19 교육부(2016). 2015 개정 교육과정. 서울: 교육부

20 교육부(2018). 2022학년도 대학입학제도 개편방안 및 고교교육 혁신방향. 서울: 교육부

21 권수진. '사탐봐서 의대 못 간다" 22개대 2022수능 반영과목 공개… 이과 수학/과학 선택과목 지정.〈베리타스알파〉. 2019.04.30

22 김진성. 서울대 등 '인서울' 주요대 8곳 정시 비율 40%선 확대 가능성.〈부산일보〉. 2019.10.28

23 김진성. 서울대 등 '인서울' 주요대 8곳 정시 비율 40%선 확대 가능성.〈부산일보〉. 2019.10.28

24 윤은지.〔2019수능〕영어1등급 5.3% '반토막'…'수능최저 충족 비상'.〈베리타스알파〉. 2018.12.04

25 교육부(2018). 2022학년도 대학입학제도 개편방안 및 고교교육 혁신방향. 서울: 교육부

26 뉴스1 제공. 2022학년도 수능부터 '서술형 문제' 도입 적극검토.〈머니투데이〉. 2018.02.03

27 한치원. 성기선 평가원장 "논술식 수능 고민…입시 변화화 같이 가야".〈에듀인뉴스〉. 2019.10.17

28 전민희. "공통논술 포함해 수능 2회 보자"…수도권 대학들 제안.〈중앙일보〉. 2018.01.24

29 4년제 대학을 대상으로 한 수치. 모든 대학으로 확대하면 총 417개 대학 중 사립대학이 359개로 86%를 차지한다. 대학알리미. 대학정보공시. 한국대학교육협의회. 2019.02.25

30 손현경. 사립대학, 등록금에 '목매고' 자체 재정 확충은 '쥐꼬리'.〈조선에

듀〉. 2017.12.21

31 정재헌,오대영. 97년 대입정원 1만2,525명 늘려-교육부 확정발표. 〈중앙
일보〉 1996.10.26

32 교육부(2019). 인구구조 변화와 4차 산업혁명 대응을 위한 대학혁신 지원
방안. 서울: 교육부

33 최은실. 4차 산업혁명 시대, 고등직업교율 정책제언 (6)21세기는 평생학
습 시대…'성인들의 대학' 대비해야. 〈한국대학신문〉. 2018.05.23

34 교육부(2019). 인구구조 변화와 4차 산업혁명 대응을 위한 대학혁신 지원
방안. 서울: 교육부

35 통계청(2016). 장래인구추계: 2015~2065년. 서울: 통계청

36 이광현(2015). 학생 수 감소에 따른 초·중등 교육정책 현안과 과제. 서울:
한국교육개발원

37 고등학생 수의 감소는 2011년 194만 명에서 2030년 125만 명으로 36%
가 감소함
이광현(2015). 학생 수 감소에 따른 초·중등 교육정책 현안과 과제. 서울:
한국교육개발원

38 김기윤. "학령인구 감소 위기, 맞춤형 교육 기회로". 〈문화일보〉. 2018.06.22

39 최시헌. 유은혜 "학령인구 감소, 위기지만 '양질교육' 기회"〈한국유아교
육신문〉. 2019.06.13

40 재인용. 한지원. 다문화학생 2% 넘었다. 올해 학령인구 804만 7천명. 〈에
듀인뉴스〉 2019.05.02

41 이재영. 베트남인 자녀가 2만 9천명으로 최다… 읍면지역 몰려. 〈연합뉴
스〉. 2018.03.23

42 교육부(2019). 2019년 다문화교육 지원계획. 서울: 교육부

43 교육부(2019). 2019년 다문화교육 지원계획. 서울: 교육부

44 통계청(2016). 장래인구추계: 2015~2065년. 서울: 통계청

45 백두산. 국내 외국인 유학생 16만 명 넘어…경희대 4,727명으로 최다. 〈대
학저널〉. 2019.09.25

46 KICE(2016). 제4차산업혁명, 학교 교육을 어떻게 변화시킬까? 〈KICE연

구·정책브리프〉vol.03. 서울: 한국교육과정평가원

47 대통령직속 4차산업혁명위원회

48 "과학백과사전". 사이언스올. 2018.12.12. https://www.scienceall.com/

49 전자책. 아리이 노리코 저.〈대학에 가는 AI vs 교과서를 못 읽는 아이들 : 인공지능 시대를 위한 교육혁명〉김정환 역. ㈜해냄출판사(2018). AI와 특이점에 대한 오해.

50 전자책. 전승인 저.〈십 대가 알아야 할 인공지능과 4차 산업혁명의 미래〉. 팜파스(2019). 인공지능에도 종류가 있다.

51 KICE(2016). 제4차산업혁명, 학교 교육을 어떻게 변화시킬까?〈KICE연구·정책브리프〉vol.03. 서울: 한국교육과정평가원

52 KICE(2016). 제4차산업혁명, 학교 교육을 어떻게 변화시킬까?〈KICE연구·정책브리프〉vol.03. 서울: 한국교육과정평가원

53 교육부(2016). 2015 개정 교육과정. 서울: 교육부

2020
입시대변동

CHAPTER 1

독서가
입시를
지배한다

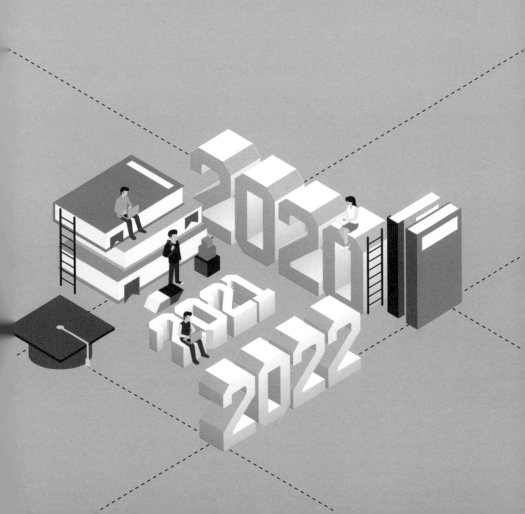

입시제도가 망아지처럼 날뛰고 있습니다. 정말 불행하게
도 2020년 현재 초등학생부터 고1 학생이 고3이 될 때까지 입시
제도가 몇 번이나 뒤바뀔지 불안하기 짝이 없습니다. 시대와 정국
이 요동치면서 입시가 정치의 입맛에 놀아나는 '묻지 마' 변경가능
성이 여전하기 때문입니다.

대학입시 3년 사전예고제가 시행되고는 있지만 그 취지가 무색
할 정도로 제도가 자주 바뀌기에, 세부사항을 넘어 전형의 틀 자체
가 바뀌지 않을까 하는 불안감마저 듭니다.

현재 중학생과 초등학생은 장기적으로 무엇에 집중해야 할까
요? 입시제도가 제 아무리 망아지처럼 날뛴다 하더라도 그 아이들
이 집중해야 할 것은 고삐와 울타리가 되어줄 것이어야 합니다. 바
뀌지 않을 것과 바뀌지 않을 가능성이 높은 것들이지요.

우선 2024년까지 초중고등학교에 입학하는 학생들이 해당 학교

를 졸업할 때까지는 절대 바뀌지 않는 2015 개정교육과정이 있습니다. 또 2025학년도 고등학교 입학생부터 전면 적용될 것으로 예고된 획기적 교육정책인 고교학점제도 있습니다.

수능 시험에 관통되는 핵심 역량이 있고, 명문대학들이 그간 꾸준히 선발하고자 했던 주요한 인재상이 있으며, 거시적으로는 인구구조학적, 사회문화적 변화 방향도 있습니다.

다소 막연해 보일지라도 이것들은 모두 하나의 흐름입니다. 결코 적지 않은 세월 동안 우리 사회가 더디게나마 다함께 한 발 한 발 내디뎌왔던 발걸음에 기반한 것입니다. 그해 그해의 입시제도의 모양새와는 달리 우리의 뒤통수를 칠 가능성이 현저히 낮은 흐름입니다.

입시제도가 제 아무리 우연한 사건이나 정치의 입맛에 흔들린다 할지라도, 이 흐름 자체를 돌릴 수 있으리라 보는 관점은 하이 리스크 투자일 수밖에 없습니다. 날뛰는 망아지만을 보여주며 그 망아지에 올라타게 하는 교육법과 입시 대비법은 위험에 노출될 가능성이 높습니다.

이 흐름을 꿰는 가장 적합한 학습법이 교과 개념에서 출발해 관련 도서로 나아가는 교과연계 독서라고 확신합니다. '공부 따로 독서 따로'라거나 '공부에 바탕이 되는 독서'가 아니라 공부와 독서를 한 몸으로 바라보는 관점입니다.

누구나 알지만 누구도 믿지 않는 독서를 통한 공부의 중요성, 그리고 왜 교과연계독서가 이 흐름을 좇는 핵심 공부법인지에 대해 말씀드리겠습니다.

우선 독서가 입시 대변동 시대에 흔들리지 않는 장기적이고 확고한 대비법임을 보여드릴 것이고, 다음으로 독서로 공부한다는 것은 어떤 의미인지를 세부적으로 다루면서 교과연계 독서전략을 다룰 것입니다.

더불어 초등학생과 중학생이 학교나 가정에서 실제로 적용할 수 있는 구체적인 교과연계 독서공부법에 대한 사례를 제안해 보겠습니다.

성공하기 위해서는 4가지 일 가운데에서 우선순위를 정하는 것이 필요하다지요. ① 긴급하고 중요한 일 ② 긴급하진 않지만 중요한 일 ③ 긴급하지만 중요하지 않은 일 ④ 긴급하지도 중요하지도 않은 일 4가지 종류 가운데에서 말입니다. 일반적으로 ②영역과 ③영역 중에서 우선순위를 정하는 데 혼란을 겪으며 성공하는 사람들은 대부분 ②영역에 우선순위를 둔다고 하더군요. 이제는 상식이 되어 버린 스티븐 코비의 〈성공하는 사람들의 7가지 습관〉에 나오는 얘기입니다.

중학생 무렵의 아이들에게 영어 수학 선행학습은 어느 영역에 속하는 일인가요? 우리나라 교육 현실에서는 ①영역에 속한다 하지 않을 수 없겠지요. 폐지 여부로 시끄러운 외고·국제고나 자사

257

고 진학을 고민하고 있다면 특히 그렇습니다.

그러면 독서는 어느 영역에 속하는 일이었나요? 지금껏 독서는 대게 ②영역에 속한다고 여겨져 왔습니다. 우선 독서를 통한 정체성 확립이 공부를 버텨내는 장기적 힘과 동기부여가 될 것이라는 의견이 많습니다.

급변하는 입시 환경에서 자기 길을 뚜벅뚜벅 가기 위해서 나는 누구이며, 내가 하고 싶은 일은 무엇인지, 왜 공부를 해야 하는지 등에 대한 자아 인지와 탐색 과정이 필요하고 독서를 통해 이를 확립할 수 있다는 것이죠. 또 공부그릇론을 말하는 분들도 많습니다. 독서가 아이의 근본적인 사고력과 독해력을 길러주기 때문에 공부그릇, 공부머리, 공부근육을 키운다는 것이지요.

물론 다 귀한 말들입니다. 하지만 독서가 제 아무리 중요해도 선행학습이나 교과 공부만큼 긴급한 일이기까지 하다고 여기기엔 머뭇거려지는 면이 있었습니다.

독서는 학교와 학원 숙제가 끝난 후 남는 시간에 하는 것이었지요. 심지어 대학 합격 후에 해도 늦지 않은 것이라고 생각하기도 합니다. 솔직히 말해 중요한 영역에 속한다는 믿음마저도 그리 굳건하지 못했습니다. 책 몇 권 읽느라고 읽었으나 당장 눈에 띄는 효과를 느낄 수도 없었을 테니 말입니다.

하지만 이제는 달라졌습니다. 독서는 단숨에 ①영역인 중요하고도 긴급한 일로 점프해 버렸습니다. '우리 때'와 달라진 것입니다. 공부하는 틈틈이 독서하는 게 아니라 독서로 공부를 하는 게 중요하고도 긴급한 일로 성큼 다가왔습니다.

어째서 긴급하기까지 하다는 것일까요? 차차 말씀드리겠지만 우선은 2024년까지 초중고등학교에 입학하는 학생들에게 적용되는 2015 교육과정의 교수·학습 방식과 평가 방식 때문입니다. 2015 교육과정부터 독서와 공부의 관계는 전에 없이 긴밀해졌습니다. 최소한 중학 교육과정까지는 독서가 공부를 잘 하기 위한 바탕 정도가 아니라, 교육과정을 운영하는 핵심 가운데 하나이자 가장 적합한 공부법 자체가 되어 버린 것입니다.

2

2020
입시 대변동

교육과정이 독서를 호출한다

2015 교육과정은 결국 사고력

이해하지 못해도 외워버리는 학생이 많습니다. 그런 학생들이 가
장 많이 하는 질문은 "그런데 이걸 어디에 써먹어요? 대체 이걸 왜
배워야 해요?"입니다. 질문을 빙자하고는 있지만 실은 이해하지 못
했다는 방증이자 생각해보기 싫다는 투정이며 활용하는 법을 모르
겠다는 불안감의 발로인 경우가 대부분입니다. 외우고 반복하기만
했던 학생에게는 '외운 것을 어디에 써먹을 수 있는지'와 '그 다음
에 외울 것은 무엇인지'까지도 외우고 반복하게 해야 하더군요.

현재 적용되는 2015 교육과정에서 두드러진 것은 창의융합과
선택이라는 키워드입니다. '창의융합'은 한 마디로 '자기 주도성

+ 영역 통합 교육'이라고 말할 수 있습니다.

지식을 주입받는 길이나 지식의 내용이 정해진 것이 아니라 자신의 관점과 방식으로 탐구해 나가도록 유도한다는 것이 창의라는 이름으로 표현된 자기 주도성입니다. 또 인문, 사회, 수학, 과학, 기술, 예술의 영역으로 분리되었던 분과 과목을 관심사나 테마를 중심으로 통섭적으로 탐구해 나가도록 유도한다는 것이 융합이라는 이름으로 표현된 영역 통합입니다. 2009 교육과정의 STEAM 교육이 그 맹아이지만 2015 교육과정에 와서 전면적으로 도입되고 있습니다.

2015 교육과정부터 처음으로 도입된 '선택'이라는 키워드는 기존에 문·이과로 불리던 직선적 교육과정이 사라지고 학생의 관심사와 진로 목표에 따라 원하는 과목을 선택해 공부할 수 있게 한다는 것입니다. 고등학교 과정에서 교과목 편제를 공통 과목과 선택 과목으로 크게 이원화한 것도 이 때문입니다. 물론 일부 대학들이 학과별로 수능 과목 선택에 제한을 두거나 고교 재학중 이수한 과목에 따라 가산점을 부과하기도 해 지금 당장은 '선택'의 실효성이 충분하지 못한 면도 있습니다. 하지만 자유로운 과목 선택 없이는 불가능한 고교학점제가 2025학년도 신입생부터 적용 예고돼 있다는 점에서 그 실효성과 중요성은 점점 늘 수밖에 없습니다.

창의융합과 선택이라는 2015 교육과정의 두 키워드를 다시 종합하면, 호기심과 탐구 주제를 발견하고 그것을 해결하기 위해 다른 무언가를 찾아가고 찾아낸 것들을 융합하여 하나의 해답으로 만들어가는 주도적 과정입니다. 분과 지식을 서비스받고 소비하는 데 익숙했던 학생들에게 지식을 생산·확장할 수 있는 주도적 지식 생산자로 키워내겠다는 것입니다.

참 어마무시한 말들입니다. 마냥 미숙하기만 한 우리 아이들이 감당해야 할 말의 무게가 너무 무겁습니다. 그래도 어쩔 수 없다면 감당할 수 있는 능력, 감당하려는 의지, 감당하는 습관을 기르는 데 필요한 가장 기본적인 지적 역량은 무엇일까요? 스스로 생각할 수 있는 능력, 생각하려는 의지, 생각하는 습관입니다. 바로 사고력입니다. 2015 교육과정은 지금까지의 어떤 교육과정보다 사고력의 비중을 높인 교육과정입니다.

이 점은 교과 학업역량 평가 방식의 변화, 즉 지필평가가 5지선다형 위주에서 사고력 기반 서술형 문제가 강화되는 방향으로, 지필평가 중심에서 사고 과정 중심 수행평가로 중심의 무게가 이동하는 점에서도 확인됩니다. 게다가 교과서를 들여다봐도 주입식 설명보다는 창의융합적 탐구와 해결을 유도하는 활동과제의 비중이 대폭 늘어난 것을 확인할 수 있습니다. 한 페이지 건너 한 번씩 삽입된 '내 생각 말하기, 어떻게 해결할까, 직접 해보기, 탐구, 궁금증 해결하기, 과학적 의사소통 능력 키우기, 더 해보기, 창의융합 활동, 토의·토론, 역량이 자라는 활동, 프로젝트에 도전해 볼까요, 문제 발견하기, 더 나아가기, 함께 만드는 창의융합 프로젝트' 등이 스스로 사고하고 도전하는 활동을 유도하기 위해 삽입된 것들입니다.

2015 교육과정이 원하는 수업은 호기심을 가지고 탐구 과정을 주도적으로 끌어가는 창의융합과 사고력 중심이지만 막상 교실 속에서 잘 이뤄지지 못하고 있습니다. 교사의 역량, 교사 1인당 학생 수, 한정된 수업 시간과 진도 문제, 평가의 공정성 강화 등의 문제

가 있습니다. 학부모가 오히려 그런 수업에 거부감을 드러내는 경우도 있습니다. 교과서 내용만 가르치라며 심화·부연 수업을 거부하는 경우입니다. 공부할 것만 늘어난다는 거지요. 심지어 무리다 싶을 만큼 교과 선행 진도를 빨리 빼고 고입·대입 준비에 매진해주기를 요구하는 사례도 많습니다.

하지만 사고력 중심 수업이 쉽지 않은 가장 근본적 이유는 학생 스스로 그런 수업과 과제 수행에 막막해하고 낯설어하기 때문입니다. 편하게 지식을 서비스받아 왔던 학생에게 주도적 창의융합 사고력과 사고습관이란 버겁고 복잡하기 이를 데 없는 과정입니다. 이런 과정이 귀찮거나 불안한 아이들은 또 다른 형태의 사교육 시장으로 내몰리게 됩니다.

스스로 생각하는 능력은 단기간에 익힐 수 있는 게 아닙니다. 시간이 많다고 저절로 생기는 것도 물론 아닙니다. 충분한 시간과 습관과 노력이 따라야 합니다. 초등 고학년이나 최소한 중학생 때부터는 학습 습관 속에서 이런 능력이 길러지도록 유도해야 합니다. 가장 적합하고도 현실적인 수단이 독서를 통한 학습이라고 확신합니다.

독서하는 것은 생각하는 것

초등 5~6학년 정도가 되어서도 책읽기를 어려워하는 아이 가운데에서 읽지 못하거나 독서 능력이 떨어진다는 걸 감추고 싶은 마음에 어떻게 해서든 '때우고 지나가는' 요령에 젖어버린 아이들을 자주 만납니다. 읽기는 하나 소화하려 노력하지 않고 활용할 의지나 방법을 익히려 하지 않은 채 부모와 선생님 시선의 사정권에서 벗어나는 법에만 신경 쓰는 것입니다. 결국 남는 것은 아무 것도 없고 오직 자신을 속인 기억만 내면화할 뿐입니다.

글을 읽는다는 것을 매우 단순하게 여기는 학생과 학부모를 자주 보게 됩니다. 눈으로 단어를 보고 이해하며 때로는 입으로 소리 내는 데 지나지 않는다는 생각이었습니다. 이 능력은 일정 연령이 되면 당연히 숙달되는 것이라 여겨왔기에 간혹 때가 됐다 싶은데도 아이가 책을 못 읽는 데에 무척 당황스러워합니다.

책을 못 읽는 아이를 이해하지 못한다는 것은 독서에 얼마나 정교하고 복잡한 과정이 필요한지 이해하지 못한다는 뜻입니다. 그래서 읽지 않거나 읽지 못하는 문제를 아이의 습관이나 취향, 혹은 기질의 문제에서만 다룰 뿐입니다. 심지어 지능 문제가 아닌가 격정하는 분도 계십니다. 책을 읽는다는 것은 읽는 방법을 배우는 것이며 사고하는 방법을 익히는 문제입니다. 학부모 세대와 달리 영상과 소리 위주의 수용에 익숙해진 아이들에게 이것은 마냥 쉬운 일이 아닙니다. 차근차근 배우고 익숙해지지 않으면 읽고 싶어도 읽을 수 없는 것입니다.

학년이 올라갈수록 독서가 얼마나 어려운 일이 되는지를 놓치는 학부모도 자주 만날 수 있었습니다. 읽어야 할 분량은 점점 많아지고 시간은 차츰 줄어들고 수준은 갈수록 높아집니다.

2019학년도 수능 국어 제시문의 글자 수와 문항별 시간 배분을 고려해 본 결과 1등급을 받기 위해서는 처음 접하는 1,700자 분량의 제시문을 2분 남짓에 읽고 분석할 수 있어야 했습니다.

흔히 인터넷이나 스마트폰 상의 읽기도 독서 연습이 되는 거 아닌가 하는 학부모도 계십니다. 하지만 마우스 휠을 굴리거나 엄지손가락을 튕기며 훑어가는 독해 방식과 뚜렷한 목적을 지닌 채 인쇄된 활자를 읽는 독해 방식은 질적으로 완전히 다른 활동입니다. 〈주간조선〉에 실린 리포트 "우리 아이가 글을 못 읽어요" (2019.5.13.)에 실린 재미있는 사례를 소개하겠습니다. 주간조선이 서울 양천구 모 중학교 2학년 한 반 학생 30명에게 스마트폰 상에서 다음의 3가지 문항을 풀게 했습니다. 이 테스트는 충분한 시간을 주고 진행됐습니다.

문항1 ·다음 문장을 읽으시오.

> 불교는 동남아시아, 동아시아에, 크리스트교는 유럽, 남북아메리카, 오세아니아에, 이슬람교는 북아프리카, 서아시아, 중앙아시아, 동남아시아에 퍼져 있다.

문맥을 고려할 때 다음 문장의 빈칸에 들어가기에 가장 적당한 말을 선택지에서 하나만 고르시오.

오세아니아에 퍼져 있는 것은 (   )이다.

① 힌두교

② 크리스트교

③ 이슬람교

④ 불교

문항2 다음 문장을 읽으시오.

> Alex는 남성과 여성 모두가 사용하는 이름으로, 여성의 이름 Alexandra의 애칭인 동시에 남성의 이름 Alexander의 애칭이기도 하다.

문맥을 고려할 때 다음 문장의 빈칸에 들어가기에 가장 적당한 말을 선택지에서 하나만 고르시오.

Alexandra의 애칭은 (   )이다.

① Alex

② Alexander

③ 남성

④ 여성

문항3 다음 문장을 읽으시오.

> 에베레스트산은 세계에서 가장 높은 산이다.

위의 문장에 적힌 내용이 옳다고 할 때, 아래의 문장에 적힌 내용이 옳은지 여부를 답하시오.

옐브루스산은 에베레스트산보다 낮다.

① 옳다

② 틀렸다

③ 판단할 수 없다

(출처: <대학에 가는 AI vs 교과서를 못 읽는 아이들>, 아라이 노리코, 해냄출판사)

당연히 1번 문항의 정답은 ②크리스트교, 2번 문항은 ①Alex, 3번 문항은 ①옳다 입니다.

1번 문항에서 오답을 선택한 학생은 7명이었습니다. 주로 이슬람교나 불교를 선택했습니다. 오답을 쓴 학생들을 인터뷰해 보니 주로 "눈에 띄는 대로 읽었다"는 답변이 돌아왔습니다. 2번 문항에는 5명이 오답을 선택했는데, 여성이라는 답을 많이 선택했습니다. 인터뷰 결과 'Alex는 남성과 여성 모두가 사용하는 이름'이라는 부분은 생략해 버리고, '여성의 애칭은 Alexandra'라고만 해석했다는 것입니다. 3번 문항의 오답자는 무려 10명이었습니다. 9명이 '틀렸다'를 선택했습니다. 인터뷰 결과 "옐브루스산은 들어본 적이 없으니 에베레스트산보다 높지 않을까 생각했다"는 답변이 나오기도 했습니다.

오답률과 인터뷰 내용을 종합하면 학생들의 스마트폰 상 글읽기 방식에 중요한 문제가 있음을 알 수 있습니다. 첫째는 눈에 띄는 것만 읽는다는 것이며, 둘째는 자기 마음대로 읽는다는 것, 셋째는 논리적 추론을 힘들어 한다는 것입니다. 대충 읽고 마음대로 받아들이니 엉뚱한 결론을 내리는 것입니다.

이 사례는 여러 가지 시사점을 던져줍니다. 가장 먼저 대도시 지역 중학교 2학년의 독해력 수준이 이러하다면 그 외 지역 학생의 독해력 수준 전반에 대한 경각심이 필요할 것입니다. 또 다른 시사점으로는 스마트폰 화면상 읽기와 직접 책장을 넘겨가며 하는 읽기가 얼마나 다른지를 잘 보여준다는 것입니다.

하지만 가장 중요한 점은 글 하나를 읽고 소화한다는 것이 흔히 생각하듯 그리 쉽고 단순한 행위가 아니라는 것을 새삼 깨닫게 해주는 사례라는 것입니다. 교과서 한 문장, 시험 문제 한 줄을 정확히 읽는 데는 사실 많은 능력과 올바른 습관이 필요합니다. 활자로 또렷이 인쇄된 문장을 한 페이지 한 페이지 넘겨가며 밑줄치고 메모하는 등의 적극적 책읽기 과정은, 엄지손가락으로 흘려보내는 텍스트를 훑는 행위에 비해서나 동영상이나 일방적 강의 등 수동적 정보 전달 과정에 비해 훨씬 높은 사고력과 집중력이 필요한 활동입니다.

책읽기와 사고력의 관계에 대해 살펴볼까요. 책을 읽는 과정에는 기본적인 인지 과정 외에도 정서적 감응 과정, 눈과 손의 감각과 두뇌의 신경학적 협응 과정이 중첩되어 있지만 일단 인지 과정 하나에 대해서만 들여다보겠습니다.

우선 눈으로 문자를 보는 데 집중할 것입니다. 모르는 단어는 이해하는 과정을 거쳐야 합니다. 필요한 정보를 선별해야 하고, 인상 깊은 부분과 자신의 경험을 연결시키기도 합니다. 때로는 요지를 파악하기 위해 때로는 놓친 걸 보충하기 위해 글 전체의 구조를 점검하기도 합니다. 직접 경험하지 못한 것에 대한 상상으로 나아가기도 하며 읽은 내용에서 새로운 내용으로 나아가는 논리적 사고 과정인 추론이 이뤄지기도 합니다. 배경지식을 연결하여 종합적으로 이해하고 저자의 메시지에 공감하거나 평가하는 과정도 이뤄집니다. 내 경험과 행동을 반추해 눈앞의 문제를 해결하는 방향과 힌트를 얻기도 합니다. 다른 이에게 들려주기도 합니다.

이 과정은 집중력, 기억력, 어휘력, 메타인지력 같은 필수 인지 능력 외에도 정보를 처리하는 세부 능력 즉 정보선별력, 정보이해력, 정보요약력, 정보추론력, 정보종합력, 정보적용력 등의 능력이 복합적으로 발현되는 과정입니다. 학생의 일상에서 흔히 접하는 인지 활동 가운데 가장 복잡하고 연쇄적인 사고 과정이라 할 것입니다. 책읽기는 두뇌 전부를 사용하는 종합적 과정이며 타인의 두뇌 전부와 대면해야 하는 장엄한 과정입니다.

독서는 곧 사고입니다. 그 충실도에 차이가 있겠으나 기본적으로 책읽기 자체가 고도의 사고력을 발동시키고 단련시키는 행위임은 분명합니다. 독서 교육이 글 속의 낱말을 열심히 읽고 외우는 교육 정도로 여겨져서는 안 됩니다. 학생들은 독서 과정에서 내용을 분석하고 자기 생각을 입증할 수 있어야 하며, 떠오른 의문에 논리적으로 대답하고 그 대답과 동시에 다음 질문까지 이끌어 낼수 있어야 합니다. 독서는 머릿속에서 사고력의 무대를 활짝 열어젖힙니다.

독서교육을 통해 길러지는 것이 지식 내용을 넘어 지식을 얻는 힘과 방법이라는 점에서 자기주도적 지식 생산자를 기르고자 하는 교육과정과 접하게 됩니다. 교육과정의 핵심이 사고력이고 사고력을 신장하는 가장 현실적 수단이 독서 교육이라면 교육과정을 구현하고자 하는 학교 수업은 앞으로 어떻게 될까요? 수업 종소리와 함께 독서가 교실문으로 들어오게 될 것입니다.

교문을 열고 들어오는 독서

시작은 2015 교육과정에 담긴 독서교육에 관한 아주 특별한 지침입니다. "인문학적 소양을 함양하기 위해 독서교육 강화를 목표로 한다"는 내용이 담겼습니다. 심지어 구체적 방법까지 밝히는데 초등 3학년부터 고등학교까지 국어 수업 시간에 최소 '학기당 1권 읽기'를 시행하라고 명시한 것입니다. 책읽기를 적용할 학년과 수업 과목에 더해 기간과 권수까지 아예 못 박았습니다.

독서교육에 관해 교육과정 차원에서 이렇게까지 구체적 지침을 정한 사례는 지금껏 없었습니다. 교과 과정에 공식적으로 독서를 포함시킨 최초의 시도라 할 수 있습니다. 학창 시절에 선생님들이 살짝살짝 열어보던 교사용 지도서라는 게 기억나실 겁니다. 2015 교육과정 교과서를 위한 교사용 지도서를 보면 과거 어느 때보다 단원별 교과연계도서 목록이 충실하게 갖춰진 걸 확인할 수 있습니다.

교육과정의 성취목표인 창의융합적 미래역량을 함양하는 수업의 핵심적 수단이 독서 기반의 학습이라는 점은 교육 당국 스스로가 가장 잘 알고 있습니다. 교육과정이 구상되던 2014~15년 당시 학기당 1권 읽기 정도에 머물렀던 교육 당국의 인식이, 몇 년 사이에 단원별 핵심 개념을 중심으로 교과연계도서를 함께 읽고 질문과 토론을 통해 실생활과 연결짓는 독서 기반 수업을 유도하는 정책적 흐름으로 한 발자국 더 나아갔기 때문입니다.

대표적으로 가장 최근 서울특별시교육청이 교육과정에 걸맞게 수업을 혁신하고자 마련한 '서울형 독서·토론교육 추진 계획'(2019.9.30. 발표)만 봐도 그렇습니다. 2020년부터 점차 중등을 대상으로 도입될 서울형 독서·토론교육 추진 사업은, "책을 읽고 스스로 질문을 찾고 함께 토론하고 탐색하는 과정을 통해 생각을 키우고 공유하여 지성을 바탕으로 한 창의융합적 미래역량을 함양"하려는 목적을 지녔다는 점에서 2015 교육과정과의 연관을 명확히 하고 있습니다. 세부 계획으로 스마트 학교도서관을 구축하는 등 기반을 조성하고, 교원의 역량을 강화하고, '서(書)로 서로 배우는 교실', '삶과 만나는 서울학생 첫 책', '오디세이학교 독서·토론 집중 교육과정' 등이 있습니다.

핵심 사업 가운데 하나인 '서(書)로 서로 배우는 교실' 사업에 대한 설명은, 서울시교육청이 앞으로의 수업과 독서를 어떻게 통합적으로 바라보는지 그리고 실제 어떤 수업 과정을 가장 효과적이라고 보는지를 잘 보여주고 있습니다. "2015 개정 교육과정의 핵심개념 중심으로 교과 및 교과융합 교육과정을 재구성하여 핵심개념 관련 도서 추출, 함께 읽기, 질문 만들기, 소통과 협력의 토론 수업, 책 쓰기 등의 프로젝트 결과물 생성으로 이어지는 핵심개념 중심 독서 프로젝트이다. 교육과정-수업-평가 일체화를 책 읽기, 토론하기, 글쓰기 등의 협력적 독서활동으로 구현하는 수업"이라고 되어 있습니다. 수업을 겉도는 독서가 아니라 독서를 활용한 교과수업을 도입하겠다는 것입니다.

최근 각 지역 교육청이 내놓는 혁신 수업의 우수 사례들을 봐도 독서 활용 수업 형태가 대부분을 차지하고 있습니다. "학기당 1권 읽기, 독해력과 인성을 기른다, 도서관과 사서교사를 늘인다, 독서 캠프나 축제를 연다" 등의 수준에 머물던 학교 독서교육 계획이 어느새 수업과 독서를 궁극적으로 한 몸으로 바라보는 교수·학습 과정을 구상하는 단계로 나아간 것입니다.

교과 과정과 교실 수업에 독서가 포함되면서 학교 현장에는 많은 변화가 일어날 것입니다. 교사에 의해 이뤄지는 일방적 주입 수업의 비중은 점점 낮아지게 될 것입니다. 독서하고 글쓰고 발표하고 토론하는 방식을 통해 학생들이 주도적으로 참여하는 수업의 비중이 커질 수밖에 없습니다. 수업내용에 대한 평가, 즉 내신은 어떻게 될까요? 과정 중심 수행평가의 비중이 높아진 내신성적 평가에도 직접적인 영향을 끼치게 됩니다.

3 2020 입시 대변동

독서가 내신마저!

수행평가와 서술형 평가

성적 급변동 구간이라는 말이 있습니다. 학습 수준이 갑자기 도약하면서 성적이 추락하는 시기입니다. 학업을 힘겨워하거나 포기하는 학생이 대폭 늘게 됩니다. 중학교 2학년 시기가 1차 급변동 구간, 고등학교 1학년 시기가 2차 급변동 구간이라고들 합니다. 고등학생이 맞닥뜨리는 수업 내용과 과제, 그리고 시험 문제는 중학생 시절 2주 전에 시작하던 반짝 시험 준비로는 절대 따라갈 수 없습니다. 독해력 수준도 그저 낱말을 읽어내는 정도로는 턱없이 부족합니다.

이 때문에 학원을 돌며 선행학습 사이클을 시작하지만, 개념문제집과 심화문제집의 반복이라는 현재 선행학습 방식으로는, 학원 강사의 선행 서비스를 통한 암기와 반복 숙달 방식으로는 대비할 수 없는 것이 있습니다. 선행을 돌았기에 이해하고 있다고 여기지만 실은 외우고 있는 데 불과했다는 것을 느끼게 해주는 것이기도 합니다. 수행평가와 서·논술형 평가입니다.

학교마다 차이는 있습니다만 중·고교 교육과정에서 수행평가의 비중은 40% 정도로 올라갔고, 지필평가와 수행평가 각각에서 차지하는 서·논술형 문항의 비중도 30% 이상으로 높아졌습니다. 경기도교육청의 2019학년도 중학교 성적관리 지침 중 '교과학습 발달상황 평가 및 관리'를 보겠습니다.

나. 평가 계획의 수립

5) 모든 교과의 학기 단위 평가는 **논술형 평가**(서술형 평가 포함)을 **포함한다. 논술형 평가의 반영 비율은 학기 단위 성적**(지필평가와 수행평가 합산 점수, 수행평가 100% 실시 과목 점수)**의 35% 이상**으로 하되, 교육과정 편제상 체육·예술(음악, 미술) 교과는 20% 이상으로 한다.

6) **수행평가 반영비율은 학기 단위 성적의 40% 이상**으로 하고, 과목의 성취기준을 고려하여 타당도 높은 세부 평가기준을 작성하고 학업성적관리위원회의 심의를 거쳐 실시한다.

수행평가는 사실 글쓰기, 토론, 에세이, 발표, ppt 제작, 탐구보고서, 팀프로젝트 등의 형태로 나타나는 서·논술형 평가가 주를 이루고 있습니다. 결국 지필고사 속 서·논술형 문항 + 서·논술형 수행평가 + 단순 수행평가의 비중이 주요 과목의 경우에도 60%를 육박하게 됩니다. 고등학교 성적관리 지침도 다르지 않습니다. 학교별, 학년별로 어떤 문항과 수행과제가 출제될지 예상하기 힘들다는 점에서, 한 해가 다르게 그 비중이 높아지고 있다는 점에서 현재 방식의 선행은 비용 대비 효과가 점점 떨어질 수밖에 없습니다.

요즘 출제되는 서·논술형 문항 지시문을 두루 훑어보면 '질문 + 조건'의 형태가 많습니다. 뭔가를 서술하되 특정한 조건에 맞춰 서술하라는 것입니다. 이해하기 쉽게 중학교 문제를 살펴보면 "보통선거제도의 의미를 민주주의의 발전 과정의 관점에서 서술하시오"라는 문제가 있습니다. '일정 나이 이상이면 누구나 투표권을 가지는 제도'라고 외워뒀던 보통선거의 뜻만 쓰면 부분 점수 없이 0점 처리됩니다. '보통선거제도의 의미'라는 질문과 '민주주의의 발전 과정의 관점'이라는 조건을 연결해 사고해야 합니다. 고대에서 근대를 거쳐 현대 민주주의에 이르기까지 투표권이 어떤 계층과 성별의 사람들에게 확대돼 왔는지를 짧게라도 기술하고 민주주의의 발전 과정이 곧 보통선거권의 확대 과정이었음을 밝혀야만 조건을 충족한 답안이 됩니다.

서술형 문항의 지시문은 학년이 올라갈수록 더 길고 복잡해집니다. 정확히 무얼 묻는지가 어려워지기도 하지만 조건의 수가 늘어나고 중첩되면서 학생들을 괴롭히기 시작합니다. 짧은 시간 내 지시문 안에서 놓치지 말아야 하고 이해해야 하며 연결해야 할 개념이 늘어나는 것이지요.

많은 학생이 조건 한두 개쯤은 아무 죄책감 없이 가볍게 무시해 버립니다. 읽고 싶은 것만 읽는 학생들입니다. 조건을 놓치지 않는 연습을 한 아이라도 막상 복잡한 지시문 앞에서는 독해가 안 됩니다. 질문과 조건을 구별하지 못하거나 무슨 말인지 이해가 안 되는 것입니다. 이해했다 하더라도 출제자가 의도한 개념의 연관관계를 떠올리는 데는 또 다른 사고력이 필요합니다. 소위 '수능에 강한 학교'의 학부모대표자회가 학교에 서술형이나 수행평가를 축소하고 쪽지시험으로의 대체 같은 편법을 대놓고 요구하는 데는 이유가 있습니다.

사고력과 논리력, 요지 파악 능력과 적절한 서술 능력, 이에 바탕한 글쓰기와 표현 능력이 어우러져야 하며 이를 위한 독서교육이 절실합니다. 사고력과 독해력이 내신에서 차지하는 비중은 점점 커지고 있기에, 영어 수학만 선행학습이 아니라 독해 능력 향상도 내신을 대비하는 효율적인 선행학습으로 받아들여져야 합니다.

독해 능력 향상이라는 목표 외에 개념학습과 지식 습득도 독서를 통해 달성할 수 있습니다. 교과연계 독서라는 전략적 읽기 방식을 통해 단순히 외우고 반복하는 개념 학습이 아니라 찾아가고 깨치는 개념 학습과 확장이 가능합니다. 교과연계 독서를 통해 충분한 예습과 복습도 가능합니다.

2015 교육과정의 고등학교 과목에는 '탐구'라는 이름의 선택 과목이 많아졌습니다. 이런 과목들은 대부분 거의 100% 독서 및 자료 탐구형 수행평가의 방식으로 평가됩니다. 수학과제 탐구, 사회과제 연구, 사회문제 탐구, 생활과 과학 등의 과목이 그것입니다. 이러한 탐구 과목의 소개 내용을 보면 교과서에 소개된 여러 탐구 주제 가운데 스스로 주제를 선택해 자료를 찾아 읽고 문제점과 의견을 정리하고 문제의 해결책을 정리해 발표하는 과정으로 이뤄져 있습니다. 학생들이 주제를 선택해 자료를 찾고 해결책을 정리해

내는 수업에서 독서는 핵심적인 과정이자 수단이 될 수밖에 없습니다.

고등학교 수업에서든 시험 문제에서든 이제는 다양하고 복잡한 사고 과정과 의식적인 탐구 과정이 필요하며 이것은 어린 시절부터 익숙해지고 지도되어야 합니다. 초등학교나 중학교 성적이 좋았다고 혹은 주입식 선행학습을 반복시켜 놓은 것만으로 고등학교 학업과 내신을 감당할 수 있을 거라 여긴다면 학생과 학부모 모두에게 불행한 일이 되는 시대입니다. 따라서 앞으로의 입시는 독서 없이는 가면 갈수록 모래성입니다.

4 2020 입시 대변동

고교학점제를 대비한다

2025학년도부터 고교학점제 전면 시행이 예고되었습니다. 경기도는 2022학년도부터입니다. 현재의 교육과정은 애초 고교학점제라는 유전자를 지닌 채 태어난 칠삭둥이였습니다. 2022년 고시 예정인 교육과정이 그 완성체가 될지와 고교학점제와 대입제도의 연계는 언제 어떻게 이뤄질지를 예단하기는 이르지만, 최소한 현재 교육과정의 논리적 제도적 귀결이 고교학점제인 것만은 분명합니다.

현재 교육과정의 핵심이 사고력에 기반한 창의융합형 인재와 선택권이라고 했습니다. 고교학점제 운영과 평가 방식의 본질도 진로에 맞는 과목 선택권의 실현입니다. 자유로운 선택을 막는 상대평가의 부담을 벗겨줄 테니 자유롭게 과목을 선택해 보라는 것입니다. 문·이과를 구분하지 않는 흐름과 합쳐지면서 학생의 주도적 선택 행위가 더욱 주목받게 되어 있습니다. 고등학생이 되면 스스로 두 가지 물음과 대답을 찾는 시기에 직면할 것입니다. 무슨 과목을 선택할 것인가? 왜 그 과목을 선택하려 하는가?

아는 만큼만 찾아갈 수 있습니다. 과목을 찾아간 동기와 과정에는 생각의 깊이가 묻혀 있고 탐구의 과정이 담겨 있으며 진로 적성이 드러나게 됩니다. 찾아간 선택과 따라간 선택의 차이는 큽니다. 학생부에서는 그 차이가 드러날 것이며 대학은 그 차이를 주목할 것입니다. 호기심을 가지고 관심사를 발견하며 탐구 주제와 진로로 나아가는 경험과 훈련이 필요합니다.

이런 자기주도적 과정은 고등학생이 되면 저절로 익숙해지는 성질의 것이 아닙니다. 늦어도 중학교 과정에서는 훈련이 시작되어야 하지만, 그러기엔 중학교 정규교육의 역량이 아직 미치지 못한다는 평가가 많습니다. 자유로운 진로 탐색과 체험의 기회로 운영되어야 할 자유학년제도 그 취지대로 안착되려면 갈 길이 멉니다.

중학교 공교육으로 아직 미진한 선택의 훈련을, 교과와 연계된 독서활동으로도 메울 수 있습니다. 자신의 호기심과 진로에 필요한 도서가 무엇일지 찾아보고 탐색하는 과정이 과목을 선택하는 자기주도적 과정에 다름 아닙니다. 교과목에서 발견한 탐구 주제에 맞는 연계 도서와 자료를 찾고 그 속에서 해답을 발견하고 확장하는 교과연계 독서학습으로 익숙해진 아이들에게는 고교학점제가 풀어야 할 과제가 아니라 달아야 할 날개가 될 것입니다. 2025년에 고등학생이 되는 학생들이라면 지금부터 시작입니다.

5

2020
입시 대변동

상위권 대학으로 오르는 사다리

수능과 독서 : 국어 난이도와 사고력·서술형 문항

수학능력시험은 어느 기관에서 출제할까요? 교육부 산하의 한국교육과정평가원입니다. 교육과정을 운영하고 평가하는 곳에서 수능 문제가 출제됩니다. 수능의 비중이 변한다 하더라도 수능의 출제 지침은 교육과정이 정해놓은 범위를 벗어날 수 없다는 뜻입니다. 현재 교육과정의 교육방향에서는 "교육과정과 수능, 대입제도의 연계"라고 명시적으로 못 박아 두고 있습니다.

상대평가에 기반한 수학능력시험이 당분간 그 역할을 지속할 것이라 본다면 주목해야 할 것은 입시전형 중 정시가 몇 %를 차지할 것인가보다는 수능 시험이 테스트하려는 학업 역량이 무엇이며 수능을 둘러싼 환경이 어떻게 변할 것인가에 있습니다. 과거 학력고사가 많이 배우고 잘 서비스 받는 능력을 테스트했다면 수능은 이해의 깊이에 기반한 사고 확장 능력을 테스트하는 시험입니다.

교육과정이 사고력을 강화하는 방향으로 개정되다 보니 수능 문제도 당연히 그렇게 바뀌어 갈 수밖에 없습니다. 점점 더 깊은 사고력을 요하는 고난도의 제시문과 지시문으로 바뀔 것이며, 분량은 늘어가며, 여러 학문 분야를 넘나드는 융합 제시문으로 나아갈 것입니다.

최근 교육부가 입시에서 단기적으로 수능 비중을 올릴 것이라 발표하면서 수능에 대한 걱정이 많습니다. 수능의 비중이 강화된 동안에는 수능의 변별력 확보가 중요한 요소로 대두될 수밖에 없습니다. 수학의 난이도 편차를 크게 하는 것은 사교육비 증가와 직결되는 문제라 정부로서는 조심스러울 수밖에 없습니다. 하지만 국어는 어떤 제시문을 출제하는가에 따라 매해 난이도 편차가 두드러지는 영역이며 이것이 곧 수능 난이도와 변별력을 좌우하는 지표로 나타납니다.

2019학년도 수능이 역대급 불수능 논란을 불러일으킨 것은 국어 영역 27~31번 문제에 등장한 물리와 우주론을 다룬 초고난도 제시문 때문이었고, 2020학년도 수능 난이도가 상대적으로 낮았다고 평가되는 것도 고전가사 '월선헌십육경가'를 제시문으로 활용한 국어 22번 문항과 국제결제은행(BIS)의 자기자본비율을 다른 제시문을 읽고 푸는 40번 문항 등이 풀 만하다고 여겨졌기 때문입니다. 대치동 학원가에서 법학전문대학원 입시에서나 등장할 법한 제시문이나 문항을 고3 수험생들에게 소화시키는 이유도 바로 국어 영역 난이도 편차 때문입니다.

수능 국어야말로 독서 과정을 통한 사고력의 힘이 고스란히 발휘되는 영역입니다. 한정된 시간 내에 많은 분량의 제시문을 읽으면서 제시문에 실린 정보를 파악하는 일은 사실적 사고력을 필요로 합니다. 또 제시문에서 얻은 정보를 바탕으로 제시문에 없는 내용을 추론하는 일에는 논리적 사고력이 절실합니다. 자신의 감상이나 생각에 휩쓸리지 않고 제시문의 의도를 구분해 내는 것은 메타인지적 사고력이며 반대로 제시문의 주장을 자신의 관점에서 평가하는 것은 비판적 사고력에 해당됩니다. 수능 국어 문제를 능숙하게 풀기 위한 이러한 사고 과정은 생각하는 책읽기의 과정과 정확히 일치합니다.

수능에서 독해력의 중요성은 국어 세부 응시 과목 체제의 변경에서도 확인됩니다. 수능 국어 과목에서 독서와 문학을 공통으로 응시하고, 화법과 작문, 언어와 매체 과목은 한 과목만 선택하도록 바뀌었습니다. 문학과 비문학에 대한 독서의 비중이 크게 증가한 것입니다.

교육과정의 변화에 조응하는 또 하나의 수능 개편 방안으로 서술형 문항의 도입도 회자되고 있습니다. 2019년 10월말 정부는 중장기 대입 개편안의 일환으로 수능에 서술형 문항 도입을 검토하는 있음을 공식적으로 인정했습니다. 현행 객관식 단답형 문항만으로는 수학 능력 검증이라는 시험의 본래 목적을 제대로 살릴 수 없다고 판단한다고 합니다. 국어 영역을 포함해 수능 주요 영역에서 장기적으로 서술형 문항를 도입하여 수능의 본래 목적인 깊은 사고력의 차이를 변별하겠다는 것입니다.

물론 채점에 대한 공정성, 기준, 시간, 인원 확충 등의 문제로 도입 현실성에 대한 반론도 만만찮습니다만, 수능의 성격 자체가 장기적으로 어느 방향을 바라보고 있는지를 느끼게 해주는 중요한 시그널이라는 점에서 논의만으로도 의미가 크다 할 수 있습니다. 아직은 먼 얘기입니다만 서술형을 넘어 논술형 문항을 도입하자는 주장이나 대구교육청이나 제주교육청이 교육과정뿐 아니라 입시에도 아예 IB(International Baccalaureate · 인터내셔널 바칼로레아) 방식을 도입하자고 나서는 것도 이런 생각의 연장선에 있다고 볼 수 있습니다.

학생부종합전형과 독서 — 세특과 독서활동 중심

2018학년도부터 급격히 확대되었던 학생부종합전형에서 독서의 중요성에 대해서는 공감대가 이뤄져 있습니다. 2019년 11월에 2022학년도 대입 학생부종합전형의 공정성 강화 방안이 발표되면서 학생부 기재항목이 대폭 간소화되었습니다. 2018년 여름에 발표된 개편안에서 1차로 간소화되었던 것이 이번에 한 번 더 간소화된 것입니다. 학생부 간소화 외에도 대필, 허위기재, 뻥뛰기 기재 등의 논란이 많았던 자기소개서와 추천서가 사라지거나 비중이 대폭 격하되었습니다.

과거 학생부종합전형의 주요 요소였던 학생부, 자기소개서, 추천서 가운데 실상 학생부만 남게 되었고 학생부 가운데에서도 결국 내신 성적과 과목별 세부능력 및 특기사항(세특), 그리고 독서활동 등, 세 가지의 비중이 절대적으로 바뀌었다고 보는 것이 중론입니다.

과목별 세특에는 주로 과목별 수행평가 과정에 대한 기술이나 교과 개념에서 출발한 학생의 심화탐구 과정과 성취 결과가 담기게 됩니다. 이 항목에 대한 가장 현실적이고 신빙성 있는 기록 가운데 하나가 독서를 통한 탐구 기록입니다. 학생부의 교외 활동에 대한 기재가 금지된 상황에서 학생의 심화탐구 과정은 교내 대회 참여나 독서 활동으로 나타날 수밖에 없습니다. 교내 대회 수상 기록 역시 학기당 1가지로 제한된 상황을 감안한다면 과목별 세특 기재 사항 속에서 독서를 통한 탐구 기록의 가치는 그만큼 올라갈 수밖에 없습니다.

학생부의 완성도를 기하고자 하는 학생들은 학교 수업에서 다루는 과목별 학습목표를 독서를 통해 심화했고 그 결과를 발표나 토론 및 보고서 등의 활동으로 구체화시켰음을 증명하는 것이 가장 보편타당하고 신뢰성 있는 방법이 되었습니다. 과목별 세특 항목에 관한 우수 기재 사례를 보면 다음과 같은 내용과 형식이 대부분입니다. 세특 외에 별도의 독서활동 상황 기재란도 있는 점을 감안한다면 학생부종합전형에서 독서가 차지하는 가치는 돌이킬 수 없을 만큼 높아지고 있습니다.

<과목별 세부능력 및 특기사항 우수 기재 사례>

국어 : 한글의 어문 규정에 관한 수업 이후 <한글 맞춤법 강의>라는 책을 참고해 띄어쓰기 규칙과 표준어 규정, 외래어 표기까지 많은 부분을 배움. 생각보다 규정이 까다로워 친구들에게 알려주기 위해

PPT 발표를 준비했고 친구들에게 고맙다는 인사를 받음. 한글만의 독특한 맞춤법에 대한 관심이 교내 맞춤법 대회 참가로 이어져 우수한 성적을 거둠

사회 : 수업 시간에 배운 국제 정세에 대해 관심이 생겨 '시리아 사태'에 대해서 조사하고 발표함. 국제 정세에 의해 시리아라는 나라가 파괴되는 것을 보고, 과거 시리아의 모습이 궁금해져 시리아에서 작성한 기행서적 <1만 시간 동안의 아시아3>을 읽고 시리아는 평화로운 우리나라와 다름없다는 점을 알게 됨. 시리아 내전이 끝나면 직접 그곳에 방문해보고 싶은 버킷리스트가 만들어져 장기 계획표에 기록함

(출처 : <독서로 완성하는 학생부>, 서현경·엄신조, 한국경제신문)

학생부종합전형에서 주목해야 할 것이 한 가지 더 있습니다. 상위권 대학일수록 학생부종합전형 평가에서 독서를 통해 나타난 학업역량과 학업태도를 중요하게 여긴다는 점입니다. 서울대학교의 경우 현재 학종 전형의 제출서류인 자기소개서에 6년 넘게 독서 항목에 관한 질문이 필수로 포함돼 왔습니다. 대학 자율 문항인 4번 문항에 '감명 깊게 읽은 책 3권을 선정해 500자 이내로 작성하되 왜 그 책을 읽었나 하는 선정 동기를 중심으로 작성'하도록 하고 있습니다.

책의 권수나 내용 혹은 이해도나 감상이 아니라, 왜 그 책을 읽었는가를 묻는 이유가 무엇일까요? 그것은 독서가 자기주도적 탐구의 수단이나 과정이라는 점과 글쓰기는 그 결과라는 점을 중요하게 여긴다는 것입니다. 더불어 그런 과정과 결과가 대학에서 고

난도 학업을 수행하는 데 핵심적인 역량이라고 파악하기 때문입니다. 자기소개서 자체가 폐지되거나 간소화되더라도 서울대의 이런 기본적 인식은 바뀌지 않을 것입니다.

명문대가 뽑고 싶어 하는 인재는 어떤 모습일까요? 이런 역량을 지닌 학생을 뽑겠다고 공개적으로 천명한 것이 인재상입니다. 사실 이 물음에 대한 대답을 찾아보는 것이 입시를 준비하는 첫 번째 열쇠가 되어야 하지만 대부분 이 인재상을 소홀히 지나치는 경우가 많습니다. 물론 정량적 학업역량이 중요하겠지만 정성적 평가 요소 가운데 빼놓을 수 없는 체크 포인트가 대학별 인재상과의 부합 여부입니다.

학생부종합전형의 큰 특징은 수능과는 달리 각 대학이 원하는 인재를 선발할 수 있다는 점입니다. 때문에 각 대학의 인재상은 대학마다 조금씩 차이가 나는 학종 세부 평가 요소에 대한 기준이 되고 있습니다. 이 가운데 서울대학교가 밝힌 학생부종합전형 인재상에서는 교과수업을 확장하고 깊이 있게 공부하는 방법으로서 독서활동의 절대적 필요성을 인상적으로 보여주고 있습니다.

서울대학교는 '아로리'(snuarori.snu.ac.kr)라는 공식 웹진을 통해 다양한 입학 안내 사항을 동영상으로 제공하고 있는데, 그 가운데 '서울대학교 학생부종합전형 안내'라는 동영상을 살펴보겠습니다. 이 영상은 2016년 무렵 공개되었음에도 불구하고 현재까지도 서울대 입학을 염두에 둔 모든 학생에게 장기적인 바이블같은 역할을 하고 있다는 점에서 서울대 전형 안내의 결정판이라 할 수 있습니다.

영상은 서울대학교가 학종에서 뽑고자 하는 인재상을 12명의 합격생 인터뷰를 통해 보여주고 있습니다. 이 인터뷰를 통해 도전하는 학생, 넓고 깊게 공부하고자 하는 학생, 훌륭한 인성을 갖추고자 노력하는 학생이라는 3가지 인재상의 구체적 모습과 사례를 알려줍니다.

도전하는 학생 – 고등학교 교과 과정을 깊이 있게 이해하는 것은 중요합니다. 단순히 수업 내용을 암기하고 문제 풀이를 연습하는 것만으로는 여러분의 지식을 확장하는 데 한계가 있습니다. 당장 눈앞의 점수 올리기라는 쉬운 길보다는 실력을 향상시킬 수 있는 기회라고 생각하고 교실에서의 수업에 도전하시기 바랍니다. 여러분들이 교과수업에서 보여주는 노력들은 학교생활기록부의 세부능력 및 특기사항에 기록되고 입학사정관들은 이곳에 기록된 내용을 통해 여러분의 수업 활동을 파악하고 역량을 키워온 내용을 평가하게 됩니다.

학교시험 공부에만 매몰되지 말고 지식의 확장을 위해 노력하라, 단순히 수업내용 암기와 문제풀이 연습에 그치기보다는 깊고 넓게 이해할 수 있도록 도전하라고 강조합니다. 그 도전의 구체적 모습을 합격생 인터뷰를 통해 상세히 부연하고 있습니다. 요약하면 다음과 같습니다.

* 김△△(기계공학부) – 고등학교 수학 과학 교과서에 당연한 듯 나와 있는 공식 가운데 증명 과정이 빠져있는 것들을 책과 인터넷을 찾아보며 증명하려고 했다.

* 현ㅇㅇ(자유전공학부) - 법과 사회, 윤리와 사상 수업 시간에 배웠던 내용을 바탕으로 교내 고전읽기 프로그램에 참여했다.
* 김##(자유전공학부) - 올림피아드나 경시대회를 준비하라는 게 아니다. 공부하다가 모르는 부분이 있으면 원문을 찾아 읽어보기도 하고, 혹은 내가 정말 필이 꽂혔다 싶으면 그 분야에 대해서 좀 더 탐구하는 것도 좋을 것 같다.

자신이 도전했음을 보여주는 수단으로 독서를 내세웠습니다. 서울대학교가 학종에서 말하는 도전이란 학교 수업이나 교과 공부를 바탕으로 책을 찾아보거나 인터넷 정보를 검색하며 탐구하는 것입니다. 이는 곧 넓고 깊게 공부하고자 하는 학생이라는 인재상과 연결됩니다. 다음과 같이 밝히고 있습니다.

넓고 깊게 공부하고자 하는 학생 - 학문의 세계는 끝이 없습니다. 공부를 하다 보면 자연스럽게 더 찾아보고 싶은 분야가 생길 것입니다. 교과서와 수업내용을 바탕으로 더 넓고 깊게 공부해보세요. 여러분의 동기와 의지 그리고 자발적이며 적극적인 노력이 평가의 기준이 됩니다.
특별히 여러분들에게 독서를 추천합니다. 독서는 모든 공부의 기초가 되며, 대학생활의 기본 소양입니다. 수많은 책 가운데 그 책이 나에게 왜 의미가 있었는지 읽고 나서 나에게 어떤 변화를 주었는지 생각해보시기기 바랍니다. 서울대학교는 독서를 통해 생각을 키워온 사람을 기다립니다.

교과서와 수업 내용을 바탕으로 더 넓고 깊게 공부하라. 무엇보다도 호기심과 관심에 의한 자발적인 노력이어야 한다는, 정말 막막하고 어려운 과정을 요구하고 있습니다. 하지만 또 이렇게도 읽힙니다. - 네가 만약 독서를 통해 그 과정을 입증한다면 서울대는 너를 신뢰하겠다.

해당 교과 분야에 한정하지 않고 다른 분야의 학문 도서를 찾아보고 이전에 다뤘던 교과 내용도 참고해보며 스스로 생각의 폭을 넓히고 융합하는 습관을 통해 지식을 쌓는 것이 좋습니다. 분야를 막론하고 다양한 책을 읽고 또 읽어가는 사이에 생각하는 힘, 글쓰기 능력, 전문지식, 의사소통능력, 교양과 인성이 쌓여갑니다. 수많은 책 가운데 그 책이 나에게 왜 의미가 있었는지, 읽은 후 내게 어떤 변화를 주었는지 생각하고 그 결과가 입학 지원 서류에 나타나게 해야 합니다. 넓고 깊게 공부하는 모델은 어떤지 살펴보겠습니다.

* 김OO(경제학과) - 대학에서는 단순히 지식이 많은 학생을 요구하지 않는다. 자기 세계관을 글로써, 말로써 표현할 수 잇는 학생이 인정받는 곳이다. 고교에서는 이해하는 공부법을 익힐 필요가 있다. … 교과서를 꼼꼼히 읽어보며 수업에서 다루지 않는 내용이라도 책이나 다른 자료를 찾아보는 학생이 진정한 승리자가 될 것이다.

* 오◇◇(언론정보학) - 수능 공부에 방해가 된다는 친구들의 의견에도 불구하고 논문 작성 활동을 계속 했다. 논문 작성법 책과 다른 논문 여러 편을 읽으면서 고급 지식에 다가가는 쾌감을 느꼈다.

* 이○○(전기정보공학부) - 음악 시간에 수학에서 배운 피타고라스

음률과 평균율, 그리고 물리의 파동에서 배운 진동수 개념을 활용해 실제로 악기를 만들고 연주해 보았다.

* 노◎◎(영어교육과) – 학교 교과 내용만으로는 해결되지 않는 호기심을 해소하는 방법으로 독서를 택했다. 교육학뿐만 아니라 철학, 고고학, 심리학 등 다양한 분야의 책을 읽어 교양 함양 및 진로 탐색의 수단으로 활용했다. 독서를 할 때 밑줄치기와 메모를 하면서 비판적인 사고를 기를 수 있도록 했다.

학과 공부를 어떻게 하고 지식을 어떻게 쌓아야 하는가? 교과와 관련된 도서를 찾아보고 분야를 넘나들며 독서하고 사고의 깊이와 폭을 더해서 결과물을 가져와라. 그 과정에서 얻은 지식과 경험이 자신에게 어떤 영향을 끼쳤는지 학생부와 자기소개서에 나타내라. 명문대 학생부종합전형 대비법과 공부법은 명확합니다.

논·구술과 심층면접이 원하는 역량

논·구술 전형의 비중이 줄어들고 있습니다. 서울대와 고려대는 폐지된 지 오래고 연세대, 건국대, 경희대, 동국대, 서강대, 성균관대, 숙명여대, 이화여대, 인하대, 중앙대, 한국외대, 홍익대 등 11개 대학 정도가 논술 전형을 유지하고 있습니다. 지방 대학교는 대부분 실시하지 않습니다. 연세대의 경우에도 2020학년도에 비해 2021학년도 논술 전형 모집 인원이 대폭 축소될 분위기입니다. 다만 단기적인 정시 수능 확대의 기조와 장기적으로 고교학점제와 연동된 수능의 자격고사화, 그리고 간소화된 학생부 위주 전형의 재정비 등의 기조 속에서 논술 전형의 위상이 어떻게 될지 섣불리 예측하기는 아직 이르다고 봐야할 것입니다.

　연세대학교가 공개한 '논술 시험출제 기본방향과 해설'은 다음과 같습니다.

　　주어진 제시문에 대한 독해력과 분석력, 주어진 문제를 해결하기 위한 논리적 사고와 이를 종합하는 독창적이고 창의적인 사고력을 평가하는 것을 그 목적으로 하였다. 현재 고등학교 교육은 단순 암기나 주입식 강의의 틀을 벗어나 학생들이 스스로 텍스트를 분석하고 발표하고 토론하는 종합적 사고능력을 함양하는 방향으로 변하고 있는데, 이를 다면사고형 논술을 통해 평가하고자 한다.

　심층면접이라 불리기도 하는 '면접 및 구술고사' 역시 제한적으로 시행되고 있습니다만, 서울대의 경우 2020학년도 학생부종합전형 일반전형에서 면접 및 구술고사를 실시합니다. 입학관리본부가 발간한 '2020 서울대학교 학생부종합전형 안내'에서 면접 및 구술고사 전형을 준비하는 대비법과 공부법을 친절하게 알려주고 있습니다.

어떻게 준비하면 되나요?

면접 및 구술고사에서는 고등학교 교육과정 내에서 충분한 학습 경험을 통해 학업 역량을 길러온 학생들의 학업소양을 평가하고자 합니다. 각 교과목 수업을 통해서 해당 과목의 내용을 깊이 이해하고 소화하는 공부가 필요합니다. 학습 과정에서 관련 도서를 찾아 읽고, 토론, 탐구, 과제 등 학습활동을 하면서 더욱 깊이 있는 학습 경험을 하는 것이 중요합니다.

인문학, 사회과학 관련 면접 및 구술고사는 다소 깊이 있는 제시문을 활용하기 때문에 평소에 독서활동을 성실히 하면 도움이 됩니다. 단기간의 준비로는 해결할 수 없으며, 독서와 각 교과목의 깊이 있는 이해가 바탕이 될 때 자신의 우수한 학업소양을 드러낼 수 있습니다. (…)

지금까지 등장한 입시가이드와 공부법은 수험생이 들으라고 하는 말이 아닙니다. 입시를 코앞에 둔 고3이 이런 가이드들을 듣고 뭘 해보겠다고 한다면 말리는 게 좋습니다. 그 시간에 모의고사 한 문제라도 더 풀어야지요. 초등 고학년, 중학생, 많아야 고1 학생 그리고 그 학부모가 들으라고 하는 말입니다. 내신을 원하면서도 교육과정은 간과하고, 명문대 입학을 상상하면서도 닥쳐서야 명문대의 요구 사항을 들여다봅니다. 그전까지는 학원 순례를 다니고 유명 강사를 찾아다니거나 그 반대로 아이들을 방임하기도 합니다. 뭐가 우선이고 뭐가 나중인지, 뭐가 필수이고 뭐가 선택인지 촉 밝은 학부모들은 느끼실 겁니다.

교과목 수업 내용을 깊이 이해하고 소화하라는 것입니다. 교과서에서 의제를 설정하고 교과연계도서로 확장·심화 탐구하며 나와 연관지워 숙고하라는 겁니다. 이것이 시대의 흐름이 원하는 사고력의 모습이자 자기주도적 학습의 모델입니다. 지식 소비자에서 지식 생산자가 되려는 오랜 습관과 훈련은 현행 교육과정과 미래 고교 운영체제 고교학점제가 원하는 것이기도 합니다. 여기에 교과연계 독서만큼 더 현실적이고 유용한 방법을 알지 못합니다.

학생 수가 드라마틱하게 감소하고 있습니다. 교육 당국은 이 상황을 교육의 질적 향상의 기회로 삼으려 하고 있습니다. 대학의 학생 선발에서는 양보다는 질이 중요하게 여겨지고 있습니다. 학생 수가 많았을 때는 긴 한 줄 세우기 선발 방식이 불가피했습니다. 학생 수가 줄어들면 스토리는 달라집니다. 특히 4차 산업혁명 시대로 진입하며 학생의 역량을 평가하는 기준도 달라지고 있고 교사의 역량이 높아지면서 질 높은 교육에 대한 가능성과 공감대도 늘고 있습니다. 입시를 넘어 가히 교육이 대변동을 맞을 수 있는 시기입니다.

입시와 교육의 대변동 시대에 교육과 입시와 독서를 따로 떼놓고 생각하는 학부모가 있다면 서술형 문항과 수행평가의 비중이 강화된 학교 내신이든 사고력과 서술형 문항이 강화될 수능이든 탐구의 과정을 담는 과목별 세특이 핵심이 된 학생부종합전형이든 또 다른 어떤 전형이든 길을 잃을 가능성이 큽니다. 현재로서는 흔들리지 않을 유일한 공부법은 실용적인 교과연계독서입니다. 하지만 모르는 게 아니라 행하기가 어려운 공부법입니다. 차라리 학원을 돌리는 게 속편해 보이기도 합니다. 말처럼 쉬운 것도 없습니다.

CHAPTER **2**

입시 대변동 시대,
교과연계
독서 전략

교육과정의 내용을 꼼꼼히 분석하고 파고드는 공격적, 전략적 독서 방식이 바로 실용적 교과연계독서입니다. 교과학습과 무관한 독서는 불안했고 독서 없는 교과학습은 맹목적이었습니다. 실용적 교과연계독서를 통해 해결할 수 있습니다. 최소한 중학교 과정까지는 국어, 사회, 과학, 역사 교과서 독서와 교과연계독서를 통해 특별한 사교육없이도 교과 예복습과 수행평가 대비가 가능합니다.

1
2020 입시 대변동
교과서 읽기의 힘
개념 전개 방식과 호기심을 발견하라

개념 도입과 전개 방식에 집중하자

교과서는 기본입니다. 기본은 늘 무시당해 왔습니다. 하지만 대혼란이 닥쳤을 때는 언제나 기본으로 돌아가게 됩니다. 해당 과목과 주제에 정통한 수많은 교수님과 선생님들이 오랜 고민을 거쳐 책임 기술한 책이 교과서입니다. 사회적 검증과 반론을 이겨내며 우리 사회의 지적 역량이 합의해온 것들만 담고자 노력한 책입니다. 그 결과 꼭 필요하면서도 논란의 여지가 적은 내용만을 다루며 그것을 가장 명확하게 체계화해 두었습니다. 교과서가 딱딱하고 재미없으며 내용도 일견 빈약해 보이는 것은 이런 기술 방식 때문이겠지요.

5지선다와 서술형 문항, 그리고 수행평가를 포함해 학교에서 출제되는 모든 문제는 교육부 교육과정의 학습 요소를 벗어나지 못합니다. 교과서는 그 기본 개념의 결정체이며 그 의미와 연관관계가 가장 공인된 체계로 정립된 책입니다. 출제되는 모든 문제는 결국 그 개념의 단순 이해와 연역, 나아가 적용 가운데 하나일 수밖에 없습니다. 학교 시험에서 정답 여부가 논란이 될 때 최종적으로 기댈 수 있는 경전입니다.

문제풀이의 기본이라는 가치보다 더 중요한 가치가 있습니다. 교과서가 개념과 주장을 도입하는 방식과 설명하는 방식 그리고 논지를 전개하는 방식 때문입니다. 교과서를 제대로 활용하는 방법은 학습목표나 핵심 개념을 끌어내는 데 사용된 질문이나 사례, 그리고 실험 및 관찰을 살펴보는 것입니다. 어떤 이유와 과정으로 그 개념을 도입하고 있는지, 이전 학년 교과내용과는 어떻게 연결되는지에 관심을 가져보는 것입니다. 왜 이 단원에서 그 개념을 배우는지에 대한 방향성을 얻을 수 있습니다.

그렇게 도입된 개념과 논지가 어떤 방식으로 전개되고 강화되는가에 익숙해지는 것도 중요합니다. 주장과 사례 및 예시와 비유가 어떻게 논리적으로 이어지고 있는지를 살펴보다 보면 분석적이고 구조적인 독서 습관을 들일 수 있습니다. 논지를 전개하는 유용한 방식에 익숙해지면 추론적 사고를 배울 수 있습니다. 뿐만 아니라 결과적으로 해당 단원에서 집중할 상위개념과 하위개념, 핵심개념과 부수개념이 구분되어 정리되는 효과도 있습니다.

중학교 〈과학1〉 교과서를 살펴볼까요? 화학에 관한 단원은 'IV단원 기체의 성질'과 'V단원 물질의 상태변화'입니다. 중학교의 화학 교육과정을 보면 그 출발점은 기체, 액체, 고체라는 물질의 3가지 상태와 상태변화입니다. 즉 얼음이 물이 되고 다시 수증기가 되는 등 주변에서 가장 친숙하게 접하는 현상 말입니다. 물질을 이루는 단위는 입자(분자)이며 물질의 상태 변화의 본질은 입자의 운동 상태 변화라는 것을 규명하면서 중학 화학 과정이 출발하고 있습니다.

그런데 왜 V단원보다 IV단원으로 먼저 시작하는 것일까요? 물질 일반이 아니라 기체라는 특수한 상태의 성질을 먼저 도입하는 것일까요? 그 어떤 학원과 문제집에서도 이런 의문에 대한 설명은 없습니다. 그저 입자 운동, 기체의 성질, 기체의 온도와 압력과 부피의 관계, 물질의 3가지 상태, 6가지 상태 변화, 상태 변화시 열에너지 출입 과정에 대한 요점 정리만 병렬적으로 나열돼 있을 뿐입니다. 개념들의 순서가 왜 이렇게 배치되었는지 하는 의문 자체는 무의미하게 받아들여집니다.

〈과학1〉 교과서를 찬찬히 읽다 보면 이 의문이 열리고 해답을 위한 힌트도 발견할 수 있습니다. 단원 순서가 그렇게 된 이유는 첫째 물질의 본질이 입자와 입자 운동임을 가장 드라마틱하게 보여주는 물질 상태가 기체이기 때문입니다. 교과서의 도입 질문과 설명 방식을 따르다 보면 물질 일반의 입자 운동이 가장 쉽게 확인되는 방법이 주로 기체의 증발과 확산이었음이 밝혀집니다. 둘째는 초등 6학년 '여러 가지 기체' 단원에서 산소와 이산화탄소라는 특정한 기체에 대해 학습했기 때문에, 중학 과정에서 물질 일반보다는 기체에 대한 설명으로 출발할 때 입자 운동이라는 물질의 본질을 가장 자연스럽게 설명할 수 있기 때문입니다.

선생님의 수업 프린트물, 참고서, 문제집의 요점 정리와는 달리 교과서에는 이러한 도입과정이 질문이나 생각열기, 앞에서 배웠어요 등의 코너를 통해 곳곳에 담겨 있습니다. 교과서를 깊이 반복해 읽다 보면 저자의 이런 생각을 어렴풋이나마 이해할 수 있게 되고, 그런 학생들은 IV단원과 V단원 가운데 더 집중할 것은 V단원의 개념들이며 IV단원은 그 사례에 해당하는 상대적으로 하위개념들로 이뤄져 있음을 이해할 수 있게 됩니다.

물론 처음부터 교과서를 이런 방식으로 독해할 수 있다는 게 아닙니다. 반대로 교과서를 계속 집중해 읽다보면 군더더기 없는 논리적 사고나 명확한 추론에 자연스럽게 익숙해지게 된다고 할 수 있습니다. 장차 대학 논술 시험이나 심층 면접을 대비하는 데 이만한 교재가 없습니다. 교과서에는 가능한 한 개념 추론 과정을 담아두고 있기 때문입니다.

중학교 〈과학1〉 IV단원의 예를 한 번 더 들겠습니다. '증발'과 '증발이 잘 일어나는 조건'에 관한 설명입니다. 학생들이 시험 기간에 외우는 수업자료 프린트물이나 참고서에는 이 두 항목을 따로 떨어뜨려놓은 채, 증발의 개념은 이것이고 증발 조건은 저것이다 라고만 기술되어 있습니다. 하지만 정작 중요한 문제는 하필 왜 그런 조건에서 증발이 잘 일어나는가 하는 것입니다. 2015 교육과정의 서술형 문항 형태는 바로 이런 모습을 띠고 있습니다.

출판사별로 조금씩 다르긴 하나 대체로 우선 증발의 개념을 입자 운동으로 설명한 다음, 입자 운동이 활발할 때 증발이 더 잘 일어남을 보여줍니다. 다음으로 입자 운동이 활발해지는 조건을 설명한 후 마지막으로 증발이 잘 일어나는 조건에 대해 정리하고 있습니다. 입자 운동을 활발하게 하는 원인을 이해하면 증발 조건에 대한 자연스러운 연역 추론이 가능하게끔 기술되어 있는 것입니다. 교과서나 교과연계독서를 통해 이런 개념의 추론 과정에 익숙한 아이들에게 증발이 잘 일어나는 조건을 그냥 외우도록 시키면 이렇게 대답합니다. "이 뻔한 걸 왜 외워요?"

교과연계도서로 가는 가교

교과서는 호기심을 발견하고 심화 탐구로 나아가는 활동의 출발점이라는 점도 중요합니다. 참고서나 문제집 학습에 비해 교과서 독서에서는 지적인 자율성을 유도할 수 있습니다. 많은 내용이 함축적으로 기술되다 보니 곳곳에 인지적·논리적·정서적 여백을 남겨 놓고 있습니다. 호기심과 의문점의 여지를 많이 남겨 놓고 지적인 자율성을 통해 그 간격을 메우게 합니다. 궁금점이나 탐구 주제를 스스로 발견하게 하는 것입니다. 자율성에 기대는 방식 외에도 아예 단원 말미에 심화탐구 주제를 직접 지정해 놓고 활동을 유도하기도 합니다. 교과연계도서로 찾아가야 할 이유와 관점, 무엇보다 목적이 생기는 것입니다.

물론 일상의 경험과 의문, 대화 속에서도 책으로 나아가는 가교를 발견하는 학생도 간혹 있습니다. 하늘이 내려주는 학생입니다. 생활 속에서 그런 지적 자율성을 이끌어내기는 정말 어렵습니다. 특히 학습 단계와 교육과정에 조응하는 수준의 의문과 해결책이어야 한다면 더구나 그렇습니다. 이 때문에 교과서가 가장 현실적이고 유용한 출발점이 되는 것입니다.

독서의 과정과 결과는 어떤 목적을 가지고 하느냐에 따라 크게 달라집니다. 이 차이는 어려운 책일수록 두드러집니다. 좀 난이도 있는 교과연계도서를 읽을 때 교과서를 통한 목적을 가진 채 읽는 학생과 그렇지 않은 학생과의 차이점을 직접 겪어봤습니다. 뚜렷한 목적 없이 글을 읽는 학생들에게서는 지루하다, 집중하기 힘들고 잡생각이 난다, 컨디션이 나쁘다, 무슨 얘기를 하는지 모르겠다, 주제 같은 건 관심 없다 등의 반응이 나옵니다. 그러다 보니 소리내어 읽혀 보기도 하고 심지어 '소리내어 생각하기'를 시도해 보기도 하고, 과제를 내보기도 하지만, 책 속에 담겨 있는 정보를 자기 것으로 만들기는커녕 한번 읽은 내용조차 제대로 이해하지 못하며 시간만 보내는 경우를 많이 봅니다. 독서에 흥미를 잃는 지름길입니다.

관심을 가지고 접근하면 관심이 없을 수가 없습니다. 목적이 분명하면 읽는 글 속에서 중요한 것이 무엇인지, 기억할 것이 무엇인지, 또 의미를 제대로 파악하기 위해 밑줄을 칠지, 소리를 내어볼지, 글로 요약해 볼지 등 어떤 독서 전략을 활용해야 할지를 판단하기가 쉬워집니다. 교과서 학습 목표와 핵심 개념에서 출발하는 관심이 인도하고 있는 도서를 읽는 것은 독서의 목적을 준다는 점에서 중요합니다. 교과서에서 제대로 출발하면 책으로 달릴 수 있습니다.

교과 내용에 대한 심화학습이란 쎈에서 일품 문제집으로 넘어간다는 말이 아닙니다. 교과서 내용을 바탕으로 스스로 책이나 영상, 보고서, 논문 등을 찾아보는 활동을 말합니다. 이 가운데 초등 고학년에서 중학생 정도의 학생에게 적합한 활동을 살펴봅시다. 꾸준한 체험활동은 시간과 비용 문제로 비현실적입니다. 논문은 너무 수준이 높습니다. 인터넷과 유튜브는 친절하지만 부정확한 경우가 많습니다. 가장 현실적이고 유용한 수단이 결국 책입니다. 내용도 비교적 정확하며 종류와 수준도 다양하게 고를 수 있습니다. 다양한 독후 활동을 통해 학생부 기록을 남길 수도 있습니다.

교과서는 교과의 내용을 완전히 이해시키는 목적보다는 학습의 기본과 토대를 제공한다는 의미가 더 큽니다. 교과서 학습은 상급학교로 갈수록 교과연계 도서로 보완되어야 합니다. 교과서는 고학년이 될수록 더 불친절해지고 공백이 커집니다. 수학의 경우 중학교까지는 도형을 직접 그려보는 등 직관을 통해 이해할 수 있는 내용이 다수 나옵니다만 고등학교 수학부터는 대부분 공식과 증명을 다루는 추상적 내용이 대부분이라 수학적 사고력과 논리력이 많이 요구됩니다. 하지만 수학적 사고력을 기르는 방법까지는 교과서에 없습니다. 이 공백을 수학 연계도서를 통해 메울 수 있습니다,

교과연계 도서를 찾는 가장 이상적 방식은 교과서 해당 개념을 확장하고 탐구하려는 의지가 생겼을 때 학생이 직접 서점과 도서관, 그리고 추천도서 목록을 뒤지는 것입니다. 이게 어렵다면 학생이 찾아 읽을 만한 도서들을 가정에 미리 구비해 두고 그 가운데 학생이 탐색해 보게 하는 것도 대안이 될 수 있습니다. 그런데 그 광범위한 도서를 어떤 기준으로 정하고 구비할지가 문제입니다.

국어와 사회·과학·역사 과목으로 나눠보겠습니다. 사회·과학 과목용 교과연계도서를 선정하기 위해서 굳이 학년별 교과서를 모두 다 사서 뒤져볼 필요는 없습니다. 교육부의 과목별 교육과정 문서(교육부 고시 제2015-74호 별책)를 다운받으면 됩니다. 그 문서에는 초등학생에서 고등학생까지 학습해야 할 '내용 체계 및 성취기준'이 있습니다. 그 속에 학년군별, 학습영역별로 '학습요소' 즉 주요 개념이 담겨 있습니다. 그 개념들을 정리해 둡니다. 전집이든 단행본이든 이 학습요소를 빠짐없이 골고루 깊이 있게 다룬 도서를 구비해야 합니다.

과목별, 학습요소별로 필요도서 전부를 구비할 수는 없겠지요.

최소한 그렇게 분류된 도서목록은 필요합니다. 학생이 도서관에서든 서점에서든 우선순위로 탐색해 볼 책의 범위를 정해주는 과정입니다. 백지 상태에서가 아니라 학습요소별로 뽑아낸 목록 범위 안에서 탐색할 수 있게 도와주는 것입니다. 초등용, 중학용, 고등용 3단계 수준의 도서나 목록을 마련해놓고 학생의 도전의식을 자극해야 합니다.

큰 영역별로 몇 권씩 수록해 놓은 일반적인 추천도서목록과 달리, 이 목록은 교육과정의 학습요소별로 세세하게 분류된다는 점에서 그 효용성이 큽니다. 학생과 함께 직접 만든다는 점도 차이점이겠지요. 물론 쉽지 않은 일입니다. 하지만 학생이 평소 관심을 보이는 일부 학습요소에 대해서만이라도 목록을 만들어 볼 수 있다면 교과연계독서의 출발점으로 삼을 수 있습니다. 성향과 수준에 맞게 거칠게라도 완성한다면 학창 시절 내내 교과연계 탐색작업의 훌륭한 보고가 될 것입니다. 어차피 책을 사야 된다면 이 목록을 염두에 두고 옥석의 기준으로 삼을 수도 있습니다. 이 작업의 일부라도 학생과 함께 할 수 있다면 그 자체로 탐색과 선택의 사고습관에 익숙해지게 되는 것입니다.

역사 과목 역시 같은 방법으로 도서를 구비하는 게 좋으나 박근혜 정부의 국정교과서 파동 이후 시작된 교육과정에 대한 전면 수정 작업이 완결되지 않아 교육부 교육과정 고시 속 학습요소가 확정되지 않았다는 문제가 있습니다. 일단은 세계사와 한국사를 교차직조하는 교육과정이 꾸려지고 있는데 조만간 세세하게 확정된다면 같은 방법을 사용할 수 있을 것입니다.

국어 과목 연계도서는 교육과정의 내용요소와 학습목표별로 목록을 만드는 것이 쉽지 않습니다. 명확한 개념 중심의 학습목표가 아니라 '주장의 근거 찾기, 화자의 정서 파악하기, 인물의 심리 파악하기' 같은 역량 중심의 학습목표이기 때문입니다. 교육과정의 내용 체계와 성취 기준을 충분히 참고하되 다음과 같은 방식으로 도서를 구비하거나 목록을 만들 수 있습니다.

우선 출판사별로 전 학년 교과서를 구비해야 합니다. 과하다 싶으면 최소한 교과서 수록 작품목록만이라도 확보해야 합니다. 그런 다음 4가지 정도 방식으로 작품을 선택할 수 있습니다. 우선 같은 학습목표 하에 수록된 출판사별 교과서 작품을 학생이 원할 때 두루 섭렵하게 할 수 있게 합니다. 다음으로 같은 수록 작품 저자의 다른 대표작을 확보합니다. 주로 문학작품의 경우입니다. 세 번째로는 교과서에 일부분만 수록된 작품의 전체 원문을 확보하는 방법입니다. 마지막으로는 장르별로 학생의 관심사와 맞는 양질의 텍스트를 구비하는 방법입니다. 그 소재는 교과서 수록 제시문에서 다루는 것들입니다.

학생의 탐색 범위가 이렇게 정해지면 막연하기만 느껴졌던 교과서 연계 탐구과정이 손에 잡히기 시작합니다. 교과서의 개념이 어떻게 다르게 표현되어 있는지를 목적으로 교과연계도서를 훑어볼 수도 있고, 풍부하고 다양한 사례를 추가로 확인한다는 관심사로 시작될 수도 있습니다. 미처 이해하지 못한 교과서 내용에 대한 상세한 설명을 찾는다거나 좀 더 깊은 이해를 목적으로 뒤져보는 경우도 있을 것입니다. 이후 학교에서 이뤄지는 토론과 주장 발표에 적극적으로 나서서 자신이 탐구한 내용을 확인하고 객관화해보는 과정도 뒤따라야 합니다. 찾아본 교과연계도서들을 나름대로 점수화시켜 평가해 보고 친구나 선생님에게 추천하는 활동도 해볼 수 있습니다.

　교과연계도서를 탐색하는 과정은 수행평가 과제를 해결하는 데에도 직접적으로 도움이 됩니다. 무엇보다 교과연계 도서를 통해 수행평가를 해결한 학생들은 결과물이 서로 동일하지 않습니다. 인터넷에 돌고 있는 모범 답안을 긁어 완성한 수행과제물과의 가장 큰 차이점입니다. 교사들은 누구보다 그 차이를 정확히 알고 있습니다. 찾아본 책 목록과 찾은 동기를 기재해 둠으로써 학생부 기록을 풍성하게 만드는 것도 필요합니다.

3

2020
입시 대변동

교과연계 통섭독서로 융합하라

　문·이과 통합이라는 교육정책은 현재의 교육과정 외에도 수능의 출제 지침, 명문대의 인재상, 논술 전형의 취지 등에 고루 등장하고 있습니다. 4차 산업혁명의 시대에 전가의 보도처럼 쓰이기도 합니다. 다른 것을 한데 묶어 새로운 줄기를 잡는다는 의미의 통섭(統攝)이라는 단어도 사용됩니다.

　통섭 혹은 융합이란 기존의 가용자산을 활용할 줄 안다는 것이기도 합니다. 기지(旣知)의 영역에 속하는 배경지식을 활용해 다른 미지(未知)의 영역과 소통하며 그 과정에서 새로운 지식을 생산한다는 뜻입니다. 교육과정의 관점에서 보면 주로 두 가지 학습방식이나 역량을 뜻합니다. 우선은 이전에 배운 것과 새로 배우는 것을 연결해 생각한다는 것이 첫 번째이며, 특정 과목·단원과 여타 과목·단원과의 접점을 찾아 새로운 종합으로 나아가는 것이 두 번째입니다.

어떤 일을 하던 자신의 가용자산을 최대한 활용하지 않는다면 성공할 가능성은 그만큼 줄어듭니다. 책을 잘 읽는 학생은 어떤 주제에 대한 사전지식을 깨워내는 훈련을 많이 해본 학생입니다. 지금껏 만나본 학생들은 대게 책을 이해하는 데 필요한 배경지식을 알게 모르게 지니고 있는 경우가 많았습니다. 다만 스스로 깨우고 활용해 보고자 시도하지 않는 게 문제였습니다. 처음 대하는 어려운 글을 읽을 때 머릿속에 들어있는 사전 정보가 더없이 강력한 자산이 되었던 경험을 단 한번만이라도 하게 된다면 학생들의 자발성에는 엄청난 탄력이 생깁니다.

그런 통섭적 사고 방식과 경험을 아이들에게 주는 것이 어른의 몫입니다. 문제는 그렇게 교육받아 오지 못했기에 그렇게 교육시키기가 쉽지 않다는 것입니다. 학교에서 학생들은 여전히 이전의 내용을 깡그리 무시한 채 새 마음 새 뜻으로 새 선생님과 함께 새 문제를 해결하기 위해 머리를 싸매곤 합니다.

현재의 교육과정에 맞는 수업 혁신의 큰 난제도 바로 이 융합교육에 대한 여건 부족입니다. 짧은 수업 시간, 기존의 과목별 사고 방식, 학생수의 문제, 평가의 편이성과 수업 진도 달성의 문제, 개별교사의 역량 향상뿐 아니라 교사간 협의 문제도 걸려있기 때문입니다.

2015 교육과정이 고등학교 교과목에 〈통합과학〉, 〈통합사회〉를 신설하는 것을 넘어, 앞으로 수업 속에 독서를 끌어들이면서 노리는 가장 큰 효과도 바로 이런 점을 극복하고자 하는 것입니다. 독

서를 통해 기본적인 융합교육의 효과를 달성할 수 있으리라는 판단이 작용하고 있습니다.

하지만 지금 당장은 이조차도 실행되지 못하고 있기에 평소에 교과연계 독서를 통한 융합을 꾀할 수밖에 없습니다. 양질의 교과연계도서에는 교과서보다 자유로운 구성 방식, 그리고 넓은 지식과 친근한 사례에 더해 다소 도전적인 주장과 사고방식도 담겨 있다는 점에서 통섭독서로 나아갈 연결고리가 풍부합니다.

특정 주제와 개념을 통섭하려는 의도로 다른 책을 탐독할 때에는 그렇지 않은 경우와 비교해 독서의 효과가 훨씬 높아집니다. 새로운 지식을 접할 때 그 지식이 기존에 알던 것과 관계있는 것이라고 여겨질 경우 우리의 뇌는 그 정보를 훨씬 중요한 것으로 판단하고 저장하기 때문입니다. 통섭독서를 통해 여러 가용자산을 하나로 꿰어본 학생들은 할 말이 많아지고 큰 그림을 그려내게 됩니다. 새로운 지식을 종합할 뿐만 아니라 기존 지식마저도 더욱 깊이 이해하는 계기가 됩니다.

막상 해보려면 막막하기 그지없는 것이 이 통섭독서입니다. 학년별, 수준별로 다양한 모델이 있습니다만, 여기서는 중학교 1학년 정도에게 적당한 사례 몇 가지만을 통해 통섭독서 전략의 큰 틀을 그려보겠습니다.

우선 과목별 교과서 단원을 융합해둘 필요가 있습니다. 중학교 1학년 교과서를 예로 들어보겠습니다. '생물의 다양성'(과학)은 '환경문제와 지속 가능한 환경'(사회)와 연결됩니다. '다양한 세계, 다양한 문화'(사회)를 배운 후에는 '세계시민 윤리'(도덕) 부분을 읽어도 됩니다. '지구 곳곳의 자연재해'(사회)를 읽을 때는 '지권의 운동'(과학)을 염두에 둬야 합니다. '물질의 상태 변화'(과학)을 읽을 때 '대기와 해양'(과학)과 '우리와 다른 기후, 다른 생활'(사회) 및 '자연으로 떠나는 여행'(사회)을 덧붙여 사고하게 하면 좋습니다. '시장경제와 가격'(사회)에서 '사회 정의'(도덕)을 떠올려 볼 수 있고, '문화의 이해'(사회)는 '문화 다양성, 다문화사회'(도덕)과 직결됩니다. '정치과정과 시민참여'(사회)에서 다루는 정치의 개념을 '평화적 갈등 해결'(도덕)을 통해 설명하는 것도 가능합니다.

다음으로 문학을 통해 교과서 주요 개념에 대한 이해를 도모하는 전략도 있습니다. 간단한 예를 들면 인구 집중과 도시화 문제는 〈난장이가 쏘아올린 작은 공〉, 경도와 위도, 날짜변경선 개념은 〈80일간의 세계일주〉, 수요와 공급, 독점, 기업 윤리의 주제는 〈허생전〉, 우리나라 주변 해류의 흐름과 해류의 순환 테마는 〈연오랑과 세오녀 이야기〉, 지역별 산업의 종류와 특징은 〈플랜더스의 개〉, 곤충의 몸 구조에 대한 심층적 이해는 〈개미〉, 문화와 다양성의 문제는 〈내 영혼이 따뜻했던 날들〉과 같은 작품을 통해 폭넓게 이해해볼 수 있습니다.

최근에는 분과 학문간의 융합적 영감과 가이드를 제시하는 교양도서도 다양하게 출간되어 있습니다. 초등 고학년에서 중학생 수준의 책으로는 지리 교사가 쓴 〈문학 속의 지리 이야기〉, 한국사의 주요 장면에 등장하는 경제학자를 다룬 〈한국사에 숨겨진 경제학자들〉, 세계의 역사를 바꾼 주요 사건과 기상현상의 관계를 다룬 〈세계사 속 날씨 이야기〉, 통합 과학을 지향하는 대안 교과서 〈살아있는 과학교과서〉, 과학적 발견이 일으킨 사회적 변화를 다룬 〈과학 시간에 사회 공부하기〉, 색깔의 과학사를 다룬 〈브라이트 어

스 : 수천 년간 지구를 빛낸 색의 과학사〉, 역사와 과학 및 사회를 아우르는 〈빅 히스토리〉 등의 도서를 통해 평소 융합적 사고 습관을 키우게 해주는 것도 필요합니다.

초등 〈과학5-1〉에 '물체의 운동' 단원이 나옵니다. 과학적 의미의 운동은 일정한 시간이 지나면 물체의 위치가 변하는 현상으로 정의합니다. 이어서 시간과 이동거리 간의 관계인 속력을 배웁니다. 이를 바탕으로 〈속력과 교통수단〉이라는 교과연계도서를 읽는 학생이 있습니다. 그런데 이 학생이 '우리 주변에는 운동하는 물체와 그렇지 않은 물체가 있습니다' 라는 문장에서 눈길을 멈출 줄 안다면 그때부터는 교과연계 선행독서가 시작되어야 합니다. 왜 운동하는 것과 아닌 것이 있을까, 운동의 원인은 뭘까를 궁금해할 줄 아는 학생이라면 중학교 과학 과정을 선행해야 하는 학생입니다.

중학교 〈과학1〉의 '여러 가지 힘' 단원에 가면 운동의 원인에 대한 답이 나옵니다. 힘입니다. 힘이란 물체의 모양이나 운동 상태를 변화시키는 원인입니다. 운동 상태를 변화시키는 힘의 종류인 중력, 탄성력, 마찰력, 부력에 관한 학습으로 나아갑니다.

운동의 원인이 궁금해 중학 1학년 과정까지 탐색해 온 초등 5학년 학생은 '일정한 시간이 지나면 물체의 위치가 변하는 현상'이라는 초등 개념과 '중력, 탄성력, 마찰력, 부력'이라는 중학 개념의 관계를 명확히 이해하게 됩니다. 이것이 탐구와 사고 과정으로서의 선행학습입니다. 질문하는 학생은 선행으로 나아갈 수밖에 없습니다. 질문에 대한 답을 독서에서 찾는다면 교과연계 선행독서가 됩니다.

운동의 뜻을 외우고 속력을 구하는 문제풀이만 반복한 채 운동의 원인에 대해서는 단 한 번도 궁금해한 적이 없던 초등 5학년에게 갑자기 중학 1학년의 힘의 뜻과 종류를 외우게 하는 것이 지금까지의 선행학습이었습니다. 정작 중학교 1학년이 되면 외워둔 힘의 뜻과 종류에 대해서 다시 이해해보려 하지 않습니다. 알고 있기에 이해하고 있다고 착각하면서 정작 교육과정이 의도한 가장 중요한 개념 '힘과 운동의 연관관계'에 대한 깊은 사고를 할 수 있는 소중한 기회를 잃어버립니다.

미지수가 하나인 방정식을 배운 뒤 '미지수가 2개인 방정식도 있을까, 있다면 어떻게 풀 수 있을까'를 궁금해 하는 학생, 기둥의 부피 공식을 배운 후 뿔의 부피와 기둥의 부피는 어떤 관계일까에 관심을 두는 학생이 있다면 탐구의 과정을 통해 선행으로 나아가야 합니다. 이 과정에서 선행 교과내용의 낯설음을 지워낸 학생은 이후 공부가 수월할 수밖에 없습니다. 영재고나 과학고의 애초 목적이 이런 학생을 받아 심화 과정을 가르치겠다는 것이었습니다. 그런데 질문하지 않고 해답을 찾으려 하지 않는 학생에게 영재고와 특목고에 합격한 이후에나 필요한 선행학습을 주입할 수밖에 없는 게 현실입니다.

다행히 앞으로의 교육과정은 이런 선행학습의 유용성과 가성비를 떨어뜨릴 것입니다. 아는지 모르는지로 나뉘는 결과보다는 어떻게 알아가는지의 과정 중심 수업과 평가가 이뤄져갈 것이기 때문입니다.

선행 학습에 대한 개념 전환이 필요합니다. 선행 수업 서비스가 아니고 자기주도 예습 훈련입니다. 스스로 읽어보고 질문하며 깨쳐갈 수 있게 유도하는 선행이 훨씬 효율적일 것입니다.

학원 선행학습의 효과는 얼마나 지속될까요? 초등 6학년 2학기 6개월간 중학 3과목을 선행하면 대략 450~500만원의 비용이 지출됩니다. 하지만 유효기간은 학 학기 길어야 1년입니다. 지속적 반복 없이는 곧 잊어버립니다. 이후 진도는 또다시 그 비용을 들여 새롭게 선행해야 합니다.

교과서와 교과연계 독서를 하면 어떨까요? 자기주도적 독서 속에서 이뤄진 선행학습의 유효기간은 짧아도 3년 길면 평생을 가게 됩니다. 선행을 위해 독서를 활용하는 게 아니라 독서 과정 속에서 자연스러운 선행이 이뤄질 수 있습니다.

국어 과목의 경우 상위 교과서에 실린 제시문이 수록된 책을 찾아 미리 완독하기만 해도 교과 내용에 대한 훌륭한 선행학습이 됩니다. 수학 과목은 주요한 공식의 실용적인 쓰임을 알기 위해 수학 관련 역사서나 교양서를 미리 접해보면서 흥미를 키워둔다면 '이런 걸 왜 배워요'라는 투정으로 낭비하는 시간을 훨씬 줄일 수 있습니다.

과학과 사회 과목은 교과연계독서를 통해 앞으로 배울 교과개념이 어우러질 큰 숲을 조망할 수 있습니다. 나무를 가르치는 선행학습보다는 숲을 보는 학생이 훨씬 유리해질 것입니다.

CHAPTER 3

성적까지 잡는 교과연계독서의 실제

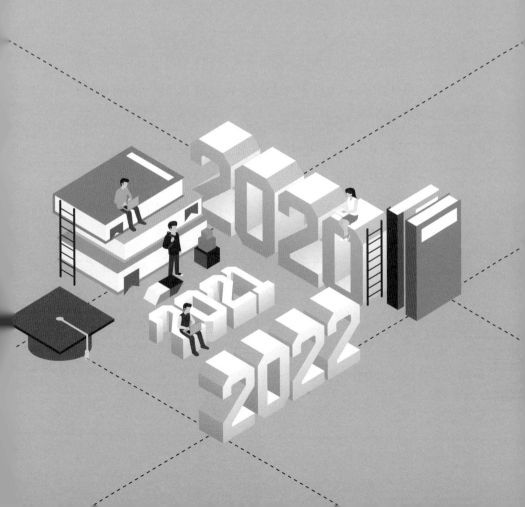

수많은 전문가분들 덕택에 예전과 달리 교과서만큼 정확하면서도 교과서보다 친절하고 재미있으며 자세한 교과연계 도서들이 정말 많아졌습니다. 초등학교 고학년부터는 문고판 레미제라블 같은 맛보기 교양독서에 안주하지 말고 공부하는 실용 독서를 훈련할 때입니다. 서술형 문항과 수행평가가 강화된 교육환경에 맞춰 전략적으로 문제 해결력에 집중하는 읽기와 쓰기에 익숙해질 필요도 있습니다.

현재의 교육과정에 필수적인 학습법, 서울대 등 명문대의 인재상 속에 나타난 심화독서법, 그리고 수능 출제기관이 요구하는 수능형 사고력 신장 방법 등에 따라 학교 수업이나 가정에서 종합적이고 실용적인 교과연계 독서훈련을 가능하게 하는 실제 독서지도 모델과 커리큘럼을 제안해 보고자 합니다.

과목별 특성에 따라 조금씩 다릅니다만 전체적으로 기본 교과서 독서 → 확장 교과연계독서 → 심화 교과연계독서 → (통섭 독서) → 선행 독서로 이뤄지는 4단계의 입체적 흐름입니다. 이미 출제되었던 서술형 문제의 해답을 반복해 서술해 보고, 출판사별 교과서 속 수행평가 해결책을 모색해 보는 과정도 포함되는 것이 좋습니다. 국어, 사회, 과학, 역사의 모든 테마에 대해 이런 방식의 교과학습을 직접 적용할 수 있으며 영어 수학의 학습 효과마저 극대화하는 간접 효과로 이어질 수 있습니다.

교육과정에 기반한 과목별·학습목표별 교과연계독서의 전체 커리큘럼과 독서공부법에 대해서는 다음 기회에 상세히 제시하기로 하고, 여기서는 과학과 국어 과목의 한 테마씩에 대해서만 살펴보도록 하겠습니다.

다루게 될 테마와 개념

과목별 교육과정과 학습 진도에 주의를 기울여 보면 언제 어떤 책을 찾아 읽어야 할지 감을 잡을 수 있습니다. 2015 교육과정의 과학 과목(교육부 고시 제2015-74호〔별책9〕)에서는 초·중등 학습과정 전체를 15개의 영역으로 대분류하고 그것을 다시 35개의 핵심개념으로 소분류해 두었습니다. 이 35개의 핵심개념에 따라 초등 3· 4학년, 5·6학년, 그리고 중1~3학년이 학습해야 할 세부 내용요소를 적시해 놓은 구조입니다. 여기서는 대분류에 속하는 '힘과 운동' → 소분류에 속하는 '힘' → 중학1~3학년 내용 요소인 '중력, 마찰력, 탄성력, 부력'을 소재로 중학교 1학년이 해볼 수 있는 독서공부법 모델을 제시하겠습니다.

기본 교과서 단원 및 학습목표 확인

학생 독서법 ————

학교 수업에 맞춰 이해가 어렵거나 혹은 관심 가는 소분류나 내용 요소를 선택해 현행 교과서 내의 해당 단원을 확인합니다. 중력, 마찰력, 탄성력, 부력이라는 내용 요소를 다루는 단원은 중학교 〈과학1〉의 'II. 여러 가지 힘'입니다. 다음으로 교육과정 문서에 나와 있는 학습목표를 찾아봅니다. 다음과 같이 나와 있습니다.

여러 가지 힘

[9과02-01] 무게가 중력의 크기임을 알고, 질량과 무게를 구별할 수 있다.

[9과02-02] 일상생활에서 물체의 탄성을 이용하는 예를 조사하고, 그 예를 통해 탄성력의 특징을 설명할 수 있다.

[9과02-03] 물체의 운동을 방해하는 원인으로써 마찰력을 알고, 빗면 실험을 통해 마찰력의 크기를 정성적으로 비교할 수 있다.

[9과02-04] 기체나 액체 속에 있는 물체에 부력이 작용함을 알고 용수철저울을 사용하여 부력의 크기를 측정할 수 있다.

사전 학습이 안 된 단원이라면 학습목표 자체가 어렵게 느껴질 수 있으니 낯선 개념에 익숙해진다는 느낌으로 읽어봐도 무방합니다. 대신 모르는 단어는 표시해 두어 기억에 남기는 것이 좋습니다. 학교 수업이 이미 진행중이라면 무엇이 중요하고 어디까지 알고 있는지를 체크하는 기회로 삼으면 됩니다.

독서지도법 ──────────

학생에게 친근한 사례나 질문, 혹은 동영상을 제시해 학습 의욕과 관심을 끌어내도록 해주는 것이 필요합니다. 가령 '스마트폰이 떨어져서 액정이 깨졌어. 엄마의 잔소리가 떠오르지? 도대체 스마트폰을 떨어뜨리는 힘의 정체는 뭘까?'라는 질문이 있을 수 있겠습니다. 혹은 '대박! 달에 가면 몸무게가 6분의 1로 줄어든대. 다이어트가 필요없겠네?' 같은 질문도 가능하겠군요. 유튜브의 '고무줄로 수박 깨기' 같은 것은 깔깔깔 웃으며 탄성력에 대한 호기심을 불러 일으키게 해주는 동영상입니다.

한 단계 쉬운 도서를 가볍게 미리 읽혀 배경 지식을 주는 것도 방법입니다. 초등 고학년용으로 집필된 〈과학은 공식이 아니라 이야기란다〉(김성화·권수진, 휴먼어린이) 가운데 '중력 이야기 : 지구가 너를 끌어당긴다' 부분이 그 좋은 예입니다.

학습 목표 설정이나 동기 부여에 도움이 되는 선에서 가능하다면 문제집이나 기출시험지에서 난이도 있는 서술형 문항을 찾아 읽어보게 하는 것도 좋습니다. 주의할 것은 정답을 찾아야 한다는 부담을 주지 않는 것이 좋습니다. 문제 자체를 이해하거나 모르는 개념을 체크하거나 자유롭게 고민해 보는 기회가 되도록 합니다.

기본 교과서 독서

학생 독서법 ——————

친근한 사례나 질문, 동영상, 미리읽기 등을 통해 지니게 된 관심사나 학습목표상의 주요 개념을 염두하고 중학교 〈과학1〉의 여러 가지 힘 단원을 반복해서 읽어봅니다. 교과서는 눈으로 읽는 것이 아니라 머리와 손으로 읽는 것입니다. 처음부터 쉽지는 않겠지만 많은 내용 가운데 핵심 개념은 무엇일지, 관심사와 연관된 내용은 없는지 밑줄 치고 동그라미 하고 메모하는 습관에 조금씩이라도 익숙해지도록 노력합니다. 읽기가 끝나면 워크북에 적힌 주요 개념의 의미를 완결된 문장으로 옮겨 적어보고 그 개념에 해당되는 생활 속 사례를 떠올려보거나 일정한 분량의 문장으로 서술해 봅니다.

독서지도법 ——————

해당 단원 독서를 위한 일종의 워크북 문서를 만들어 주는 것이 필요합니다. 학생이 처음부터 스스로 워크북을 만드는 것은 힘들 테니 당분간은 만들어 주는 것이 좋겠습니다. 교과서에서 찾아야 하거나 자신의 생각을 적어야 할 개념 목록을 워크북에 미리 적어 둡니다. 힘, 중력, 중력의 작용 방향, 만유인력, 물체의 무게, 무게의 단위, 질량, 탄성력과 탄성력의 작용 방향, 탄성력의 크기, 마찰력과 마찰력의 작용 방향, 마찰력의 크기, 부력과 부력의 작용 방향, 물에 잠긴 물체가 떠오르거나 가라앉는 이유 등입니다.

워크북에 적은 답안에 처음부터 지나치게 개입하는 것은 좋지 않습니다. 처음에는 옳든 그르든 완결된 문장을 적었는지 정도만 확인해 보는 것이 좋습니다. 이 과정의 진짜 의도는 목적 없이 눈으로 대충 읽고 책장을 덮는 습관을 막는 데 있기 때문입니다. 개념에 대한 정확한 파악은 교과서보다는 좀 더 자세하고 재미있는 확장·심화 교과연계독서 단계에서 이뤄져도 무방합니다. 미진하게 이해한 채로 두는 것이 이후 독서에 목적을 준다는 점에서 오히려 나을 수 있습니다.

학생이 어디에 밑줄을 쳤는지를 확인하는 것은 필수적인 사항입니다. 왜 밑줄을 쳤는지, 왜 중요한 부분이라고 생각했는지를 물어야 합니다. 그것이 실제 중요한 문장인지 아닌지가 아니라, 왜 그것을 중요하게 여겼는지에 대한 생각을 들어본 후 생각하며 읽었다는 것 자체를 칭찬해 주면서 아이의 독서가 계속 나아가도록 격려하는 것이 좋습니다.

확장·심화 독서

학생 독서법 ──────

기본 교과서 독서의 학습목표 상의 주요 개념을 보다 상세히 다루고 있는 도서를 탐색해 봅니다. 취향과 수준에 맞는 도서를 탐색하되 교과서에 없는 풍부한 사례가 많이 담긴 도서가 좋습니다. 교과서는 개념 위주의 앙상한 체계로 이뤄져 있기에 스토리텔링 구조로 다뤄지는 도서를 선정하는 것도 방법입니다.

주요 개념들이 교과서와는 어떻게 다르게 표현되어 있는지를 살펴보는 것이 첫 번째 방법입니다. 공통점보다는 차이점을 비교해

보면서 교과서 내용과 교과연계도서의 내용에 대한 이해가 깊어지는 경험을 할 수 있습니다. 같은 뜻이 어떻게 다르게 표현되어 있는지를 살펴보는 것도 어휘력과 이해력을 높이는 계기가 됩니다.

교과서의 주요 개념이 왜 등장하게 되는지를 큰 그림 속에서 이해하는 계기로 삼을 수도 있습니다. 어떤 맥락 속에서 교과서 개념이 등장했으며 후속 개념들이 어떻게 이어지는지에 대한 폭넓은 이해를 도모하고자 하는 목적을 명확히 하고 읽는 것입니다. 독서를 통해 알게 된 내용이나 적용 사례는 반드시 수업 시간이나 토론 시간 등을 통해 '아는 척'을 해보는 것이 중요합니다. 또래 친구에게 설명할 수 있어야 제대로 아는 것이며 설명하는 과정을 통해 이해의 깊이를 더할 수 있습니다.

교과연계도서에서는 깊게 다루고 있는 내용이 교과서에서는 얕게 다뤄지고 있다면 체크해 보는 것도 좋은 방법입니다. 가령 교과서에서는 힘의 의미와 표시 방식만 다루고 있지만 교과연계도서에서는 힘의 크기를 구하는 물리학의 기본 공식 $F=m \cdot a$라는 내용까지 등장합니다. 심화 이해뿐만 아니라 선행독서로 나아갈 수 있는 길이 열리게 됩니다. 그밖에도 생활 속 경험과 연관되는 사례가 많은 책일수록 다른 영역의 통섭독서로 나아가는 길도 발견할 수 있다는 점에서 좋습니다.

독서가 끝나면 반드시 그 책을 찾아간 과정을 기록해 두는 것이 좋습니다. 교과서의 어떤 개념에서 출발했는지와 그 책을 통해 어떻게 해결했는지를 기록하는 습관을 들이는 것입니다. 그 책에 대한 나름의 평가와 평점을 매겨보는 습관을 들여보는 것도 좋습니다.

학생의 호기심이나 관심사를 주의깊게 살피는 것이 무엇보다 중요합니다. 관심을 보이지 않는 주제임에도 불구하고 억지로 교과연계독서를 강요하는 것은 오히려 역효과를 냅니다. 이 경우에는 다른 주제에 대해 관심을 내보일 때까지 기다리는 것이 좋습니다.

앞에서 말씀드렸듯 학생이 1차적으로 탐색해 볼 수 있는 교과연계도서 목록을 갖추는 것도 필요합니다. '여러 가지 힘'을 이해하는 데 적당한 도서의 예로는 〈손에 잡히는 과학 교과서 : 힘〉, 〈슈퍼맨의 비밀 ─ 중력〉, 〈교과서 과학비교사전〉, 〈에딩턴이 들려주는 중력이야기〉, 〈줄이 들려주는 일과 에너지 이야기〉 등이 될 수 있습니다.

도서관에서 훑어보게 하거나 인터넷에서 개략적인 내용을 살펴보게 한 후 가급적 구매해 주는 것이 좋습니다. 밑줄을 치거나 표시를 하거나 반복해 읽을 수 있게 하기 위한 것입니다.

통섭 독서

교과연계 도서에서 집중했던 개념과 연관된 사례가 있는지 폭넓게 사고해 봅니다. 이때 과학(물리) 교과만이 아니라 생활 속 사례나 문학작품, 정치, 경제, 사회, 문화, 지리, 생명과학, 화학, 지구과학 등 다른 과목이나 단원과 연관되는 부분이 있는지에 대해 생각해 보며 해당 자료를 탐색해 봅니다. 도서목록이 만들어져 있다면 우선 그 목록이 서적을 탐색해 보고, 아니라면 인터넷, 유튜브, 서점, 도서관을 이용해도 좋고 영화, 음악, 그림을 떠올려도 좋습니다. 사소한 것이어도 상관 없습니다. 떠올려 보는 노력 자체가 연결과 추론, 종합의 사고 과정이기 때문입니다. 선생님이나 학부모의 도움을 얻는 것도 좋습니다.

예를 들겠습니다. 우선 사회 시간에 배우는 자연재해 가운데 지진을 떠올려 볼 수 있습니다. 지진이 판과 판의 마찰과 충돌에서 나오는 에너지라는 것을 알고 있다면 마찰력과 탄성력 등의 개념을 연관시켜 탐색해 볼 수 있습니다. 지진은 과연 어떤 힘 때문에 발생할까? 이런 고민은 나중에 사회 교과서의 자연재해 단원을 배울 때 다시 도움이 될 수 있습니다.

'뉴턴의 사과가 떨어지던' 시대에 대해 생각해볼 수도 있습니다. 역사 공부로 이어질 수 있는 고리입니다. 나아가 뉴턴 시대 이전과 이후의 자연관에 대해 알게 된다면 중학교 도덕 교과서의 '인간과 자연관' 단원과 연결해 볼 수도 있습니다.

중학교 생물 교과서의 증산 작용이라는 개념을 떠올려 볼 수도 있습니다. 식물이 중력의 힘을 거슬러 높은 잎까지 물을 끌어올릴 수 있는 이유 중의 하나입니다. 〈살아있는 과학교과서〉라는 책의 '힘 : 식물이 물을 끌어올리는 힘' 단원을 통해 생각을 정리해 볼 수도 있습니다.

자연에 밀고 당기는 힘이 있다는 데 사람 사이에는 그런 힘이 없을까? 라는 생각도 좋습니다. 물리적 힘의 개념을 사람을 끄는 매력이나 사랑의 감정을 표현하는 도구로 삼아 글을 써보는 것은 어떨까요? 혹은 중학교 국어 교과서의 김유정의 '동백꽃'을 만유인력의 개념을 중심으로 요약해 보는 것은 어떨까요?

융합 사고를 위한 사례들을 가능한 많이 생각해 놓고, 연관되는 질문도 만들어 보는 것이 좋겠습니다. 특히 학생의 생활 속에서 학습 테마와 연관된 것들은 없는지 고민해야 합니다. 조금이라도 연관관계가 있다고 생각된다면 관련 책을 함께 찾거나 질문을 만들어 보는 것이 좋습니다.

일상 속에서 학생과 함께 이런 습관을 들이는 데 유용한 방법 가운데 하나가 '공통점 찾기' 훈련입니다. 얼핏 관계없어 보이는 물건이나 개념 간의 공통점 5가지를 찾아보는 훈련입니다. 두 개념 사이의 매개 개념을 찾는 훈련인데 반드시 5가지를 찾아낼 때까지 계속 고민하는 훈련을 반복하다 보면 융합적이고 통섭적인 사고를 하는 데 많은 도움이 됩니다.

선행 독서

확장·심화 독서 단계에서 얻은 확장 지식을 기반으로 상위 수준의 교과서의 관련 단원을 찾아보는 것이 좋습니다. 이 경우엔 〈과학3〉 교과서의 '운동과 에너지' 단원이 그 예입니다. 운동의 원인이 힘이라면 그 힘의 정체는 또 무엇일까에 대해 질문을 이어갈 수 있는 단원입니다. 고등학교 〈통합과학〉의 역학적 시스템 단원을 읽어보는 데 도전하는 것도 좋습니다. 운동이라는 현상의 종류와 특성, 그리고 결과가 담겨 있는 단원입니다. 이해가 안 가는 내용도 많겠지만 개념에 대한 친숙도를 높인다는 기분으로 가볍게 읽어보는 것이 좋습니다.

두 가지 효과가 있습니다. 한 단계 더 나아가야 할 교과연계도서가 어떤 도서여야 하는지를 알 수 있게 됩니다. 또 한 가지는 자신감을 얻을 수 있다는 것입니다. 확장·심화 독서와 통섭독서를 제대로 거쳐왔다면 선행독서가 마냥 어렵게만 느껴지지 않을 것입니다.

독서지도법 ─────────

아이에게 맞는 책 수준은 아이의 관심도에 따라 결정된다는 마음가짐이 필요합니다. 관심이 적고 이해도가 떨어진다면 초등 저학년 수준의 책도 버거울 수 있습니다. 반대로 관심도만 높다면 고등학생 수준의 책도 과감히 도전해 볼 필요가 있습니다.

워크북을 미리 제작해 중학 수준의 개념과 연결되는 개념 목록을 미리 만들어 선행독서에 대한 부담을 줄여주는 것도 필요합니다. 연계되는 개념 몇 개만이라도 익숙해진다면 선행독서를 통한 목적을 충분히 달성한 것입니다. 도전해 보는 자세 자체를 칭찬해줄 필요가 있습니다.

기본 교과서에서 출발해 심화도서와 통섭도서를 거쳐 선행도서까지 오는 과정을 관심사 중심으로 정리해두게끔 지도하는 것도 좋겠습니다.

단계별 독서 목표 및 도서 목록 샘플

기본 교과서 독서

독서 목표 기본 개념의 파악, 탐구 주제의 발견

활용 도서 [과학 1] Ⅱ. 여러 가지 힘

확장 · 심화 독서

독서 목표 개념의 심화 이해, 사례 적용, 통섭 및 선행 탐구 주제 발견

활용 도서 〈교과서 과학비교사전〉
〈손에 잡히는 과학교과서 : 힘〉
〈에딩턴이 들려주는 중력 이야기〉
〈슈퍼맨의 비밀─중력〉
〈줄이 들려주는 일과 에너지 이야기〉

통섭 독서

독서 목표 관심사의 확장과 융합, 생활 속 적용

활용 도서 [사회 1] Ⅴ. 지구 곳곳에서 일어나는 자연재해
[국어 1-2] '동백꽃' (김유정)
[과학 2] Ⅳ. 식물과 에너지 中 1. 광합성과 에너지
〈살아있는 과학교과서 1〉, '힘 : 식물이 물을 끌어올리는 힘'
[도덕 2] Ⅲ. 자연 · 초월과의 관계 中 1. 자연관
〈과학 시간에 사회 공부하기〉, 뉴턴의 사과가 떨어지자 왕권도 떨어지다.

선행 독서

독서 목표 자신감 함양, 선행 개념과 친숙해지기, 새로운 탐구 주제 설정

활용 도서 [과학3] Ⅲ. 운동과 에너지
[고1 통합과학] Ⅲ. 역학적 시스템 ─ 1. 역학적 시스템

다루게 될 장르와 개념

2015 교육과정에서 국어는 교육과정을 초1~고1에 해당하는 공통과목과 고2~3에 해당하는 선택과목으로 나누어 5개 학습 영역으로 분류하고 있습니다. 5개 영역은 듣기·말하기, 읽기, 쓰기, 문법, 문학 등으로 나누어져 있는데 각 영역에는 학습목표, 교수·학습방법, 평가방법 등이 제시되어 있습니다. 과학과 사회 등의 과목에서는 주제를 중심으로 대분류하여 핵심개념들로 소분류한 것과 차이를 보이고 있습니다. 국어 교과서는 앞서 5개 영역들이 국어와 관련된 활동들로 세분화하여 단원 안으로 포함되어 있습니다. 또한 각 단원들은 문학작품과 비문학작품, 그리고 자료들

등 장르를 넘어 통합적으로 구성하고 있습니다. 따라서 아이들에게 국어 교과서 순서대로 읽히고 지도 하신다면 부모님들은 학습 영역과 단원별 활동에 대한 사전 이해가 필요하게 되고, 아이들은 장르에 대한 이해도도 떨어질 수 있습니다. 이에 반해 같은 장르들을 교과서 글들을 발췌하여 학습하면, 부모님의 사전학습 부담을 덜 수 있고, 아이들의 경우 학습의 연속성과 장르의 이해도를 높일 수 있게 됩니다. 따라서 동일한 장르의 글들을 읽고 해당 글이 속한 단원의 활동을 병행한다면, 장르에 대한 이해도도 높이고 학교 수업도 쫓아갈 수 있는 실용적 독서학습을 할 수 있습니다. 이러한 내용을 바탕으로 중학교 1학년에게 적용할 수 있는 설명문 장르의 독서공부법을 생각해 보겠습니다.

기본 교과서 단원 및 학습목표 확인

학생 독서법 ─────

설명문 장르는 교육과정의 읽기 영영의 학습목표 관련하여 독서를 할 수 있습니다. 중학교 1학년의 경우, 초등학교 6학년 교과서와 중학교 1,2학년 교과서의 설명문들을 발췌하여 읽을 수 있습니다. 그렇다면 읽기 영역의 중학교 학습 목표를 확인해 보겠습니다.

중학교 읽기 학습목표

[9국-02-01] 읽기는 글에 나타난 정보와 독자의 배경지식을 활용하여 문제를 해결하는 과정임을 이해하고 글을 읽는다.

[9국-02-02] 독자의 배경지식, 읽기 맥락 등을 활용하여 글의 내용을 예측한다.

[9국-02-03] 읽기 목적이나 글의 특성을 고려하여 글 내용을 요약한다.

[9국-02-04] 글에 사용된 다양한 설명 방법을 파악하며 읽는다.

[9국-02-05] 글에 사용된 다양한 논증 방법을 파악하며 읽는다.

[9국-02-06] 동일한 화제를 다룬 여러 글을 읽으며 관점과 형식의 차이를 파악한다.

[9국-02-07] 매체에 드러난 다양한 표현 방법과 의도를 평가하며 읽는다.

[9국-02-08] 도서관이나 인터넷에서 관련 자료를 찾아 참고하면서 한 편의 글을 읽는다.

[9국-02-09] 자신의 읽기 과정을 점검하고 효과적으로 조정하며 읽는다.

[9국-02-10] 읽기의 가치와 중요성을 깨닫고 읽기를 생활화하는 태도를 지닌다.

학습목표의 대부분이 읽기, 즉 독서의 목적과 방법들이 제시되어 있는 것을 확인할 수 있습니다. 독서 목적에 해당하는 내용들은 문제해결, 내용예측, 글의 특성파악, 표현과 의도 평가, 읽기의 가치이해 등이고, 독서 방법에 해당하는 내용들은 설명과 논증방법 파악, 관점과 형식의 차이 파악, 자료의 참고 등이 있습니다. 여러 가지 내용들로 복잡하게 보일 수도 있으나 교과서 단원별 목표와 구성방식을 따라 읽는다면 이러한 학습목표를 자연스럽게 소화할 수 있을 것입니다. 하지만 대다수 학생들은 글의 줄거리를 파악하지 못하고, 글의 구조도 파악하지 못하며, 글쓴이의 의도를 파악하지 못하는 아이들이 많이 있습니다. 따라서 이러한 아이들에게는 중학교 국어의 읽기 목표는 생각조차 할 수 없는 것입니다. 이러한 문제의 원인은 초등학교 5~6학년의 학습목표를 확인하시면 잘 이해하실 수 있습니다.

초등학교 5~6학년 읽기 학습목표

[6국-02-01] 읽기는 배경지식을 활용하여 의미를 구성하는 과정임을 이해하고 글을 읽는다.

[6국-02-02] 글의 구조를 고려하여 글 전체의 내용을 요약한다.

[6국-02-03] 글을 읽고 글쓴이가 말하고자 하는 주장이나 주제를 파악한다.

[6국-02-04] 글의 내용을 읽고 내용의 타당성과 표현의 적절성을 판단한다.

[6국-02-05] 매체에 따른 다양한 읽기 방법을 이해하고 적절하게 적용하며 읽는다.

[6국-02-06] 자신의 읽기 습관을 점검하여 스스로 글을 찾아 읽는 태도를 지닌다.

초등학교 5~6학년 읽기 목표는 줄거리를 파악하고, 구조를 파악하여 요약하고, 글쓴이의 주장과 주제를 파악하는 것 등을 제시하고 있습니다. 어쩌면 이러한 읽기 목표들이 중학생은 물론 대학생에 이르기까지 읽기의 가장 중요한 목표이자 읽기의 본질이 아닌가 싶습니다. 따라서 초등학교에서 제시된 읽기 목표를 달성하지 못했기 때문에 중학교에 가서도 제대로 된 읽기, 즉 독서 능력을 보이지 못하는 것입니다. 따라서 초등학교와 중학생의 읽기 목표를 감안하여 설명문에 대한 독서목표를 생각해 보겠습니다.

중학교 설명문 읽기 학습목표

1. 설명문의 내용을 이해
   1) 설명문의 구조 파악
   2) 설명문의 사실 파악
2. 설명문 특성에 따라 내용 요약
3. 설명문 쓰기 과정의 이해와 쓰기

학습목표의 핵심은 설명문의 특징을 파악하여 읽고 쓸 수 있게 만드는 것입니다. 첫 번째 학습목표는 설명문을 읽고 전체 내용을 이해할 수 있어야 한다는 것입니다. 즉 설명문을 읽고 설명문만의 구조와 설명하는 사실들을 파악할 수 있어야 합니다. 다음으로는 이렇게 이해한 내용을 바탕으로 글의 순서에 따라 내용을 요약할 수 있어야 합니다. 마지막으로는 직접 선정한 주제를 대상으로 설명문을 직접 써보는 과정이 필요합니다. 이러한 학습목표를 통해 아이들은 설명문의 구조, 사실 내용, 글쓴이의 의도를 이해할 수 있고 설명문을 요약하여 쓸 수 있게 됩니다. 이를 위해서는 많은 설명문들을 읽으면서 위의 독서목표가 제시한 내용들을 확인하고 점검해야 합니다. 특히 충분한 시간을 두고 반복해 읽으면서 아이들의 단점을 찾아 반드시 보완하는 과정을 거쳐야 합니다. 독서가 모든 학습의 기본적 수단이자 본질적 방법이라는 점을 감안할 때 이러한 독서학습은 특히 국어에서는 반드시 필요한 과정이라고 할 수 있습니다.

독서지도법 ────────────

처음에는 과학과 마찬가지로 설명문에 대한 호기심을 불러일으킬 수 있는 이야기 거리를 제시할 수 있습니다. 책의 본 내용에 들어가기에 앞서 설명문이라는 장르의 특성을 알아야 하는 까닭을 이해하여 설명문에 대한 흥미를 불러일으키는 것이 중요합니다. 예를 들어 아이들이 스마트폰이나 게임기 등을 처음 샀을 때 사용 방법을 어떻게 알았는지 물어보면 호기심을 일으킬 수 있습니다. 보통 전자기기를 살 때에는 설명서가 함께 제공되는데 이 설명서가 대표적인 설명문입니다. 하지만 아이들이 전자기기를 사용하기에 앞서 차분하게 설명문을 보는 경우는 적습니다. 오히려 유튜브 영상이나 포털의 블로그를 통해 사용법을 알아내는 경우가 많습니다. 물론 이러한 영상과 블로그도 기본적으로 설명문의 형식을 취하고 있습니다. 가벼운 대화 속에서 일상생활에서 확인할 수 있는 사실을 보여준다면 설명문이 교과서에나 있는 딱딱한 글이 아니라는 것을 느끼게 됩니다. 오히려 설명문이 생활에 필요한 글이고 유튜브와 같이 얼마든지 재미있게 표현할 수 있는 글인지를 새롭게 알 수 있게 됩니다. 이제 아이들은 설명문을 한번 읽어 볼만한 호기심이나 동기를 가질 수 있습니다.

기본 교과서 독서

학생 독서법

우선 아이들의 지금 배우고 있는 교과서의 설명문을 찾아 읽습니다. 이때 중요한 것은 글의 구조에 따라 중심 내용을 찾아 읽을 수 있도록 해야 합니다. 우선 아이들이 글을 읽기 전에 글의 제목을 먼저 생각해야 합니다. 제목이 의도하는 바가 무엇인지, 제목이 설명하는 바가 무엇인지 아이들 스스로 생각해 보고 예측해야 한다는 것입니다. 제목을 통해 예측을 한다면 아이들 스스로 무엇을 읽어야 할지 목표를 정해볼 수 있고 글을 읽으면서 관련 내용을 찾아 볼 수 있습니다. 이러한 예측이 설명문 본문의 내용과 일치하게 되면, 글쓴이의 의도를 파악하게 되는 것입니다. 처음부터 잘 되지는 않을 것입니다. 같은 글을 2~3차례 읽으면서 그리고 부모와 이야기를 나누면서 글쓴이의 의도를 찾아 갈 수 있습니다. 나아가 3가지 이상의 다른 설명문들을 이런 방식으로 읽는다면 글쓴이의 의도를 훨씬 더 잘 파악할 수 있습니다.

여기서 중요한 읽기 방식은 읽을 때마다 중요한 문장과 중요한 단어들을 아이들 스스로가 생각하여 밑줄을 긋고 동그라미를 치며 읽는 것입니다. 더 나아가 교과서의 여백에 자신의 생각을 메모하면서 읽는다면 더욱 효과적일 수 있습니다. 글을 읽고 난 후 이렇게 밑줄 친 문장들과 동그라미를 표시한 단어들을 활용하여 내용을 요약한다면 내용은 물론 구조도 자연스럽게 파악할 수 있습니다. 이러한 글 읽기 방법이 독서와 학습에 가장 본질적 방법임에도 불구하고 학교에서는 많은 학생들로 인해, 학원에서는 문제풀이에 집중하기 위해 놓치는 부분입니다. 부모가 신경 쓰지 않는다면 어디서도 이런 읽기 방법을 습득할 수 없습니다. 초등학교 입학 전 한글을 깨치기 위해 동화책을 읽듯이 본격적 학습을 위한 분석적 읽기를 위해 반드시 필요한 독서학습 방법입니다.

독서지도법 ────────────

과학에서처럼 교과서를 읽고 정리한 내용들을 옮겨 적을 수 있는 워크북을 만들어 활용하시면 더 큰 효과를 볼 수 있습니다. 대부분의 설명문 구조는 '머리말', '본문', '맺음말' 등의 3단 구조로 구성되어 있습니다. '머리말'에는 설명하고자 하는 대상과 목적이, '본문'에는 설명 대상의 사실들이, '맺음말'에는 목적에 대한 내용 정리와 제언 등 주요 요소들이 서술되어 있습니다. 따라서 아이들에게 설명문을 찾으면서 밑줄 친 문장들과 단어들을 옮겨 적을 수 있는 표를 구성하여 제공할 수 있습니다. 설명문의 한 단락에 1~2개의 문장과 3~5개의 단어를 옮겨 적을 수 있는 분량이면 충분할 것입니다. 그리고 가장 중요한 것은 찾은 문장과 단어의 이유를 적을 수 있는 공간을 별도로 제공해야 합니다. 아이들은 찾아야 할 문장과 단어를 못 찾는 경우가 많습니다. 이러한 실수를 보완해야 하기 위해서 아이들이 찾은 이유를 알아야 교정해 줄 수 있기 때문입니다. 이후 바로 '맞았네' 또는 '틀렸네'라고 평가해 주기보다는 부모님도 직접 찾은 문장과 단어를 제시하면서 이유를 설명해주는 것이 좋습니다. 자신을 바로 평가하는 것보다 다른 생각들과 비교하면서 자신의 문제점을 파악하여 수정해가는 방식이 높은 학습효과를 얻을 수 있기 때문입니다.

심화 독서

학생 독서법 ─────────

과학에서는 교과서 주제와 관련된 일반 도서들을 읽으면서 주제를 확장하고 심화하는 내용을 확인합니다. 하지만 국어에서는 설명문을 읽으면서 학습한 내용을 바탕으로 관련 문제를 풀어보는 것이 필요합니다. 앞서 설명 드린 바처럼 과학은 단원의 주제를 중심으로 글을 읽으면서 내용을 확장하고 심화하는 것이 주요 학습 목표가 될 수 있습니다. 이에 반해 국어는 글 읽기를 통해 글의 내용을 이해하고 장르의 구조를 파악하여 글쓴이의 의도를 파악하는 학습에 초점을 두고 있기 때문입니다. 따라서 관련 문제들을 통해 장르 별로 글의 특성에 익숙해졌는지를 확인하는 것이 중요하다고 볼 수 있습니다. 따라서 국어에서는 앞서 선정한 교과서의 글을 다시 한 번 읽고 문제를 풀면서, 읽기 능력을 심화시키는 학습을 할 수 있습니다. 즉 밑줄 친 문장들과 동그라미를 그린 단어들을 재확인하며 다시 한 번 글을 읽습니다. 이후 글의 내용, 글의 구조, 글쓴이의 의도와 관련된 문제들을 교과서, 참고서, 문제집 등에서 선별하여 풀어 봅니다. 이미 앞서 교과서를 통해 글의 내용과 구조 등을 분석한 후이기 때문에 아이들은 문제들이 생각보다 쉽다는 반응을 보이기 쉽습니다. 이렇게 독서를 통해 얻은 자신감은 다른 교과 학습에 대한 자신감과 의욕으로 확장 될 수 있습니다. 만일 이와 같은 모습이 잘 보이지 않는다면 앞서 기본 교과서 독서 과정을 다시 한 번 점검하는 기회로 활용할 수 있습니다.

아이들에게 제공하는 문제들은 객관식 문제들을 피하시고 서술형 문제, 즉 최소 한 문장 이상을 쓸 수 있는 문제들을 선별하여 제공하는 것이 좋습니다. 객관식 문제들은 글에 대한 이해도가 정확하지 않아도 비슷한 보기를 선택해도 됩니다, 하지만 서술형 문제는 글에 대한 이해도가 정확하지 않으면 문제 요구에 맞게 서술할 수 없기 때문입니다. 따라서 서술형 문제를 풀기 위해선 아이들은 또 한 번 꼼꼼하게 글을 읽을 수 있는 기회를 가질 수 있게 됩니다. 그리고 아이들이 답한 문장을 보면서 문장 서술 방식의 문제들을 교정해 줄 수 있습니다. 보통 논술이라고 생각하면 글을 멋지게 쓰는 작문을 생각하는데, 논술의 핵심은 글을 읽고 읽은 내용을 논리적으로 사고하는 것이 핵심입니다. 논술에서의 작문은 이러한 생각들을 문장 단위로 어법에 맞게 명확하고 간결하게 쓰는 수준이면 됩니다. 따라서 서술형 문제들을 통해 어려서부터 문장 쓰는 방법을 교정해 간다면 논술의 큰 무기를 가질 수 있는 것입니다.

그리고 아이들이 적은 문장을 보면서 급하게 교정하려고 하시면 안 됩니다. 글을 읽을 때와 마찬가지로 어디까지나 아이들이 답을 적은 이유를 파악하시는 것이 중요합니다. 아이들이 그와 같은 답을 서술하게 된 이유, 즉 사고방식을 확인하여 문제가 발견된다면 보완하는 것이 중요합니다. 따라서 처음부터 서술형 문제들을 발췌하여 마치 시험처럼 풀어보는 것을 원하시겠지만, 처음에는 아이들에게 구두로 질문하고 아이들은 문장으로 대답하는 식으로 시작하는 것도 좋은 방법입니다.

통섭 독서

학생 독서법 ━━━━━━━━━

국어에서도 교과서에 나온 소재와 연관된 내용을 확장하여 독서를 할 수 있습니다. 바로 통섭독서에서 가능한데, 예를 들어 중학교 1학년 교과서 "독도에는 무엇이 있을까?"라는 글이 있습니다 (노미숙 외, 중학국어1-2. 천재교육. 서울: 2018). 이 글에서는 독도의 경제적 가치와 자연적 가치를 중심으로 독도에 대해 설명하고 있습니다. 그리고 독도에 대한 사랑을 독자들에게 제언하면서 글을 마치고 있습니다. 본문의 주요 내용인 경제적 가치로서 수산 자원과 지질학적 자원, 그리고 자연적 가치로서 새와 나무들을 다른 교과서들의 내용과 연결하여 읽을 수 있습니다. 지리, 과학, 정치, 경제, 윤리 등 2페이지 남짓한 설명문과 관련하여 다양한 주제들을 생각해 볼 수 있는 것입니다. 예를 들어 독도의 새와 나무에 대한 생장과 생활환경의 특성과 관련하여 과학 교과서에서 생명과 관련된 내용과 연결하며 읽을 수 있습니다. 처음부터 아이들에게 국어 교과서의 글과 과학 교과서의 글이 관련되는 방식을 설명하지 않습니다. 아이들이 먼저 과학 교과서의 글을 읽고 국어 교과서와 연결되는 지점을 생각하여 자신만의 원리로 설명하게 하는 것입니다. 과학 교과서 외에도 2가지 이상 교과서의 짧은 글들을 함께 읽게 한다면 한 가지 주제가 다양한 주제들과 관련될 수 있음을 스스로 파악할 수 있게 됩니다. 이것이 바로 융합적 사고, STEAM 사고방식에 적용 될 수 있습니다.

여기서는 교과서 외에도 다양한 자료들을 활용하는 것이 아이들이 창의적으로 사고하는데 효과를 높일 수 있습니다. 동영상 자료, 인터넷 자료, 방송 다큐멘터리 등을 아이들에게 함께 제공한다면 생동감 있게 이해할 수 있고 즉각적이고 능동적인 반응을 이끌어 낼 수 있습니다. 특히 부모들이 우려가 많은 유튜브 영상들을 활용하신다면 유튜브를 오히려 교육적으로 활용할 수 있는 계기로 만들 수 있습니다. 여기서 중요한 것은 아이들이 한 가지 주제로부터 다양한 분야들로 관심을 이끌어 내고, 이러한 연결 과정에 대해 논리적이고 추론적인 사고를 가능하게 하는 것이 목표가 되어야 합니다. 좀 거창하게 들리실지 모르겠지만, 아이들이 주제들 간에 연결하는 주장을 청취하고 그에 대한 타당한 근거를 이야기하는 기회를 주자는 이야기입니다. 한 가지 주제에 대해 다양한 방면으로 부모와 이야기하면서 아이들은 자신들의 주장에 대해 근거를 생각하게 되고, 자신의 근거가 타당한가를 고민할 수 있게 됩니다.

선행 독서

앞서 설명 드린 기본 교과서 독서의 연장선상에서 생각하시면 될 것 같습니다. 사실 선행학습이 양면성을 갖고 있기 때문에 다른 방식의 학습에서는 권장해 드리기가 선뜻 내키지 않습니다. 하지만 독서에서는 선행학습이 아무런 문제가 될 여지가 없습니다. 오히려 아이들의 학습단계와 독서능력을 고려하여 적합한 책과 내용을 선정한다면 선행 독서는 학습에 대한 자신감을 심어주는데 중요한 수단이 됩니다. 기본 교과서 독서는 중학교 1학년 아이라면 초등학교 6학년에서 중학교 2학년 교과서를 대상으로 설명문을 선정합니다. 반면 선행독서에서는 중학교 2학년에서 3학년까지, 아이의 수준에 따라서는 고등학교 교과서에서 선정해도 무방합니다. 아니면 교과서 이외에서 설명문의 자료나 도서를 찾아 읽게 하여도 무방합니다.

아이들의 독서방식은 기본 교과서 독서와 비슷합니다. 교과서를 읽기 전에 제목을 통해 예측하고, 중요한 문장과 단어들에 표시하여 글의 내용을 한 눈에 파악할 수 있도록 정리하고, 이를 통해 글의 구조와 글쓴이의 의도를 파악하면 됩니다. 이를 워크북에 옮겨 적으면서 다시 한 번 책의 내용을 정리해 보는 것입니다. 심화독서의 서술형 문제는 아이의 적응도에 따라 결정하셔야 합니다. 아이가 글을 파악하는데 어려워한다면 오히려 역효과만 날 수도 있기 때문입니다.

독서지도법 ────

사실 선행 독서에서의 가장 기본적인 목표는 아이들에게 읽기와 학습에 대한 자신감을 심어주는 것이 목표입니다. 학년에 따라 학습 단계를 구분하는 것은 아이들의 사고 능력의 성장에 따라 학습 내용의 난이도를 조정한 것이라고 볼 수 있습니다. 따라서 중학교 1학년 수준에서 필요 이상 어려운 고등학교 학습내용들을 선행하는 것은 부작용이 많다고 봅니다. 하지만 글을 이해할 수 있는 능력을 바탕으로 한두 학년 선행하는 독서는 오히려 필요하다고 봅니다. 한 장르의 글을 읽고 이해할 수 있는 능력이 생겼다면 같은 장르의 좀 더 어려운 글도 읽고 이해할 수 있기 때문입니다. 어려운 글은 친숙하지 않은 내용 때문에 어려운 것이지 특별한 고난도 구성방식이나 읽기방식이 따로 있어서가 아니기 때문입니다. 그렇다고 해도 설명문 형식에 익숙해진 아이들에게 '양자역학'과 같은 대학생 수준의 글을 읽게 하자는 것은 아닙니다. 한두 학년 위의 수준에 적합한 교과서와 관련 책들을 읽을 수 있다면 충분한 선행 효과를 볼 수 있습니다.

앞선 독서 단계들을 거친 아이들은 이제 선배들의 교과서와 책을 읽으면서도 이해할 수 있다는 자신감을 갖게 될 것입니다. 혹여 완전하게 이해하지 못했다 할지라도 최소한 이해되지 않는 내용들을 분석할 수 있는 방법을 알게 된 것입니다. 이 단계에서는 독서와 학습에 대한 의욕을 끌어올릴 수 있는 자극, 즉 적극적인 칭찬이 필요합니다. 이제 사춘기를 겪고 있는 아이들에게 무턱대고 칭찬할 수는 없습니다. 따라서 아이들의 상급 학년 교과서를 읽고 정리하는 모습 그리고 대화를 하는 모습을 관찰하면서, 구체적인 꺼리들을 찾아 칭찬을 해야 합니다. 지금까지 설명해 드린 독서 단계도 한두 달의 시간이 필요하고, 다시 설명문이 끝나면 논설문, 시, 소설 등의 장르로 반복되고 과학, 사회, 영어 등으로까지 확대될 수 있습니다. 따라서 이러한 독서 단계에서 아이들과 소통할 수 있는 방법, 즉 구체적인 칭찬을 통해 교감하는 관계가 필요하다고 할 수 있습니다. 따라서 선행독서 과정에서의 칭찬하는 방식을 찾아 교감할 수 있는 수단으로 만들어 보시기 바랍니다.

서술형 문제와 수행 평가 지도

국어 서술형 문제는 독서학습에 대한 성취도를 평가할 수 있는 가장 중요한 수단입니다. 물론 서술형 문제도 의도에 따라, 글의 내용에 대한 개념 파악, 정보 선별, 정보 요약, 정보 추론, 정보 응용 등으로 구별할 수 있습니다. 결국 이러한 서술형 문제들을 통해 아이들이 얼마나 제대로 글을 이해했는지, 글의 구조를 파악했는지, 그리고 글쓴이의 의도를 파악했는지를 점검해야 합니다. 그런데 과학의 경우와 같이 아이들 스스로 서술형 문제를 해결할 있도록 해야 한다는 점입니다. 물론 모든 부모들도 아이들 혼자 힘으로 문제를 풀기 바라지만 그렇지 못하기 때문에 답답해들 하십니다. 그냥 책과 문제를 던져 주고 풀게 하면 나아질 방법이 없습니다. 하지만 방법을 달리하면 길이 보입니다. 예를 들어 심화 독서에서 사용할 수 있는 서술형 문제들을 꼭 기본 교과서 독서 뒤에 풀어야 할 이유가 없습니다. 기본 교과서 앞에서 한 번 풀고, 기본 교과서 독서 후에 또 한 번 풀고, 그리고 심화 독서에서 또 한 번 풀게 합니다. 모든 과정에서 정답을 알려 주진 않습니다. 과정마다 책을 읽고 분석한 후에 혼자 힘으로 답안을 적어 봅니다. 그리고 써 보고 부모와 대화를 통해 수정해 봅니다. 이러한 과정을 거쳐 아이들은 스스로 수정하고 발전한 답안을 가질 수 있게 됩니다. 따라서 심화 독서가 끝난 후 정답을 알려 줄 필요도 없는 수준까지 와 있는 아이의 답안을 확인하실 수 있습니다.

수행평가의 종류가 워낙 많습니다만 기본적인 형식은 글쓰기가 대부분입니다. 단문 형태의 서술이든, 장문 형태의 글쓰기든 대부분 과목의 수행평가에서 여러 형식의 글쓰기를 요구하고 있습니다. 때문에 여기서는 글쓰기와 관련된 수행평가에 대해서 말씀 드리겠습니다. 앞서 설명 드린 독서 단계가 끝났다는 것을 가정하면, 장르 별로 짧은 글을 써보는 것이 수행평가에 익숙해지는 데에도, 그리고 독서 학습을 자기 것으로 만드는 데에도 효과적인 방법이라고 생각됩니다. 두 가지 형태의 글쓰기를 제시하겠습니다. 우선 읽은 글 내용을 요약하는 것입니다. 앞서 기본 교과서 독서에서 선별한 중요 문장들을 활용하여 글의 순서에 따라 차근차근 요약하는 것입니다. 그리고 글의 논리적 전개에 따라 내용을 보충하고 수정하는 것입니다. 모든 글쓰기가 책이나 자료의 요약을 기본적으로 활용하기 때문에 내용에 맞게 요약하는 능력은 중요하다고 할 수 있습니다. 두 페이지 글을 기준으로 500~800자 정도 요약할 수 있으면 됩니다. 이러한 요약한 글쓰기를 약간만 변형하면 독후감으로도 활용할 수 있습니다.

다음으로는 학습한 장르의 글을 새롭게 써 보는 것입니다. 설명문이라면 새로운 대상을 선정하여 설명문을 써 보고, 아니면 탐구 보고서를 작성해 보는 것입니다. 여기서 중요한 것은 글의 분량이 너무 많거나 복잡하면 안 된다는 것입니다. 글의 장르가 요구하는 핵심적인 특성들, 즉 글의 구성을 따르고 구성 별로 가장 필수적인 요소들만을 반영하여 글을 작성해 보는 것입니다. 설명문이나 탐구 보고서의 경우 설명할 대상을 선정하고 설명하려는 목적을 밝히고, 설명에 필요한 사실 자료들을 조사해야 합니다. 아이들이 설명 대상과 목적을 선정할 때는 충분히 생각할 시간을 제공해야 하고, 오히려 자료를 조사할 때는 인터넷과 간단한 참고도서를 활용하여 쉽게 쓸 수 있도록 지도해야 합니다. 아이들이 쓰고 난 후 확인해야 할 것은 설명 대상과 목적이 타당한지, 그리고 장르 특성에 맞게 구성이 되어 있는지, 구성 단계별로 필요한 요소가 들어 있는지 확인해야 합니다. 그리고 난 후 문장이 어법에 맞는지, 간결한 문장으로 서술했는지 확인합니다. 중요한 것은 아이들이 설명문이라는 장르를 이해하고 이에 적합하게 논리적인 구성으로 글을 쓸 수 있는 능력을 확인해야 한다는 것입니다.

단계별 독서 목표 및 도서 목록 샘플

기본 교과서 독서

독서 목표 글의 내용파악: 중심 문장과 핵심 단어 찾기 → 글의 구조파악

활용 도서 [중학 국어 1-1] 만화와 포장지도 예술이 되지
[중학 국어 1-1] 아시아의 세계 보물을 찾아 떠나는 여행
[중학 국어 1-2] 독도에는 무엇이 있을까?
[중학 국어 1-2] 모두가 즐거운 착한 여행

심화 독서

독서 목표 서술형 문제 풀이 – 글의 내용, 글의 구성, 글쓴이의 의도

활용 도서 [중학 국어 1-1] 만화와 포장지도 예술이 되지
[중학 국어 1-1] 아시아의 세계 보물을 찾아 떠나는 여행
[중학 국어 1-2] 독도에는 무엇이 있을까?
[중학 국어 1-2] 모두가 즐거운 착한 여행

통섭 독서

독서 목표 글의 주제 확장 – 관련 있는 타 교과서 및 도서

활용 도서 [중학 과학 1] Ⅲ. 생물의 다양성
[중학 사회 2] Ⅹ. 환경 문제와 지속 가능한 환경
[고교 통합과학] Ⅶ. 생물 다양성과 유지
〈과학 시간에 사회 공부하기〉

선행 독서

독서 목표 기본 교과서독서 학습의 발전 – 학습에 대한 자신감

활용 도서 [중학 국어 3] 한국의 미 특강 – 씨름
[중학 국어 3] 청소년들의 아침 식사 실태 보고서
[중학 국어 3] 저작권, 얼마나 알고 있나요?

입시의 대변동,
가야 할 길을 묻다

입시가 아니라 교육의 대전환으로 미래를 준비해야 한다

10년 전 우리나라 교육의 미래 모델로 일컬어지며 베스트셀러가 된 책이 『핀란드의 교육혁명』이었습니다. 그 당시 방송이나 신문에서도 핀란드 교육에 대해서 앞다퉈 경쟁적으로 다루었으며 정치권에서도 우리 교육의 롤 모델처럼 굉장한 관심을 보였습니다.

그때 우리 교육과 너무나 달랐던 북유럽식 교육을 접하면서 많은 사람들이 부러워했고, 대중들은 마치 우리 교육이 지옥인 것처럼 생각하면서 "우리도 저렇게 바꾸자!"라는 구호를 외치기도 했습니다. 10년이 흐른 지금, "그때 그렇게 열성적인 반응을 보이던 우리가 과연 교육을 바꾸기 위해서 무엇을 했을까?"라는 성찰을 해보게 됩니다. 물론 그것을 계기로 우리 교육이 지향해야할 방향에 대해 많이 생각한 것 같습니다. 그렇지만 지금도 학생부종합전형이냐 수능이냐를 놓고 나라가 다시 들썩거리는 모습은 "우리가 과연 교육에 대해서 고민을 하긴 한 걸까?"라는 의구심을 갖게 만들고 있습니다.

오래전 어느 방송 프로그램에서 한국의 명문대를 다니는 학생들이 북유럽의 덴마크에 가서 그곳의 대학생들과 자신들의 꿈과 교육에 대

349

해서 대화를 하는 것을 본 적이 있습니다. 우리나라 학생이 자신은 서울대학교 경제학과에 가려고 했지만 점수가 모자라서 가지 못하고 원하지 않는 과에 간 것이라고 말하자 덴마크 대학생들은 너무나 놀란 표정을 하고 이해할 수 없다는 반응을 보였습니다. 그러자 우리나라 학생이 너희 나라는 학생을 어떤 방식으로 뽑느냐고 물었습니다. 그랬더니 그곳 학생들의 말은 그 학생이 얼마나 열정적으로 해왔고 원하는가를 보고 학생을 뽑는다고 대답했습니다. 서로가 문화적 충격을 경험한 것인데요. 북유럽은 유치원 때부터 경쟁하는 방식이 아니기 때문에 우리의 현실을 이해할 수 없겠지요. 그게 참 부러워 보일 수 있지만 알고 보면 북유럽국가들에게는 그런 교육방식이 자신들의 미래를 위한 것이었고 생존전략이었습니다.

우리도 이제 생존전략으로서 교육의 대전환을 생각해야 합니다. 지금 초등학교 4학년 학생들의 태어난 2009년 우리나라 출생인구가 44만 명입니다. 2000학년도에 대학을 들어간 1981년 출생자 수의 절반입니다. 그런데 더 중요한 것은 작년 출생자 수는 38만 명이고 그 중에서 다문화 가정의 출생자가 30%가 넘었다는 것입니다. 지금과 같은 교육으로는 우리는 생존할 수 없습니다.

무한경쟁을 통해 소수인 승자가 모든 것을 독식하고 나머지 다수는 패자가 되는 방식을 이제 버려야 할 때가 온 것입니다. 책의 1부에서도 말했듯이 한 명의 아이도 낙오시켜서는 안 됩니다. 함께 협력해서 더 좋은 것을 만들어 낼 수 있는 교육으로 대전환을 해야 합니다. 미래를 위해서 지금의 경쟁하는 방식의 입시는 빨리 내려놓아야 합니다.

독서와 에세이로 교육과정을 바꾸면 미래가 달라진다

우리 교육의 대전환의 방향은 독서와 에세이 중심의 교육과정으로 바꾸는 것입니다. 이 교육과정은 국내 몇 학교에서 이미 하고 있습니다. 에세이를 기반으로 모든 교과과정을 운영하는 방식은 국내 외국인학교와 국제학교, 그리고 외고의 국제반에서 하고 있는 IB(국제바칼로레아)교육과정인데요. 최근 미국에서도 SAT와 AP과목 평가 중심에서 에세이 중심의 IB교육과정으로 전환해야 한다는 의견이 많아지고 있습니다. 사실 미국에서도 사립명문고등학교의 교과과정 운영은 에세이가 중심입니다.

저는 오래전부터 국제학교의 IB교육과정에 큰 관심을 가지고 있었는데, 토론과 에세이를 통해 스스로 주제학습을 해왔던 학생들을 가르쳐 보면서 즐거웠던 기억이 많았기 때문입니다. 그리고 경기도에 있는 외고 국제반 학부모들에게는 제가 많은 자문을 해주면서 우리 교육이 가야할 방향이라는 것을 확신했습니다. 그 중에 아주 훌륭한 학부모 한분의 사례를 소개하면서 이 책을 마무리할까 합니다.

이 어머니는 분당에서 자녀를 키웠습니다. 아이들이 어려서 홍콩에 있었고 거기서 국제학교를 보내면서 어머니 스스로 독서와 에세이가 아이의 학업능력을 키울 수 있는 토대가 된다는 것을 확신했다고 합니다. 그리고 분당으로 와서 중학교를 보내면서 아이들이 힘들어하는 모습을 보았고 주변 학부모들의 극성을 보면서 흔들릴 때도 있었다고 합니다. 어머니의 이야기 중에 가장 기억에 남는 것은, 아이가 중학교 3학년 때 내일이 시험인데 읽고 있던 책을 아직 다 안 읽었다고 밤새 책을 붙잡고 있었다고 합니다. 그날 그 어머니는 눈물로 밤을 새웠다고 합니다. 그래도 그 어머니는 "독서를 통해서 너의 생각을 키워나가는 것은 너를 발전시키는 자양분이 될 것이다."라는 믿음을 포기하지 않으셨고, 고등학교 과정을 국제과정으로 선택했습니다.

그 아이가 고3이 되어서 서울대를 지원하려고 할 때 그 어머니가 저에게 자문을 구하셨는데, 그때 제가 그 아이를 가장 우수하다고 평가한 부분이 바로 3년간 그 아이가 썼던 에세이였습니다. 에세이를 통해 아이의 국제정치에 대한 관심이 구체화되는 과정과 여러 가지 국제 현안에 대한 숙고의 과정을 그대로 읽을 수 있었습니다. 그래서 제가 그 어머니께 이 아이는 서울대 정치외교학부에서 평가했을 때 학업역량에서 엑설런트의 평가를 받을 것이라고 판단해주었고, 그 아이는 서울대에 합격했습니다. 그리고 그 이후에 영국으로 유학을 가서 지금은 옥스퍼드에서 법학을 전공하고 있습니다.

이 사례를 통해 우리가 생각해봐야 할 것은 우리 교육이 제대로 가려면 이 어머니처럼 굳건한 신념이 있어야 한다는 것입니다. 지금이라도 우리 교육의 미래를 깊이 숙고하고 많은 사람들의 경험과 지식을 모아서 갈 길을 찾아야 합니다. 그리고 우리가 갈 미래교육의 방향을 찾았다면 그 길을 흔들림 없이 가기 위한 굳건한 신념을 가져야 합니다. 우리 교육을 이끌고 갈 책임자들이 이런 신념을 가졌으면 합니다.